유지숙 劉知叔, YOU JI SUK

단국대학교 음악학석사
단국대학교 음악학박사
국가무형유산 서도소리 전승교육사
국립국악원 민속악단 예술감독
한국서도연희극보존회 회장
사단법인 항두계놀이 보존회 이사장
한국예술종합학교, 단국대학교 대학원 출강
동국대학교 한국음악과 대우교수
한양대학교 국악과 겸임교수
제1회 민요경창대회 서도소리 최우수상 수상(한국국악협회), 1994
제6회 서울국악대경연 민요부문 금상(KBS), 1995
KBS 국악대상수상, 1998
제 54회 한국민속예술축제 지도자상 - 항두계놀이(문화체육관광부), 2013
<북한의 민요> 한불상호교류의해 120주년 기념 음반,
        (프랑스 국영방송국 Radio france OCORA), 2015
<우리아리랑>(신나라), 2014 출반
<관산융마수심가>(저스트뮤직), 2023 출반
<서도산타령>(저스트뮤직), 2025 출반
<서도민요>(저스트뮤직), 2025 출반
<서도좌창>(이음음반), 2025 출반
『서도소리 가사초록』(원방각), 1999 발간

민속원 아르케북스 266　minsokwon archebooks

오복녀 전창傳唱 서도소리의 시김새 분석 연구

| 유지숙 |

민속원

1. 제1회 전국민요 경창대회
2. 제3회 개인발표회 향두계놀이 공연(문예 예술 대극장)
3. 유지숙 첫 발표회(북촌창우극장)

1. KBS국악대상 직후(1)
2. KBS국악대상 직후(2)
3. 방일영 국악상 직후(오복녀, 김광숙, 유지숙)

1	3
2	

1. 오복녀 선생님 생신날
2. 오복녀 선생님 방일영 국악대상
3. 오복녀, 이미자 선생님과 함께

머리말

오랫동안 서도소리를 전승하고 가르쳐오며, 언젠가는 스승이신 오복녀 선생님의 서도소리를 책으로 정리하여 올곧게 남기고 싶다는 바람을 품고 살아왔다. 그 간절한 염원 덕분이었을까. 선생님께서 생전에 녹음해 두신 '목 쓰는 기법 42가지' 음원을 발견하게 되었는데, 이를 바탕으로 박사 논문을 집필할 수 있었다. 이제와서 이 귀한 선생님 육성이 담긴 이 음원이 그토록 어렵게 서도소리를 이어 온 제자들에게 하늘에서 보내준 스승님의 마지막 선물은 아니었을까 하는 마음이 든다. 그저 감사하고 또 감사할 따름이다.

이번에 서도소리 시김새에 관한 도서를 엮어 책으로 발간하는 계기로, 서도소리의 시김새를 보다 분명하고 간결하고 알기 쉬운 부호로 정리하여 제자들과 후학들이 조금 더 쉽게 접근하고 이해할 수 있었으면 하는 바램이 있다. 아울러 이러한 필자의 노력의 결과가 서도소리 진흥과 체계 정립에 작은 디딤돌이 되기를 바라는 바이다. 문화가 사라지고 전승이 단절되는 안타까운 일이 더 이상 반복되지 않기를 바라며, 지금이라도 남아있는 자료들을 수집하고 정리하여 그 맥을 이어가고자 한다.

이 책이 서도소리에 관심을 가지고 계신 분들께 작은 도움이 되기를 소망하며, 부족한 점은 앞으로도 지속적인 연구와 고민을 통해 보완해 나가겠다. 보다 쉽게 다가갈 수 있고, 더 깊이 이해할 수 있는 음악이 되도록 국악계의 도움과 질정을 바란다.

끝으로, 이 책이 세상에 나올 수 있도록 든든한 밑거름이 되어주신 저의 스승, 오복녀 선생님께 깊은 감사의 말씀을 올린다. 또한 대학에서 전문적인 학업을 이어갈 수 있도록 독려해주시고, 언제나 따뜻하게 이끌어주신 서한범 교수님, 그리고 박사학위 논문의 완성을 위해 한땀 한땀 정성으로 지도해주신 윤명원 교수님께도 이 자리를 빌어 진심으로 감사의 인사를 드린다.

2025년 5월 1일
국가무형유산 서도소리 전승교육사
유지숙

차례

머리말 • 10

제1장 서론
―― 015

   1. 문제제기 및 연구목적 · 16
   2. 연구방법 및 연구범위 · 18
   3. 선행연구 검토 · 26

제2장 이론적 배경
―― 035

   1. 서도소리의 전승 현황 · 36
   2. 서도소리의 음악적 특징과 시김새 ·

제3장 오복녀의 생애와 시김새 '목 쓰는 기법'의 해독
―― 055

   1. 오복녀의 생애와 음악 · 56
   2. 오복녀 '목 쓰는 기법'의 내용 해독 · 59
   3. 소결 · 88

제4장 오복녀 전창 서도소리의 '목 쓰는 기법' 고찰
───── 093

1. 〈수심가〉의 '목 쓰는 기법' ·· 95
2. 〈관산융마〉의 '목 쓰는 기법' ··· 103
3. 〈긴아리〉의 '목 쓰는 기법' ·· 115
4. 〈자진아리〉의 '목 쓰는 기법' ··· 127
5. 〈산염불〉의 '목 쓰는 기법' ·· 134
6. 〈자진염불〉의 '목 쓰는 기법' ··· 145
7. 〈안주애원성〉의 '목 쓰는 기법' ··· 151
8. 〈영변가〉의 '목 쓰는 기법' ·· 154
9. 〈공명가〉의 '목 쓰는 기법' ·· 161
10. 〈초한가〉, 〈제전〉, 〈배따라기〉의 '목 쓰는 기법' ·· 171
11. 소결 ··· 174

제5장 결론
───── 179

부록
───── 183

1. 오복녀의 '목쓰는 기법' ·· 184
2. 유지숙 정리 서도소리 시김새 10개 유형 ··· 187
3. 오복녀 '목 쓰는 기법' 42종 해독 내용 정리표 ·· 190
4. 오복녀 전창 서도소리 악보 ··· 296

참고문헌 • 325

제1장

서론

문제제기 및 연구목적
연구방법 및 연구범위
선행연구 검토

제1장
서론

1. 문제제기 및 연구목적

　서도소리라는 말에서 서도西道는 이북의 황해도나 평안도 지역을 뜻하는 말이고, 소리란 노래를 의미하는 말이다, 한자漢字로는 성악聲樂, 즉 목소리로 부르는 노래를 의미하나, 일반 서민층에서 즐기던 통속의 노래는 흔히 소리라 칭해왔던 것이다. 그러므로 서도소리는 우리나라 서쪽지방, 즉 황해도나 평안도 지역에서 불러온 통속적인 노래를 일컫는 말이 되겠다. 그러나 남북한의 단절 상태가 70년이 넘는 현재의 상황에서 서도소리는 전승의 최대 위기를 맞고 있다.

　우리가 서도의 소리들을 전승하고 보존해야 하는 이유는 서울 경기지방이나 남도지방의 소리들을 전승 보존해야 이유와 동일하다. 아니 그 지역의 언어, 문화, 관습에 의해 전승되어지는 과정에서 본다면, 소리를 할 줄 알고, 들을 수 있는 계층이 사라져가고 있는 상황에서는 더더욱 소중할 수밖에 없다고 하겠다.[1] 흔히 하는 말속에 '서도소리는 대동강 물을 먹어본 사람이어야' 소리를 할 수 있다고 할 만큼 그 지역의 사람이 아니면,

---

1　서한범, 〈유지숙의 서도소리 발표회〉 격려사, 2006.

그 맛과 멋을 나타낼 수 없을 만큼 운명적인 조건을 내포하고 있다고 한다. 해당 지방의 고유한 언어를 간직하고 있으면서 독특한 창법을 구사하고 있기에 나름대로 예술적인 가치가 높기 때문이다.

관서지방의 소리나 춤, 의식, 놀이 형태는 어떤 것이든, 그 지방의 고유한 언어로 묘사된 노랫말을 담고 있다. 그 노랫말의 의미와 활용법, 억양, 강세 등 학술적이거나 예술적인 가치는 타 지역에 비해 결코 뒤지지 않는다고 본다. 무엇보다도 월남해 온 1세대 명인 명창들이 이제는 거의 타계한 상태이기 때문에 특징적인 서도소리의 음악적 제 요소들을 어떻게 찾고 이어갈까? 하는 문제점들이 대두된다. 서도소리의 음악적 제 요소 중에서 노랫말(가사)을 비롯하여 가락이나 장단, 강약 등이 중요하며 무엇보다도 서도소리를 특징 있게 만들어가는 창법이나 시김새의 올바른 표현은 서도 지방의 절대적 특징이며 전승의 맥이라고 하겠다.

창법唱法이란 글자 그대로 노래를 부르는 가창 방법을 의미한다. 이 창법은 소리를 내는 발성법을 근간으로 하여 핵심적인 음악 요소로 인식되고 있다. 발성법이 신체의 여러 기관을 적절히 조절하고 훈련하여 소리를 이끌어 내는 방법이라면, 창법은 음악을 완성시키기 위해 발성, 발음, 호흡 등을 조절하여 이상적으로 표현하는 기술적인 모든 것을 의미한다. 이 창법은 민족과 그들이 사용하는 언어에 따라 차이를 보이며, 동일한 성악 장르에서도 창자에 따라 달라지기도 한다. 서도소리의 창법은 서도의 지리적, 인문적 배경을 담고 있다. 즉, 서도소리는 송서, 시창, 좌창, 민요, 입창 등의 갈래에 따라 창법이 약간씩 달라지며, 창자에 따라서도 차이를 보인다. 특히 20세기 전기 유성기 음반에 녹음된 서도소리는 현행 창법과 다소 다른 면을 발견할 수 있다. 혹자는 유성기 음반의 옛 소리가 지금보다 듣기에 편하고 좋다고 평가하기도 한다. 그러나 현재의 서도소리 계보가 20세기 전기에 활동하였던 서도소리 창자들을 주축으로 형성된 점을 고려하면 창법의 변화는 왜 나타났는지, 그 차이는 무엇인지 의문을 지니게 된다.[2]

본 연구자는 오복녀 명창에게 서도소리 전반을 배웠다. 선생이 남긴 『서도소리』라는

---

2 김광숙, 「장학선과 오복녀의 서도소리 창법 연구」, 이화여자대학교 대학원 박사학위논문, 2016.

교재[3]에는 성경린의 다음과 같은 추천사가 실려 있다. "그 내용을 보니 먼저 목 쓰는 요령 42종과 그 기법, 기호가 나와 있다. 이것이야말로 귀중한 문헌이 아닐 수 없다. 서도소리의 목이 남도소리의 목과 다른 것은 너무 유별하고 경기의 그것과도 다른 박자가 분명히 부각될 것이다."라고 그 교재의 가치를 평가하고 있다. 또한 당시, 문화재 관리국장, 김석용도 "서도소리는 평안도 황해도 양도를 일러 서도라 한다. 수천년을 대륙에 접하여 나라를 지켜온 서도민인지라 서도소리 또한 꿋꿋하고 씩씩한 기상이 어리어 있고, 고구려 고토인 대륙을 수복하고자 하는 한맺힌 수심이 어리어 있다"고 적었다.

본 연구자가 그동안 서도소리를 공부해 오며 경험한 바에 의하면, 서도소리 중에서도 가장 대표적인 소리는 역시 시창詩唱의 〈관산융마〉와 서도민요의 〈수심가〉라고 생각한다. 특히 〈관산융마〉는 서도소리의 기본 목 쓰임인 요성搖聲이 매우 중요한 시김새라는 점이다. 특히 상上·중中·하청下淸, 세청細淸 등의 요성, 또는 목의 구강 구조에 따라 '요성을 어디에 놓고 떠는가?'에 따라 감정이 달라짐을 알게 되었다. 평소 오복녀 선생의 '목 쓰는 기법'에도 요성의 대부분은 〈관산융마〉에 비중을 두었다는 점도 알게 되었다. 따라서 본 연구에서는 서도소리 전반에 나타나 있는 대표적인 악곡들을 선정, 각 악곡별로 중요하게 쓰이고 있는 특징적인 시김새를 분석해 나갈 것이다.

이 연구의 기본 자료는 오복녀 명창이 연구자에게 직접 전해 준 실제의 음원 자료와 『서도소리』 교재敎材에 소개되어 있는 '목쓰는 기법' 42종을 중심으로 분석할 것이다. 그리고 각각의 시김새 형태를 악보상에서 비교 분석한 다음, 그 특징을 찾는 작업이 본 연구의 목적이다.

2. 연구방법 및 연구범위

오복녀 선생은 평소에도 제자들에게 서도소리를 대표하는 특징적 요소가 바로 시김

---

[3] 오복녀, 『서도소리』, 광진문화사, 1978.

새라고 강조해 왔다. 그 중에서도 세 가지 시김새, 즉 '떠는 소리인 요성', '흘러내리는 퇴성', 이것을 반음이라고 표현하기로 했는데, 이러한 표현법은 곡선으로서 서도소리의 대표적인 구성짐과 슬픔을 표현하고 있다고 하겠다. 그리고 '꺾는 음'이 있는데, 보통 소리를 마무리 할 때는 항상 이 시김새를 사용한다. 이 점은 본 연구자도 공감하고 있다. 지금까지 서도소리를 공부해 오면서 상기 3종의 시김새가 서도소리를 구성하는 대표적 시김새라고 확신하고 있으며 자신감을 갖고 후진들을 양성해 오고 있다. 그럼에도 불구하고 이에 대한 연구는 매우 미흡한 상태에 머물러 있다는 점을 부인할 수 없다. 따라서 본 연구자는 오복녀 선생의 소리를 기반으로 하여 서도소리의 악곡별 시김새의 쓰임이나 창법을 찾아 더욱 심층적으로 연구해 보고자 한다.

특히, 본 연구를 통해 故오복녀 명창의 교재 『서도소리』[4]에 기술된 '목 쓰는 요령'이라든가, 기법, 그리고 기호를 참고하여 육보로 표기된 당시의 표현법들을 현재의 오선보로 채보해서 비교해 보고 분석을 해서 그 공통점과 차이점을 밝혀 보도록 할 것이다. 또한 표준적인 표기법에 대한 연구도 지속해 볼 계획이다.

연구자료로 활용하고 있는 악보자료는 실음으로 표기하였으나, 연구의 편의를 위해 본청을 통일하여 기보하였다. 오복녀 선생의 '목 쓰는 기법'이 서도소리에 어떻게 적용되고 있는가? 하는 점은 선생이 직접 실연하고 녹음한 〈관산융마〉, 〈수심가〉, 〈긴아리〉, 〈자진아리〉, 〈산염불〉, 〈자진염불〉, 〈안주애원성〉, 〈영변가〉, 〈공명가〉의 자료를 토대로 알아보고자 한다.

이 책에서는 연구자의 스승이었던 고, 오복녀 명창이 지도해 준 시창의 〈관산융마〉를 비롯하여, 서도 지방의 대표적인 민요로 알려진 〈수심가〉, 〈긴아리〉와 〈자진아리〉, 〈산염불〉과 〈자진염불〉, 〈안주애원성〉, 서도의 긴잡가로 널리 불려지고 있는 〈영변가〉와 〈공명가〉 등 총 9곡을 선정하여 각 악곡에 나타나 있는 주요 시김새를 분석할 것이다. 상기 9곡을 선정하는 이유는 과거 오복녀 선생이 연구자 및 다른 제자들에게도 이들 노래가 서도소리의 창법唱法상, 다양한 특징을 지니고 있다는 점과 '목 쓰는 기법'이

---

4 오복녀, 위의 책.

평이하지 않다는 점을 강조해 주었기 때문이다. 실제로 본 연구자가 후학들을 지도해 본 경험으로도 이 곡들의 예사롭지 않은 표현법이나 어려운 기교는 많은 연습을 요하고 있다.

 본 연구는 오복녀의 '목 쓰는 기법'을 중심으로 한다. 해당 음원을 5선 악보화 한 후, 그 악보화 된 시김새 등이 서도소리의 대표적인 민요와 좌창 속에 어떻게 쓰이고 있는지 면밀히 살펴 볼 것이다. 일반적으로 서도소리의 가장 중심이 되는 악곡이라면 서도 시창으로 불려지고 있는 〈관산융마關山戎馬〉와 서도의 대표적인 민요인 〈수심愁心가〉를 일반적으로 꼽는다. 가령, 1970년대, 서도소리를 무형문화재로 지정하고 그 예능 보유자를 선발할 때에도 실기 능력의 평가는 상기 2곡이었다는 점으로도 그 중요성을 인정할 수 있을 것이다. 〈관산융마〉는 서도 시창으로 한문시에 곡조를 붙인 것인데, 이 곡에 나오는 시김새는 여타 서도의 소리보다도 다양하고 명확하게 표현된다. 특히, 떠는 목의 경우는 출현음에 따라 각기 다르게 구사하여 매우 섬세하게 나타난다. 또한 〈수심가〉는 민요로 구분되고 있음에도 불구하고 합창보다는 독창으로 불리는 곡이다. 이것은 결국 소리의 길이라든가, 표현법, 잔가락 등의 시김새가 창자唱者마다 다르다는 것을 의미한다. 이와 같은 소리들은 충분하게 학습한 전문인이어야 실창實唱이 가능하다.

 서도소리는 가장 어려운 이 두 곡을 통하여 '목 쓰는 방법', 즉 요성과 퇴성, 꺾는 음 등을 익히게 되는데, 이는 서도소리의 핵심적인 시김새들이 이 두 곡에 모두 녹아 있기 때문이다. 서도소리가 특징을 지니고 있다는 말은 곧 선율을 구성하고 있는 음 조직이나 창법, 발성법, 표현 방법의 시김새 등이 다르다는 점을 의미한다. 특히, 서도소리는 그 독특한 창법이나 시김새를 바탕으로 하는 소리의 원형을 충실하게 보존해야 하는데, 상기 9곡을 중심으로 해서 서도 지방의 특징을 알 수 있는 시김새의 유형을 찾아보고 그 기능이나 표현 방법에 관하여 논의하고자 한다. 이러한 연구 과정은 북한 지역이라는 지역적인 특수성 때문에 그 전승 구조가 상대적으로 취약한 서도소리의 정통성 있는 창법을 바르게 계승하기 위해서도 서도소리만의 특징적인 표현법을 통하여 그 예술적 가치를 높일 수 있다는 점에서 의의가 있다고 생각한다.[5]

 본 연구에 있어서는 서도소리의 여러 구성 요소 중에서 특히, 각 악곡에 나타난 '목 쓰는 기법', 즉 서도소리의 특징적 표현법인 요성의 형태와 퇴성, 추성, 전성 등 특징적 시김새를 살펴서 시김새가 서도소리의 특징을 가늠하는 주요 음악적 요소임을 증명해 보고자 한다. 오복녀의 실창으로 녹음 수록된 〈관산융마〉를 비롯하여 9곡에 나타난 서도소리의 특징적인 시김새의 형태를 분석할 것이다. 오 명창은 시김새의 형태를 12줄 위에 그림형으로 표기하였는데, 그림과 함께 카세트 음원 자료도 남겨 주었다. 실제 이북에서 소리를 배운 마지막 세대의 명창에게서 직접 서도소리를 전수받은 본 연구자는 이 자료를 기초로 해서 다양한 장르의 서도소리에서 특징있는 시김새들이 어떻게 쓰이고 있는가 하는 점을 살펴볼 것이다. 일반적으로 교과서에 실려있는 서도소리 악보는 해당 가사 위에 음표와 함께 시김새가 일반화된 기호로만 표현되고 있는데, 이러한 방법으로는 서도소리에 접근하기 매우 어렵다고 생각된다.

그렇다면 '그 어려운 서도소리를 어떻게 지도해 나가야 할 것인가?' 하는 문제가 어려운 과제가 아닐 수 없다. 현재 전승되고 있는 서도소리의 시김새들을 어떠한 방법으로 표기하고 설명할 것인가? 하는 문제는 서도소리 전공자들의 숙제라 하겠다. 시김새의 악보상 표현은 매우 어렵기에 전공자들은 창자 자신만이 알아볼 수 있는 시김새를 다양한 기호나 문자, 또는 연음표와 같은 형태로 표현하기도 하는데, 공통적인 방법의 모색이 필요한 것은 당연한 숙제라 할 것이다.

다행한 것은 오복녀 선생이 전해 준 '목 쓰는 기법' 음원은 1977년 3월 16일에 녹음된 자료로, 카세트 테잎 2개 총 60분 분량의 육성녹음 자료로 연구자가 소장하고 있으며 이 자료가 유일본이다.[6] 이 자료에서 서도소리의 '목 쓰는 기법' 42종을 찾게 되어 다행이었지만, 한 가지 궁금증은 과연 이 〈목의 기법〉을 익히게 된다면, 서도소리의 모든 표현을 완벽하게 구사할 수 있을까? 하는 점이었다.

이 42가지를 형태별로 분석해 보면서 확인할 수 있었던 점은 무엇보다도 서도소리의

---

[5] 서한범, 「서도소리의 특징적 시김새에 관한 연구」, 『韓國音樂研究』 제46집, 韓國國樂學會, 2009.
[6] 처음 이 그림형 시김새에 담긴 음원을 듣게 되었을 때의 감동은 이루 말할 수 없었다. 그 음원을 찾는 순간, 오복녀 선생이 제게 일생의 가장 큰 선물을 주신 듯 해서 그 기쁨은 이루 형용하기 어려웠다. (유지숙 담)

대표적인 〈관산융마〉, 〈수심가〉, 〈긴아리〉, 〈산염불〉 등에서 쓰이는 시김새가 대부분이었다는 점이다. 그 밖에 입창 형태의 〈산타령〉이라든가, 〈물레타령〉, 〈자진아리〉, 〈영변가〉 등의 시김새가 일부 포함되어 있다는 점을 확인할 수 있었다. 오 명창은 총 42종의 '목 쓰는 기법'을 제시해 주었는데, 이 기법들은 유사한 형태가 많이 나타나고 있다. 그러므로 이 책에서는 표현이 유사한 시김새별로 묶어서 크게 〈A형〉, 〈B형〉, 〈C형〉, 〈D형〉, 〈E형〉 등 5개 형태로 구분하여 비교한 다음, 설명을 덧붙이고자 한다.

1) 기본적인 요성 형태 - 〈A형〉

〈A형〉이란 기본적인 요성搖聲의 형태이다. 요성이란 어느 음을 단순하게 반음이나 또는 한음 간격으로 떨어주는 형태의 표현법인데, 서도소리 뿐 아니라, 각 지방의 소리들이 그 형태는 달라도 해당 음을 떨어주는 시김새는 다양하게 나타난다.

예를 들면, 단순하게 어느 음을 떨어주다가 변화(기법이나 감정의 표현)하는 것이 다양하게 나타나도 이들은 모두 요성으로 보아 A형으로 정리한다. 그런데 이 요성의 범주 안에는 오 명창이 제시한 '목 쓰는 기법' 18종(1, 2, 3, 4, 5, 8, 11, 15, 16, 25, 26, 27, 31, 32, 36, 39, 40, 42)이 여기에 해당되기에 이 책에서는 상기 18종을 〈A-1〉형부터 〈A-18〉형 까지 총 18개의 유형으로 분류하여 표기하겠다.

2) 방울목과 끼는목의 결합 형태 - 〈B형〉

다음으로 B형의 경우이다. B형은 요성과 또 다른 표현, 즉 치는 목(방울목)이나 끼는 목 등이 결합 된 형태를 가리킨다. 서도소리의 감정과 멋을 표현해내는 전반적인 시김새에 해당되는 것이 B형에 속하는데, 오 명창이 제시해 준 '목 쓰는 기법' 16종(6, 7, 10, 13, 14, 19, 21, 22, 23, 24, 28, 29, 30, 34, 37, 41)이 여기에 해당된다. 즉, 본 논문에서는 위의 '목 쓰는 기법' 16종을 〈B-1〉형, 〈B-2〉형, 〈B-3〉형, 등과 같이 총 16개 유형으로 분류하여 표기하겠다.

3) 콕 찌르는 목과 꺽는 목의 형태 - 〈C형〉

다음은 C형이다. 이 형태는 '콕 찌르는 목'과 '꺽는목'의 형태로 서도소리 전 장르에 자주 나타나는 2종의 형태를 묶어 C형으로 분류하였다. '목 쓰는 기법' 2종(9, 12)이 여기에 해당된다. 이 책에서는 위의 '목 쓰는 기법' 2종을 C-1형, C-2형으로 분류하였다.

4) 끼는 목이 등장하며 마무리 되는 형태 - 〈D형〉

D형은 끼는 목이 등장하며 마무리 되는 형태라 할 수 있는데, 오 명창이 제자들을 지도할 때에는 흔히 이 시김새를 '음의 간결한 정리'라고 하였다. '목 쓰는 기법' 3종(17, 18, 20)이 여기에 해당된다. 이 책에서는 위의 '목 쓰는 기법' 3종을 〈D-1〉형, 〈D-2〉형, 〈D-3〉형으로 분류하였다.

5) 선율로 이루어져 있는 형태 - 〈E형〉

마지막으로 〈기타〉는 요성도, 시김새도 아닌 선율로 이루어져 있는 형태이기에 '목 쓰는 기법'에는 표함되어 있으나, 선율로 이루어져 있어서 〈기타〉로 분류한다. '목 쓰는 기법' 3종(33, 35, 38)이 여기에 해당된다. 시김새의 범주에서 제외하지만, 이 책에서는 위의 '목 쓰는 기법' 3종을 〈E1〉, 〈E2〉, 〈E3〉으로 분류하였다.

〈표 1〉 오복녀 '목 쓰는 기법' 5개 유형 분류

유형	시김새 형태	해당 번호	수량
A	기본적인 요성 형태	(1, 2, 3, 4, 5, 8, 11, 15, 16, 25, 26, 27, 31, 32, 36, 39, 40, 42)	18
B	방울목과 끼는목의 결합 형태	(6, 7, 10, 13, 14, 19, 21, 22, 23, 24, 28, 29, 30, 34, 37, 41)	16
C	콕 찌르는 목과 꺽는 목의 형태	(9, 12)	2

유형	시김새 형태	해당 번호	수량
D	끼는 목이 등장하며 마무리 되는 형태	(17, 18, 20)	3
E	선율로 이루어져 있는 형태	(33, 35, 38)	3

위와 같은 분류에 의해 오복녀 명창이 전해 준 그림형 시김새를 기본 자료로 하고, 본 연구자가 선생에게 직접 배운 소리들을 토대로 해서 오복녀 명창이 제시하고 정리한 기법 42종이 실제로 서도소리 전반에 어떻게 적용되고 있는가? 하는 점을 살펴보면서 이러한 기법들이 서도소리를 구성하고 있는 전체적인 시김새로서 존재할 수 있는가? 하는 점도 검토해 보고자 한다.

〈표 2〉 주요 참고 문헌 목록

문헌명	저자명	출판사	출판년도
한국가창대계	이창배	홍인문화사	1976
서도소리대전집	김정연	경원각	1978
서도소리	오복녀	광진문화사	1978
전통서도소리명곡대전	박기종	민속원	2014.08.21.

〈표 3〉 주요 참고 음원자료 목록

분류	곡목	가창자	음반(음원명)	음원번호	녹음연도
좌창	공명가	오복녀	전통적인 서도소리 제 1집	아세아레코드 ALS-769	1980
좌창	공명가	오복녀	서도소리	오아시스 ORC-1438	1997
소리/육성해설	서도소리 관산융마 외	오복녀	목 쓰는 기법 42번 까지 외	카셋트 테잎 1개(60분)	1997. 3. 6.
좌창	공명가	오복녀	인간문화재 오복녀 서도소리 제 4집	서울음반 SRCD-1177	1993
좌창	배따라기	오복녀	한국음악선집 제19집 <서도소리>	지구/국립국악원 음반번호없음	1990

분류	곡목	가창자	음반(음원명)	음원번호	녹음연도
좌창	제전	오복녀	한국음악선집 제19집 <서도소리>	지구/국립국악원 음반번호없음	1990
좌창	제전	오복녀	인간문화재 오복녀 서도소리 제 3집	서울음반 SRCD-1176	1993
좌창	초한가	오복녀	전통적인 서도소리 제 1집	아세아레코드 ALS-769	1980
좌창	초한가	오복녀	인간문화재 오복녀 서도소리 제 3집	서울음반 SRCD-1176	1993
좌창	영변가	오복녀	인간문화재 오복녀 서도소리 제 4집	서울음반 SRCD-1177	1993
좌창	영변가	오복녀	국악대전집 제 6집 서도소리	삼성미디어 OSKC-1056	1994
시창	관산융마	오복녀	서도소리	오아시스 ORC-1438	1997
시창	관산융마	오복녀	인간문화재 오복녀 서도소리 제 4집	서울음반 SRCD-1168	1993
민요	수심가	오복녀	21세기KBS-FM시리즈 18 한국의 전통음악 <서도민요>	HAEDONG-118	1994
민요	수심가	오복녀	인간문화재 오복녀 서도소리 제 4집	서울음반 SRCD-1168	1993
민요	산염불, 자진염불	오복녀	인간문화재 오복녀 서도소리 제 3집	서울음반 SRCD-1176	1993
민요	산염불, 자진염불	오복녀	서도소리	오아시스 ORC-1438	1997
민요	긴아리, 자진아리	오복녀	인간문화재 오복녀 서도소리 제 3집	서울음반 SRCD-1176	1993
민요	긴아리, 자진아리	오복녀	서도소리	오아시스 ORC-1438	1997
민요	안주애원성	오복녀	인간문화재 오복녀 서도소리 제 3집	서울음반 SRCD-1175	1993

3. 선행연구 검토

분단 이후 서도소리는 겨우 명맥만 이어지고 있었는데 평양 태생의 오복녀 명창(1913~2001)이 타계한 이후에는 서도소리의 정서와 특징적 시김새들을 자연스럽게 표출해 내는 소리꾼이나 실향민들을 만나기 어려운 현실이다. 이러한 상황에서 본 연구자는 서도소리의 예능보유자, 오복녀 명창의 녹음자료를 바탕으로 서도소리가 갖는 보편적인 시김새들의 표현법을 배울 수 있었다. 잔가락이나 시김새는 많은 연구자들이 나름대로 이견을 펼쳤으나 때로는 이러한 부분들이 오히려 혼란스럽고 도움이 되지 못했던 것도 사실이다. 따라서 기존에 발표된 선행연구물들을 검토해 보면서 시김새를 포함한 서도소리의 특징들을 비교하여 본 연구에 참고를 구하고자 한다. 또한 기존에 다루지 않았던 부분에 대해서는 또 다른 음악적 방법으로 증명하고, 구체적으로 악보상에서 비교해 가며 구체적이고도 체계적인 연구를 진행해 보고자 한다.

서한범은 「서도소리의 특징적 시김새에 관한 연구」라는 논문에서 "다른 지역과 달리, 서도의 소리들은 애절한 표현들이 많이 보이고 있다. 지역의 음악을 특징 있게 만들고 있는 시김새의 영향이다."라고 주장하며, 서도소리 중, 〈수심가〉, 〈몽금포타령〉, 〈씨름타령〉, 〈배치기〉, 〈초한가〉 등에 나타나고 있는 특징적인 시김새의 형태와 종류를 살펴보았다. 〈1〉 요성搖聲이 다양하다는 점, 졸음 목은 폭을 좁혀 격하게 떨어줌으로 해서 결정적인 긴장감을 유발하는 특징적인 요성법이라는 점, 〈2〉 어느 음을 낼 때, 처음부터 곧바로 제 음고音高대로 내지 않고, 본음보다 2~3도 가량 낮은 음으로 시작하여 본음까지 유연하게 들어 올리는 추성推聲의 표현법 특징이란 점, 〈3〉 어느 음의 끝 부분을 흘리는 반음半音의 표현이 특징적이란 점, 이를 서도 창자들은 '안아서 흘린다'고 표현하고 있다. 〈4〉 5도 하행 시, 곧바로 떨어지지 않고 4도 아래 음을 꺾어 하행하는 표현법이 특징이다. 그 외에도 졸음 목을 비롯한 다양한 요성의 표현, 밀어 올리는 관습적인 추성의 표현, 음의 끝 부분을 안아서 흘리는 반음의 표현, 그리고 꺾는 소리의 표현 등을 꼽았다.[7] 서도소리 중에는 서도좌창의 경우, 〈초한가〉, 〈영변가〉, 〈공명가〉, 〈제전〉, 〈장한몽〉, 〈배따라기〉, 〈전장가〉 등의 다양한 연구, 즉 서도잡가의 선행 연구가 대세를 이루고 있다.

박복희는 「서도소리 <영변가> 연구」에서 영변가를 이루고 있는 특징적인 음악 요소 중에서 시대에 따른 가사의 변화와 <영변가>가 성창하던 시기의 명창이나 방송 사례, 음반 자료, 장단의 짜임새, 음계, 선율진행의 특징, 종지형태의 특징을 연구하였는데, 음과 음을 연결함에 있어 특징적인 서도지방의 목 쓰는 기법이나 시김새와 같은 잔가락의 표현법이 구체적으로 설명되지 않고 있다.[8]

박준길은 「서도잡가 초한가 연구」에서 음악적 특징을 분석한 결과, 초한가는 전형적인 수심가토리로 된 노래라는 점, 서사 노래의 특성상 노래에 따르는 장단이 불규칙 하기 때문에 장단의 규칙성이 명확하지 않음을 밝혔으나 서도소리의 특징적인 시김새의 구체적 언급이 아쉽다.[9]

리홍관은 「서도잡가 <공명가> 연구」라는 학위논문에서 오복녀와 박기종 두 창자가 부른 서도잡가 <공명가>를 중심으로 음악적 특징을 규명하였다. <공명가>를 직접 채보하고 그 자료를 활용하여 선율을 구성하고 있는 주요음과 선율의 골격, 공명가 사설, 붙임새 및 리듬형, 발성법과 시김새의 상이점을 폭넓게 밝혔다. 또한, 경기잡가는 6박 도드리장단인 반면에 서도잡가는 3박이 주축을 이루면서 사설에 따라 2박, 4박, 5박 등 다양한 변화가 있다는 점, 경기잡가가 유절형인 반면, 서도잡가는 통절형에 끝 부분을 <수심가>로 마무리한다는 점, 오복녀는 <수심가>조 부분을 포함한 모든 악절에서 're-la-do'를 핵심음으로 잡고 mi와 sol은 경과적인 음으로 출현한다는 점, 박기종은 25개 악절로 구성된 <공명가> 중 15개 악절에서 수심가 토리의 흐름과 차이를 보이는 si가 출현하여 오복녀에 비해 re-la-do를 충실하게 표현한다는 점, 박기종보다 오복녀의 소리에서 다양한 시김새를 구성하며 장단 구성은 3박자가 주축을 이루면서 가사에 따라 다양하게 박자가 변화한다는 점, 오복녀의 본절과 <수심가>조 부분이 명확하게 분리된

---

[7] 서한범, 앞의 논문.
[8] 박복희, 「서도소리 <영변가> 연구」, 단국대학교 대학원 석사학위논문, 2003.
[9] 박준길, 「서도잡가 초한가 연구」, 용인대학교 대학원 석사학위논문, 2004.

반면, 박기종은 본절 마지막에서 박이 느려지면서 <수심가>조로 이어지는 차이점이 있다고 밝혔다. 오복녀와 박기종의 <공명가>는 사설 붙임새의 길이는 같으나 리듬형이 다른 경우가 있고 사설이나 음의길이, 리듬형은 같으나 사설 붙임의 자리가 다른 경우도 여러 곳에서 나타나고 있다는 점 등을 밝혔다.[10]

정미야는 「서도잡가 <제전> 연구」에서 오복녀 창 서도잡가 <제전>이 음악적 연구에 관하여 사설 내용, 장단, 선율진행, 음계 등을 분석하였다. <제전>의 구성음은 <수심가>조의 5음계에 속하지 않으며 불규칙으로 출현한 음이라고 정리하였다.[11]

윤이나는 「서도소리 <장한몽>의 김정연·이은관 소리 비교연구」에서 서도소리 <장한몽>의 김정연·이은관의 소리 비교연구를 사설, 장단, 선율에 나누어 분석하였다. 그 결과 <장한몽>은 개화기 당시 한국인의 정서를 잘 나타낸 사랑 이야기임을 확인하고 김정연과 이은관은 유사한 사설이지만 조상의 유무 및 형용사의 활용형과 어미의 가감, 음운상 발음변화의 상이함을 알 수 있었고 일자다음의 형식인 <장한몽>은 세마치장단을 기준으로 장단을 진행하지만, 김정연은 9소박의 진행이 활발하고 이은관은 6소박의 활용을 통해 선율을 맺어주는 특징이 있다고 하였다. 또한 김정연은 순차상행, 하행과 동음으로 길게 지속하는 반면, 이은관은 다양한 꾸밈음을 사용하여 음들을 화려하게 표현하지만, 두 창자 모두 수심가로 마무리하는 공통 된 특징이 있다고 밝혔다.[12]

최연화는 「서도소리의 배따라기 연구: 사설과 선율을 중심으로」에서 김정연과 박기종을 중심으로 <배따라기>의 음악적 특징을 비교 분석하고 <잦은배따라기>를 간단히 연구하였다. 서도소리 잡가 배따라기 연구를 위해 서도소리의 전승 양상을 살펴보고 서도소리의 발생, 분류 특성, 전승 계보로 나누어 분석하고 '한국속가자료집'에 나타난 19편의 배따라기 현황을 통해 사설을 해설하였다. 그리고 음원을 채보하여 악곡 구조, 박자 구조, 경서토리 조직, 구성음과 주요음, 창법분석을 위한 시김새로 나누어 음악적 내

---

[10] 리홍관, 「서도잡가 <공명가> 연구: 오복녀의 소리를 중심으로」, 단국대학교 대학원 박사학위논문, 2015.
[11] 정미야, 「서도잡가 <제전> 연구: 오복녀의 소리를 중심으로」, 중앙대학교 대학원 석사학위논문, 2015.
[12] 윤이나, 「서도소리 <장한몽>의 김정연·이은관 소리 비교연구」, 이화여자대학교 대학원 석사학위논문, 2022.

용을 분석하였다.[13]

　김무빈은 「서도소리〈전장가〉의 전승양상과 음악적 특징」에서 1972년 성음 레코드사 『서도소리대전집』에 수록된 김정연의 음원을 토대로 판소리 적벽가의 군사설음 대목과 〈전장가〉의 사설을 비교하고 〈전장가〉의 선율진행과 음악적 특징을 구분하였다. 그 결과 판소리 적벽가 〈군사설움〉과 서도좌창 〈전장가〉의 사설 비교를 통해 〈전장가〉는 판소리 적벽가 〈군사설움〉대목 초두의 사설은 축소하고 아내 설움의 사설은 확장시키어 서도창 식으로 만든 것임을 알 수 있고, 〈전장가〉의 장단은 노랫말에 따라 3분박, 2분박, 4분박 변형 형태로 총 11가지 등장한다는 점, 뒷부분은 수심가로 맺는 부분은 일반 서도소리를 반주하는 것과 같이 소리가락 장단으로 창자 노래 호흡에 맞추어 연주한다고 했다. 그리고 김정연의 〈전장가〉는 서도솔의 대표적인 수심가토리로 레(re) - 미(mi) - 솔(sol) - 라(la) - 도(do)의 음계임을 밝혔다.[14] 서도좌창의 선행연구를 통해 대부분 특정 좌창에 국한되어 있고, 간단한 개념이나 사설, 구성음, 박자 비교 등을 연구하고 있음을 알 수 있었다.

　최현주는 「수심가 비교 연구」에서 김정연·오복녀·이은관의 창법을 중심으로 한 수심가의 가사 내용, 박자(가사 붙임새), 선율선 등을 중점적으로 비교분석 하였는데, 황해도 민요 수심가가 3장 형식이며 5음 음계로 되어있다는 점, 외에 가사 붙임새·선율선·출현음에 있어서는 대체적으로 비슷한 양상을 보이며, 가사의 내용이나 박자형태는 상이하다는 점을 밝혔다.[15]

　주민지는 「서도민요 '긴난봉가, 자진난봉가', '산염불, 자진염불' 비교연구」에서 '긴난봉가, 자진난봉가', '산염불, 자진염불'의 이론적 배경과 음악적 특징을 주로 다루었는데, 동시대에 활동한 묵계월과 오복녀, 두 창자는 사설이나 붙임새는 전반적으로 동일하나,

---

[13] 최연화, 「서도소리의 배따라기 연구: 사설과 선율을 중심으로」, 원광대학교 대학원 박사학위논문, 2017.
[14] 김무빈, 「서도소리〈전장가〉의 전승양상과 음악적 특징: 김정연 소리 사설과 선율 중심으로」, 한양대학교 대학원 석사학위논문, 2021.
[15] 최현주, 「수심가 비교 연구: 김정연·오복녀·이은관 창을 중심으로」, 단국대학교 대학원 석사학위논문, 2001.

선율과 시김새에서는 서로 차이가 있음을 밝혔다. 묵계월은 주선율에 집중하며 여러 시김새를 비슷하게 사용하였고, 오복녀는 하행하는 선율을 중심으로 특정한 시김새를 반복적으로 사용하였다고 결론지었다.[16]

서도소리 창법과 시김새 선행 연구를 살펴보면 김광숙은 「장학선과 오복녀의 서도소리 창법연구」에서 장학선과 오복녀의 〈관산융마〉, 〈수심가〉, 〈공명가〉, 〈놀량사거리〉의 4곡을 중심으로 20세기 서도소리의 음악적 변천과정에 따른 창법을 살펴보았다. 그 결과, 장학선은 비교적 담백한 창법을 구사하는 반면, 오복녀는 떠는 음, 즉 요성의 창법을 적극적으로 활용하여 다양한 창법을 구사하며 일반적인 서도소리의 음악 어법을 따르고 있음을 밝히면서 양자의 시대적인 변화를 담고 있다고 하였다.[17]

임미선은 「서도소리 '떠는목'의 유형과 특징: 민요 · 좌창 · 송서를 중심으로」에서 민요는 통속민요와 향토민요를 포함하여 분석하였으며, 좌창 중에는 배따라기, 송서로는 추풍감별곡을 분석하였다. 서도소리 범주에 드는 이러한 다양한 악곡들에서 떠는 목이 쓰이는 형태와 특징을 살피면서 그것이 서도민요를 대표하는 수심가와 어떠한 차이가 있는지에 대한 비교도 시도하였다. 그 결과, 민요에는 다양한 형태가 쓰이지만, 좌창과 송서는 민요에 비해 다양한 형태가 쓰이지 않으며, 특히 낭송조로 부르는 송서의 경우에는 떠는 목이 상대적으로 적게 쓰였다고 밝혔다.[18]

한채연은 「수심가와 난봉가의 시김새 연구」에서 서도민요의 대표곡이라 할 수 있는 '수심가'와 '난봉가'의 특성을 좀 더 구체적으로 살피기 위해 노래에 나타나 있는 시김새에 대하여 밝히고 있다. 특히 오복녀, 이은관, 김광숙 등 3인의 소리를 바탕으로 직접 채보해서 노래에 나타나는 서도민요의 특징적인 시김새가 어떠한 형태인지, 또한 각 3인들은 그러한 시김새를 어떻게 표현하고 있는지 연구하였다. 그 결과 '떠는 목'(요성)은 수

---

16 주민지, 「서도민요 '긴난봉가, 자진난봉가', '산염불, 자진염불' 비교연구: 묵계월, 오복녀의 소리 선율 비교를 중심으로」, 이화여자대학교 대학원 석사학위논문, 2019.
17 김광숙, 「장학선과 오복녀의 서도소리 창법연구」, 이화여자대학교 대학원 박사학위논문, 2016.
18 임미선, 「서도소리 '떠는목'의 유형과 특징: 민요 · 좌창 · 송서를 중심으로」, 『한국음악연구』, 韓國國樂學會, 2021.

심가의 경우 굵고, 눌러주는 듯한 요성이 쓰이는데 반해 상대적으로 속도가 빠르고, 평안도가 아닌 황해 지역에서 불리는 난봉가는 잘게 떨어주는 약한듯한 요성으로 음악을 만들며'끼고 꺾는 목'으로 표현되는 시김새는 오복녀·이은관·김광숙의 수심가에서 모두 여러 차례 등장하여 <수심가>의 맛을 한껏 돋보이게 해주고 있다고 하였다. 난봉가의 경우는 상대적으로 훨씬 적게 또는 잦은난봉가와 같은 경우에는 거의 쓰이고 있지 않았으며, 이와 함께 흘러 떨어 뜨려 표현하는 시김새는 각 곡에서 장단을 여며주는 역할을 한다고 밝혔다.[19]

장효선은 「오복녀 창 서도잡가 시김새연구: 초로인생을 중심으로」에서 서도잡가 중 『초로인생』의 시김새 연구를 위해 서도잡가에서 사용되는 시김새 분석을 창법적 측면과 장식적 측면으로 구분하여 분석하였다. 초로인생의 사설내용은 24단락으로 구분되며 사용되는 창법적 시김새의 종류는 총 20개, 장식적 시김새 종류는 5개 정도가 쓰이고 있음을 밝혔다.[20]

손인애는 「토속민요 배꽃타령 계통의 소리 연구」에서 배꽃타령 계통 소리들의 정확한 음악적 유래와 이 소리들이 공유하는 보편적인 음악 및 사설의 특성을 파악하여 그 실체를 규명하였다.[21]

정철호[22]는 판소리와 고법, 그리고 아쟁 산조를 위해 그림형 개인 악보 모음집을 남겼는데, 그 일부를 소개해 보면 다음 <그림 1>과 같다. 이 시김새를 보면 본인만이 알 수 있는 형태로 본인이 남긴 전언에 의하면 'O'는 합박을 표시한 기호이고 '⌐'는 모든 음을 올려 불렀다는 뜻이라고 하였다. 하지만 이 기호를 보고 시김새를 읽을 수 없었으며 본

---

19 한채연, 「수심가와 난봉가의 시김새 연구」, 목원대학교 대학원 석사학위논문, 2006.
20 장효선, 「오복녀 창 서도잡가 시김새연구: 초로인생을 중심으로」, 중앙대학교 대학원 석사학위논문, 2015.
21 손인애, 「토속민요 배꽃타령계통 소리연구」, 『韓國民謠學』 제17집, 부산: 한국민요학회, 2005.
22 정철호(鄭哲鎬, 1923~2021): 14살 부터 임방울 문하에 입문하여 <수궁가>, <적벽가>, <춘향가>를 사사받았다. 18세에는 <적벽가>의 완성을 위하여 정응민을 찾아가 임방울 바디에 없는 '삼고초려'를 추가로 학습하였다. 임방울류 <적벽가>는 동편제 명창인 유성준에게 소리를 배운 임방울에 의해 시작되어 우조의 웅장한 성음으로 기존의 <적벽가>와는 차별성 있는 음악적 특징을 가지며 전해지고 있으며, 정철호는 임방울류 <적벽가> 판소리를 유일하게 전승한 제자이다.

인이 아니면 알 수 없는 시김새임을 확인해 주었다. 그러나 어떤 형태이든 간에 시김새를 표현하고, 또한 그것을 남기고자 한 정철호의 그림형 시김새의 시도는 높이 평가되어야 할 것이다.

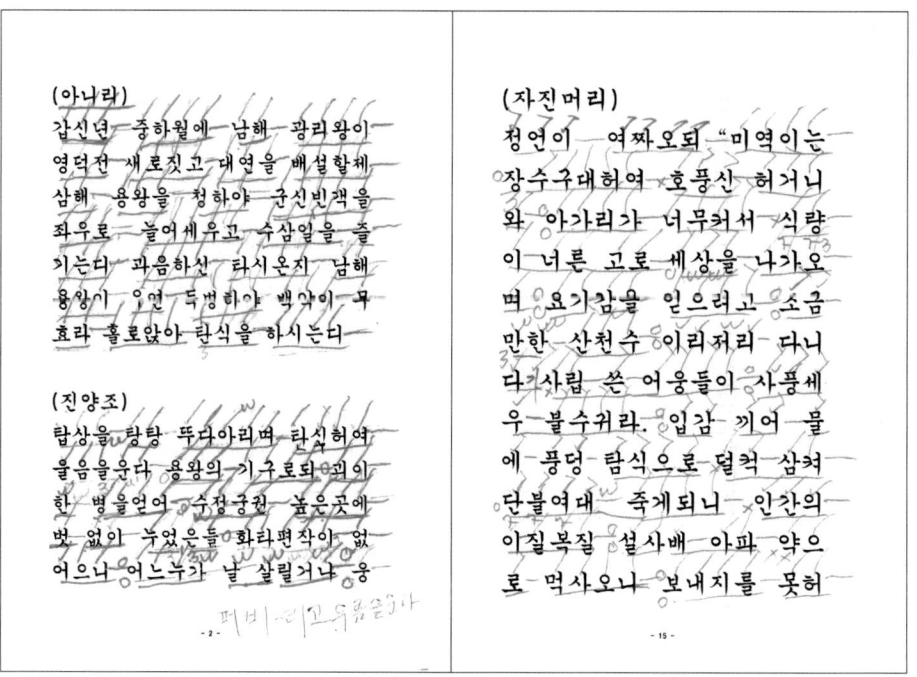

〈그림 1〉 정철호의 악보 모음집 일부

박기종[23]의 그림형 시김새 악보는 아래에서 보는 바와 같이 노래 가사 위에 높이를 12율명(律名)으로 구분해 놓고 다양한 소리 표, 예를 들면, 쭉 뻗어 곧게 내는 소리 표, 쭉 뻗다가 차차로 흔드는 표, 끊어질 듯 다시 이어지는 표, 선율 중간에 음을 올려내는 표 등 19종

---

23 박기종 1926년 10월 16일 황해도 벽성군 출생으로 월남해서는 충남 지역에서 중 고등학교 교사를 역임했으며 황해도 무형문화재 서도소리의 산염불, 난봉가의 예능보유자이다. 『전통서도소리 명곡대전』을 출간하였다.

의 시김새 유형을 제시해 놓았으며 음계 설정의 보기, 기본 발성법, 구체적인 부호를 그림으로 제시하여 실제의 전승에 활용한 것이다.

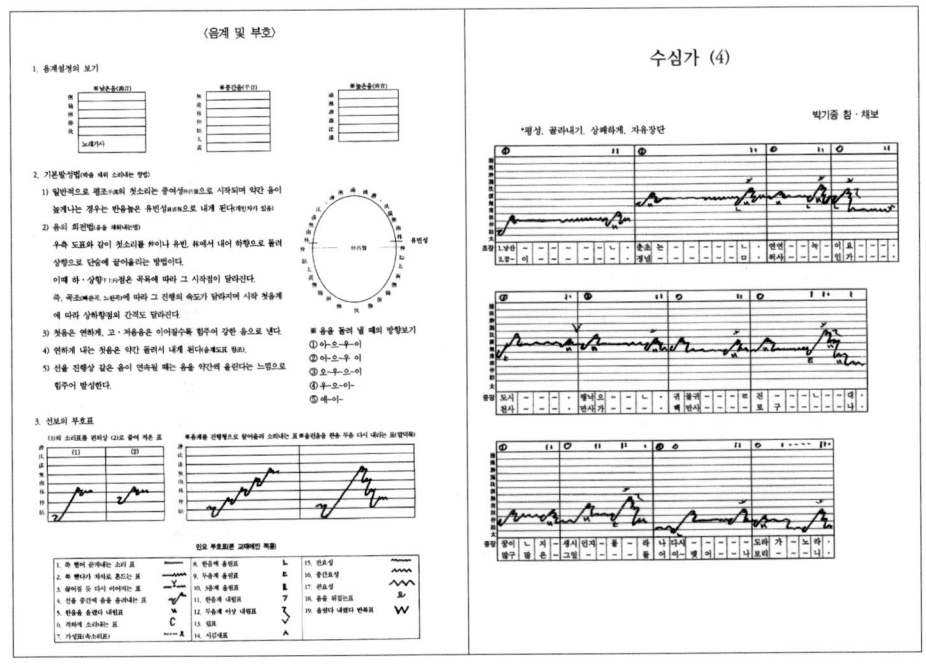

<그림 2> 박기종의 그림형 시김새 악보 일부

그 용례들을 예시해 보면 아래 <그림 2>와 같고, 수심가의 실제를 예시해 놓았다. 이 시김새의 표기법을 보면, 가사에 따른 음고音高가 율명으로 제시되고 있어 매우 구체화 되어 있다는 점을 알 수 있다. 그러나 시김새의 모양은 높이에 따라 그림형으로 그려져 있어서 본인 이외에는 이해하기 쉽지 않다는 점이다. 음원과 함께 표기된 음을 듣는 경우라 해도, 노래 속에서 시김새의 그림을 보고 짐작해서 표현할 수밖에 없는 한계가 있다.

이상 서도소리에 관한 선행연구물들을 살펴본 결과, 서도소리 중 극히 일부의 소리에 한하여 사설이나 장단, 선율의 진행 등을 분석하고 상호 비교하는 내용들이 대부분이었다. 이 책에서 분석해 보고자 하는 서도소리의 시김새에 관한 내용들은 대부분의 논문에서 제외되어 있거나, 혹 다루었다고 해도, 극히 부분적인 고찰에 불과한 상황임을 알 수 있었다. 무엇보다도 이 책에서 다루고자 하는 오복녀 명창이 전해 준 서도소리의 특징적 시김새에 관련해서는 연구물이 극히 제한되어 있었다. 이에 이 책에서는 선행연구를 참고하고, 서도소리 전반에 나타나는 '목 쓰는 기법'이나 시김새의 연구를 보다 구체적이고 폭넓게 진행해 나갈 것이다.

본 연구에 결정적 자료를 전해 준 오복녀 명창의 음원 자료와 그림형 시김새 자료는 본 연구에 매우 특징적인 자료라고 사료된다. 오래 전에 오복녀 명창으로부터 전해 받은 음반 자료는 5선보로 악보화하였고, 아울러 42종의 '목 쓰는 기법'들 역시, 각각의 시김새가 쓰이는 위치에 따라 그림과 설명으로 작성하고 악보로 제시하겠다. 이러한 기법이나 다양한 시김새의 형태를 중심으로 해서 서도소리의 특징을 찾아보도록 구체적인 분석 연구를 해 나가고자 한다.

제2장

이론적 배경

서도소리의 전승 현황
서도소리의 음악적 특징과 시김새

제2장
이론적 배경

1. 서도소리의 전승 현황

　서도소리는 황해도나 평안도 지역의 소리를 말하는데, 월남한 지역의 명창들에 의해 현재까지 전해지고 있다. 서도창의 종류는 시창詩唱을 비롯하여 좌창과 입창이 있고, 각 지역의 민요와 잡가, 송서, 창극조 등이 포함되고 있다. 이러한 소리들은 각각의 특성에 맞는 독특한 창법이나 시김새가 사용된다. 박기종은 "부분적인 차이는 있을지언정, 대부분의 노래에서 발성법이나 창법상의 큰 차이는 없다"고 하면서 남녀창을 막론하고 맑고 높은 목소리를 내야하고 각기 다른 요성, 특히 음폭을 좁게 하면서 위로 치켜 떠는 졸음 목의 표현을 강조하고 있다.

　서도의 긴 잡가에는 <공명가>를 비롯하여 <초한가>, <영변가>, <배따라기>, <제전> 등이 비교적 알려져 있는 편이고, 그 외에 <장한몽>, <적벽부>, <관동팔경>과 같은 노래들과 <추풍감별곡>과 같은 송서도 있다. 이들 서도의 긴 잡가들은 자유분방함이나 즉흥성보다는 정해진 한배와 장단의 틀 속에서 가락과 시김새로 사설을 처리해 나가고 있는데, 숙련된 표현법으로는 <떨 목>, <끌 목>, <조르는 목>, <푸는 목>, <흘리는 목> 등이 대표적이다. 그 외에 서도지방의 <산타령>도 있는데, 그 구성은 <놀량>, <앞산타

령〉, 〈뒷산타령〉, 〈경발림〉이며, 모갑이의 지휘에 따라 여럿이 소고를 들고 대형을 만들면서 활달하고 씩씩하게 부른다. 1900년 전후에는 김관준, 김종조, 최순경, 이인수 등을 거쳐 이은관으로 이어진 배뱅이굿과 같은 서도의 창극조도 생겨났다.

서도의 대표적인 민요는 평안도의 〈수심가〉나 〈긴아리〉, 〈자진아리〉 황해도의 〈산염불〉이나 〈난봉가〉류의 노래인데, 이 노래들은 대부분 원망스러운 푸념조나 애절한 가락이 전편에 흐르고 있는 점으로 미루어 수심가의 영향을 받아 엮어진 것으로 보인다. 서도의 시창으로 유명한 〈관산융마〉는 잡가와는 달리 서울 지방의 가사를 많이 닮은 서도식의 시창이다. 그러나 '남에는 육자배기, 북에는 수심가'라는 말이 전해 오듯, 평안도의 대표적인 노래는 〈수심가〉와 이를 토대로 엮어진 민요들이 대부분이다. 서도의 소리들은 다른 지방에 비해 기악반주를 가진 것이 별로 없는 배경도 미묘한 꾸밈음을 그대로 악기에 옮기기 어렵기 때문으로 보이며 떠는 목이나 졸음목을 악기로 표현한다는 자체가 어렵기 때문이 아닐까 한다.[1]

서도소리의 서도西道는 평안도를 뜻하는 관서關西지방과 황해도를 가리키는 해서海西지방을 함께 지칭하는 말로, '서관西關', '서토西土', '양서兩西' 등으로 불리기도 했다.[2] 이 지역 한가운데 흐르는 청천강淸川江, 대동강大同江, 재령강載寧江, 예성강禮成江 등 풍부한 물과 이 일대의 넓은 평야와 긴 해안선은 농경사회 발전의 토대가 되었고 또한 서도팔경을 위시하여 천하제일의 강산이라는 평양팔경과 명산인 묘향산妙香山, 구월산九月山 등 산세의 절경은 서도소리를 탄생 시키는 큰 배경이 되었다. 서도지방은 국세가 대륙으로부터 압록강鴨綠江변으로 축소되는 과정에 수많은 국란과 영향을 받으면서 굳센 삶을 살아온 고장이며 오랜 역사 속에서 정치, 경제, 문화의 중심지로 북방민족의 침략을 방어하는 군사적 요충지로 발전하면서 주변에 많은 영향을 주었다.[3] 조선조 말엽 부터 해방 당시 까지는 '소리'라고 하면 서도소리를 말할 정도로 많이 불려졌고, 그 창법이 특이하여 남

---

1 서한범, 『한국전통음악논집』, 민속원, 2010, 430쪽.
2 김인숙·김혜리, 『서도소리』, 대전: 국립문화재연구소, 2009, 10쪽.
3 장효선, 「오복녀 창 서도잡가 시김새연구: 초로인생을 중심으로」, 중앙대학교대학원 석사학위논문, 2015, 9쪽.

도의 판소리와 쌍벽을 이룰만한 음악이었다.⁴

서도소리가 높은 예술성을 지니게 된 이면에는, 다른 지역보다 역사적인 지역으로 먼 기자 조선을 거쳐 고구려, 고려에 이르기까지 여러 가지 복합적인 요인이 있다고 한다. 관서인들의 공격적이고 강인한 기질은 조선왕조가 들어서면서 중앙정치의 장애로 느껴 관서 지방민에 대한 차별정책으로 인해 문화공존의 기틀까지 빗나가기 시작하였다. 또한 임진왜란壬辰倭亂(1952), 병자호란丙子胡亂(1937)과 같은 외세의 침입으로 일반 서민들이 겪은 삶의 불안과 울분, 수모와 고통, 한 등을 노래로 부르기 시작하였다. 조선 후기 정조(재위 1777~1880) 때부터 음악이 형식미 위주의 유가적 예악사상에서 탈피하여 감정의 자유로운 표현과 음색의 미를 추구하는 다양한 평민계층의 속된 노래라고 하는 잡가가 성창 발전하였다.⁵

서도소리는 소리의 성격에 따라 시창과 송서, 잡가, 민요, 재담소리의 네 부류로 나누어져 있다. 시창과 송서는 과거 문인사회에서 애호되었던 일종의 독서성에 해당하는 갈래이며 잡가에는 좌창과 입창이 포함된다. 좌창과 입창은 서로 대비되는 연주방식을 가리키는 말이지만 관습적으로 뚜렷한 갈래인 소리로 인식되었던 소리들이다. 민요는 전문 예능인들의 손에 의해 다듬어져 널리 전파되었던 소리와, 일반 민중들의 향토민요를 함께 아우르며, 재담소리는 배뱅이굿⁶과 같이 해학적인 재담을 섞어 부른 노래들이다.⁷

---

4   정은영, 「서도소리의 가창 지도 연구」, 한국교원대학교 석사학위논문, 1999, 2쪽.
5   이춘목, 「서도소리 연구: 창법을 중심으로」, 동국대학교 문화예술대학원 석사학위논문, 2005, 4쪽.
6   배뱅이굿: 배뱅이굿은 한국에서 노래와 춤을 섞어서 하는 놀이이자 음악이다. 서도 소리의 하나로 한사람의 소리꾼이 장구 반주로 소리와 말과 몸짓을 섞어 배뱅이 이야기를 서사적으로 공연하는 것으로 판소리와 공연방법이 비슷하나 판소리가 북 반주로 남도육자배기토리(南道民謠調)가 주가 되는 데 비하여, 〈배뱅이굿〉은 장구 반주로 서도 수심가 토리(西道民謠調)가 주가 된다.
7   김인숙·김혜리, 앞의 책, 24쪽.

<표 4> 서도소리의 범주[8]

분류		해당곡목
송서		<추풍감별곡>
시창		<관산융마>
좌창		<공명가>, <초한가>, <영변가>, <전장가>, <화룡도>, <배따라기>, <초로인생>, <제전> 등
민요	평안도	<수심가>, <엮음수심가>, <긴아리>, <자진아리> 등
	황해도	<산염불>, <자진염불>, <긴난봉가>, <자진난봉가>, <병신난봉가>, <사설난봉가>, <개타령> 등
입창		<초목이>, <놀량>, <앞산타령>, <뒷산타령>, <경발림>

시창詩唱인 <관산융마>[9]는 가는 속청(가성假聲, 세청細聽)과 단아한 선율을 가진 시원스럽고도 비애조가 섞인 아름다운 예술성을 지닌 노래로 한없이 소리를 내뻗어 소리를 높였다가 서서히 곱게 가다듬어서 명주실 뽑듯이 가늘게 세청으로 끌어 눌러놓는 진행이 아름다운데, 이러한 목소리는 서도 시창에서만 들을 수 있는 연하고 고운 소리이다. 그러다가 대쪽을 쪼개는 듯한 소리로 변하는데, 이러한 시창에는 관산융마가 있으며 서도소리의 대표적인 장르이다.[10]

송서誦書는 긴 사설로 된 가사 내용을 계면조적인 애조 띤 맛을 주는 간단한 율조律調를 넣어서 서도식으로 읽는 것이며 소리조에 가깝다. 대표적으로 <적벽부>[11], <추풍감별

---

8 김광숙, 「장학선과 오복녀의 서도소리 창법 연구」, 이화여자대학교 대학원 박사학위논문, 2016.
9 관산융마(關山戎馬): 이 시는 이조 영조때 신광수(申光洙, 1712~1775)가 지은 과시(科時)로 본래 제목은 "등악양루탄관산융마(登岳陽樓歎關山戎馬). 중국 당나라 때의 시인 두보(杜甫)가 말년에 동정호 주변 악양루(岳陽樓)에 올라 노년의 쓸쓸함과 어지러운 전투가 그치기를 바라는 마음으로 지은 시. 이에 신광수가 두보의 심정으로 칠언절귀의 시 열아홉수를 지었음. 그 시를 서도소리조로 처음 부른 여자가 평양기생 모란이라 함. 관산융마의 소리내는 기법은 서도소리의 기본음의 위치를 차지함.
10 정은영, 앞의 논문, 5쪽.
11 적벽부(赤壁賦): 적벽부는 중국 송나라때 (宋, 960~1279) 유명한 시인 소동파(蘇東坡)가 황강(黃江)이라는 곳으로 귀양살이를 가게 되었는데 적벽강에서 자기 친구와 뱃놀이를 하며 지은 문장이 뛰어난 시이며, 그해 7월·10월에 지은 시로서 전 적벽부와 후 적벽부가 있다. 내용인즉, 인생수명은 하루살이와 같고 크기는 바닷물속의 한낱 좁쌀알과 같은 보잘 것 없는 묘묘한 존재이니 인간사에 벌어지고 있는 모든 속사에서 홀홀 털어버리고 무궁천지 자연조화를 자연대로 즐기고 있노라면 하늘나라의 신선과 같이 되니 인간사의 모든 외물(권력·부·생과 사)에 연연치 맑 자연에 순응하자는 노·장자상, 무위자연의 생활을 극묘히 표현한

곡〉¹² 등이 있다. 좌창坐唱은 대부분 중국의 역사를 열거하거나 옛 이야기를 토대로 만들어진 소리를 일컫는데, 〈초한가〉¹³, 〈공명가〉¹⁴, 〈배따라기〉¹⁵, 〈영변가〉¹⁶, 〈제전〉¹⁷ 등이 있으며 좌창에 속한다.

입창立唱은 서서 부르는 소리로 〈선소리산타령〉, 〈놀량〉, 〈사거리〉 등 여러 이름으로 불려왔으며 서울·경기를 중심으로 전승된 경기선소리산타령과 황해도를 중심으로 발달된 서도 〈선소리타령〉으로 나뉘며 17C 무렵에 원형이 성립된 것으로 보이는 황해도지역의 대표적인 향토문화이다. 크게 네 종류의 노래로 짜여져 있는데, 〈놀량〉, 〈앞산타령〉, 〈뒷산타령〉, 〈경발림〉으로 구성되어 있다. 노래와 발림, 춤으로 구성된 판에서 연행되는 마당소리 한바탕으로 고도의 음악성과 대중예술성을 지녔으며, 두 옥타브의 넓은 음역을 가지고 있고, 소리가 박진감이 넘치고 씩씩한 멋을 풍기며 흥을 돋구는

것임.

12 추풍감별곡(秋風感別曲): 서도 송서(誦書)로서 이 노래는 조선 말엽에 쓰여 졌다는 채봉감별곡에서 유래된 것으로 전해지고 있음. 채봉감별곡의 사연인즉 남녀간에 사랑과 백년언약까지도 해놓고 개인 및 시대풍속적 영향으로 사랑을 이루지 못한 채봉이라는 여성의 이별의 슬픔을 구절구절 애절한 싯구로 표현하고 있음. 따라서, 이 노래도 그런 유형에 따라 가을 바람 불어오는 밤, 사랑을 이루지 못한 여성의 입장에서 님을 그리는 사연을 지극히 세세하고 사실적으로 표현하고 있음.

13 초한가(楚漢歌): 초(楚)나라 항우(項羽)와 한(韓)나라 유방(劉邦)과의 해하전투(垓下之戰 202 항우의 마지막 결전장)에서 한나라 장수 한신(韓信)을 비롯하여 장자방(張子房)과 이좌거(李左車)의 계략으로 초나라를 멀리 떨어져 있는 구리산 밑으로 유인하였으며 이때 초나라 병사들은 오랜 전쟁에 시달리고 있었는데 계명산(鷄鳴山) 추야월(秋夜月)에 장자방(張子房)이 옥통소(玉洞簫)로 사향가(思鄕歌)를 불어 군사들의 사기를 떨어뜨려 초나라는 패망하고 한나라 승리로 끝남.

14 공명가(孔明歌):『삼국지』중 촉한(蜀漢)의 재상 제갈량(諸葛亮)이 원군을 얻기 위하여 오나라의 남병산(南屛山)에 제단을 쌓고 동남풍이 불기를 기도하는 장면으로부터 공명을 잡으려고 추적하던 오나라의 서성(徐盛)과 정봉(丁奉)의 군대를 격퇴하고 조자룡(趙子龍)과 함께 본국으로 돌아가는 대목까지를 노래함.

15 배따라기: 배따라기는 배떠나기와 같은 말로서 직업이 고기잡이 뱅의 선원이 되어, 파도치는 바다 가운데 언제 죽을지도 모르는 뱃사람 신세를 자탄하면서 지내다가 결국 배가 파선되어 바로 뛰어들어, 갖은 고생 끝에 자기 고향으로 돌아오는 장면을 사설로서 표현하고 있으며, 그 후로는 뱃사람이 되지 않겠다는 말로 배사람의 애환을 담은 소리임.

16 영변가(寧邊歌): 조선말 영변(寧邊)에 있던 행정부가 의주(義州)로 옮기면서 영변을 떠나게 된 사람들의 이별의 감정을 노래로 불리게 되었다는 설과, 다른 연유로 영변을 떠나게 된 사람들이 이별의 아쉬움을 노래한 것이라 함.

17 제전(祭奠): 이 노래는 한식날 돌아간 남편을 찾아가서 제를 올리고 자기 신세를 자탄하면서 저승간 님을 그리며 슬퍼하는 내용임.

남성적인 음악이다. 경기 산타령의 영향을 받아서 새롭게 짠 산타령인데, 〈경기산타령〉에서 파생된 것처럼 인식되고 있으나, 음계나 선율형태 등의 음악적 구조가 경기산타령과 다른 점으로 미루어 보아 작곡가가 다른 노래이지 파생곡은 아니다. 사설내용도 〈경기산타령〉과는 달리 서사적인 내용이 자연을 노래한 가사보다 많다.[18]

　대표적인 민요로는 〈수심가〉, 〈엮음수심가〉[19], 〈긴아리〉, 〈자진아리〉[20], 〈안주애원성〉[21], 〈산염불〉, 〈자진산염불〉[22], 〈개성산염불〉[23], 〈난봉가〉[24], 〈연평도난봉가〉[25], 〈배치기〉[26], 〈함경도애원성〉[27] 등이 있다.

　서도소리는 조선 말기에서 일제강점기로 접어들며 본향이라고 할 수 있는 평양과 문

---

[18] 김해숙·백대웅·최대현 공저, 『전통음악개론』, 도서출판 어울림, 2012, 168쪽.
[19] 수심가(愁心歌), 엮음수심가(엮음愁心歌): 태조 이성계(太祖 李成桂, 1335~1408)가 관서지방(關西地方) 사람들에게는 벼슬을 주지 않아 그 설움이 번져 나왔다는 설과, 성천 기생인 김부용(金芙蓉)이 불렀다는 설이 있음. 모든 서도소리의 바탕이 되는 소리이며 가장 큰 특징인 눌러 떠는 목과 구성, 애원 그리고, 꺽는 목이 있어 이 곡을 익히면 모든 서도소리를 할 수 있을 만큼 아주 중요한 곡임. 그래서 남도 육자백이의 위치와 같은 존재이기도 함. 내용은 주로 인생무상(人生無常), 님에 대한 그리움 관서지방의 아름다운 정경 등을 노래하고 있음. 수심가 뒤에 엮는 소리인 엮음수심가는 장단이 약간 빨라지며 주섬주섬 엮는다 하여 엮음수심가라 함. 내용은 앞의 수심가와 같으며 종장에는 반드시 수심가로 맺음하는 것이 특징임.
[20] 긴아리, 자진아리: 평안도 용강(龍岡)지방의 대표적 민요로서 김을 맬때나 바닷가 갯벌의 조개나 갈게를 잡을 때 부르던 소박한 토속민요이다.
[21] 안주애원성(安州哀怨聲): 평안도 안주(安州)·박천(博川) 지방에 길쌈이 발달하여 그 지방 여인들이 베를 짜기 위해 밤 늦도록 물레를 돌리는 지루함과 삶의 애환을 달래는 소리임.
[22] 산염불(山念佛), 자진산염불(자진山念佛): 산염불은 황해도의 대표적 민요로서 불교적인 색채가 아주 깊은 것을 보면 불경의 긴 염불소리가 민요로 변하면서 가사내용을 세속화 시킨 노래로 보임.
[23] 개성산염불(開城山念佛): 개성(開城)에서는 봄,가을로 부녀자들이 살아서 북성(北城)길을 넘지 못하면 사후에 고해가 크다하여 북쪽에 쌓은 성을 돌아 남성(南城)길로 돌아 나오는데 이때 성을 넘으며 불렀던 민요라 전해지고 있음.
[24] 난봉가(難逢歌): 서도소리 중 가장 흥겨운 소리로서 경기민요의 창부타령과 그 흥을 같이 할 수 있는 멋진소리이다. 원래 난봉이란 방탕한 것을 말하나, 그것보다는 풍월을 즐기고 흥겨운 소리로 사랑타령을 부르는 것을 말한다. 긴난봉가, 자진난봉가, 병신난봉가, 사설난봉가로 구분되어있다.
[25] 연평도난봉가(延坪島難逢歌): 연평도(延坪島) 해안가에서 아낙들이 물허벅 장단을 치며 고기잡이 간 남편을 기다리며 부르던 소박한 민요.
[26] 배치기: 연평(延坪島) 지방의 풍어(豊漁)를 기원하며 즐겨 부르는 민요로서 배치기라는 말은 고기 그물을 치다와 같은 뜻으로, 조기잡이를 위하여 배를 이곳 저곳으로 옮겨다니며 친다는 뜻임.
[27] 함경도애원성(咸鏡道哀怨聲): 함경남도 지방은 흥선대원군(興宣大院君 1821-1898)의 경복궁 창건에 무리한 인력동원에 따른 가족 이별의 한과 함경북도 지방은 오랑캐족 침범과 유배 당한 사람과 삶의 고달픔에 북간도(北間島)로 떠난 사람들의 이별의 한을 노래한 것으로 풀이됨.

화 중심지인 서울을 중심으로 전개 되었다. 20세기 초엽 서울에 근대식 극장인 협률사協律社를 시작으로 서도소리를 비롯한 각종 전통예술이 무대의 공연 종목으로 공연되기 시작하였다.[28] 20세기 전반기는 19세기 음악사회가 붕괴되면서 새로운 음악사회가 만들어진 시기로[29] 20세기 초반 잡가집과 유성기 음반으로 유통되었으며 당시 서도소리 음반은 다양한 곡이 발매되었는데[30] 전체 음반의 7~8% 정도로 큰 비중을 차지하였다.[31] 도시문화의 본격 발흥기라 할 이 시기, 주목할 만한 현상으로는 서도소리의 인기와 평양기생 출신 가수의 강세라 할 수 있다. <수심가>를 위시하여 <양산도>, <산타령>, <놀량>, <방아타령>, <난봉가>, <영변가>, <관산융마>, <추풍감별곡> 등의 서도소리는 잡가집, 극장무대, 유성기 음반, 라디오방송 등 근대적 대중 매체에서 각광 받는 레파토리였다. 뿐만 아니라 평양 기생들은 근대 초기 각광 받는 연예인 집단이었다.[32]

그러나 남북이 분단되면서 서도소리는 위축되기 시작하였다. 서도소리의 본토인 북한에서는 광복 이후 민요를 재구성하는 작업이 활발하게 전개되었으며[33] 남한에서는 월남한 음악인과 실향민들 사이에서 서도소리가 제한적으로 불리며 전승이 단절된 위기에 처하게 되었다. 이러한 절박한 상황에서 1968년 12월 국가의 문화재보존정책에 다라 당시 문화재전문위원이었던 장사훈[34]은 서도소리에 대한 조사보고를 문화재관리국에 제출하였다.[35]

---

28 김광숙, 앞의 논문, 18쪽.
29 권도희, 「20세기 전반기 민속악계 형성에 관한 음악 사회사적 연구」, 서울대학교 대학원 박사학위논문, 2005, 57쪽.
30 이성초, 「서도잡가연구」, 서울대학교 대학원 박사학위논문, 2015, 14쪽.
31 배연형, 「서도소리 유성기 음반 연구」, 『한국음반학』 제14호, 한국고음반연구회, 2004, 108쪽.
32 박애경, 「서도소리의 서울 유입과 도시문화로의 전환」, 『고전문학연구』, 한국고전문학회, 2009, 35쪽.
33 과학백과사전종합출판사 편, 『조선의 민속전통』, 평양: 과학백과사전종합출판사, 1995, 226~236쪽.
34 장사훈(金鍾熙, 1916~1991): 거문고전공, 이왕직 아악부 4기생으로 고악보 해성과 가사, 시조등을 채보함.
35 김광숙, 앞의 논문, 25쪽.

<표 5> 서도소리 전수 계보

보유구분	이름	기.예능	인정일	해제일
보유자	장학선(張鶴仙)	수심가	1969.09.27	1970.09.05
	오복녀(吳福女)	관산융마, 수심가	1971.01.08	2001.01.08
	김정연(金正淵)		1971.01.18	1987.02.26
	이은관(李殷官)	배뱅이굿	1984.10.15	2014.03.12
	김광숙(金光淑)	관산융마, 수심가	2011.11.30	
	이춘목(李春木)		2011.11.30	
	김경배(金敬培)	배뱅이굿	2013.03.12	
전승교육사	유지숙(劉智淑)	관산융마, 수심가	1995.08.01	
	박준길(朴晙吉)	시창, 송서/잡가, 민요	2015.05.27	
	박준영(朴準英)	배뱅이굿	1996.02.01	
	김경배(金敬培)	배뱅이굿	2001.03.12	2013.03.12

그 결과 서도소리는 1969년 9월 27일 국가무형문화재 29호로 지정되었으며 초대 예능보유자는 장학선(1906~1907)[36]명창으로 지정되고 장학선 명창이 작고함에 따라 오복녀(1913~2001)[37], 김정연(1913~1987)[38], 이은관(1917~2014)[39]명창이 예능보유자로 지정되었다. 현재는 김광숙(1953~)[40], 이춘목(1953~)[41], 김경배(1959~)[42]명창이 예능보유자로 지정되었다. 그 계보를 정리하면 <표 1>과 같다.

---

36 장학선(張鶴仙, 1906~1970): 평남 평양 태생. 민족항일기를 거쳐 광복 후 활약한 서도(西道)소리의 명창. 본명은 현길(賢吉). 1969년 9월 27일 중요무형문화재 제29호 서도소리 초대 예능보유자로 지정.
37 오복녀(吳福女, 1913~2001): 평남 평양시 상수동 출생, 1971년 1월 8일 중요무형문화재 제29호 서도소리 예능보유자 지정.
38 김정연(金正淵, 1913~1987): 평남 평양 출생. 1971년 1월 8일 중요무형문화재 제29호 서도소리 예능보유자 지정.
39 이은관(李殷官, 1917~2014): 강원도 이천 출생, 1987년 10월 15일 중요무형문화재 제29호 서도소리 중 배뱅이굿 예능보유자로 지정.
40 김광숙(金光淑, 1953~): 2001년 국가무형문화재 제29호 서도소리 예능보유자 지정.
41 이춘목(李春木, 1953~): 2001년 국가무형문화재 제29호 서도소리 예능보유자 지정.
42 김경배(金敬培, 1959~): 2013년 국가무형문화재 제29호 서도소리 배뱅이굿 예능보유자 지정.

2. 서도소리의 음악적 특징과 시김새

1) 서도소리의 음악적 특징

서도소리의 음계는 5도 위에 3도를 쌓은 음계가 많은 편인데, 기본음에서 5도 위의 음을 떨어 주는 창법이 다른 지방에 비해 특징적이다. 또한, 서도소리는 기악 반주를 가진 것이 별로 없다. 서도잡가의 〈초한가〉, 〈공명가〉는 전형적인 서도 선법의 레음계이고, 종지도 레(re)로 끝난다. 그러나 〈영변가〉는 라음계, 레음계(re-mi-(sol)-la-do-re)가 섞여 있다. 입창인 서도산타령의 〈놀량〉은 도음계(do-re-mi-sol-la-do)이고 나머지는 솔음계(sol-la-do-re-mi-sol)이다. 그러나 종지형태는 모두 도(do)로 끝내려는 경향이 많아진다. 한편, 시창과 송서의 음계에 대해 알아보면 〈관산융마〉는 서도소리들과 전혀 다른 솔음계(sol-la-do-re-mi-sol)이고, 종지형태도 도(do)에서 솔(sol)로 떨어지는 시조의 종지형태와 같다. 이것은 옛날 사대부들의 노래 스타일이 화석화 되어서 서도지방에 전승되고 있는 단편적인 모습으로 생각된다.

현존하는 서도민요는 다음의 세 가지 유형의 음계로 구분되는데 제1형 레음계(re-mi-(sol)-la-do-re), 제2형 라음계(ra-do-re-mi-sol-ra) 그리고 제3형 솔음계(sol-la-do-re-mi-sol)가 사용된다. 레음계는 레(re)음으로부터 완전 5도 위의 라(la)음을 반음 아래로 떨어주는데, 이에 해당하는 민요는 〈수심가〉, 〈산염불〉, 〈연평도 난봉가〉 등이다. 라음계는 기본음인 라(la)음으로부터 완전 5도 위의 미(mi)음을 아래로 떨어주는데, 이에 해당하는 민요는 〈몽금포타령〉, 〈배치기〉, 〈긴난봉가〉 등이 있다. 그리고 솔음계는 솔(sol)음의 완전 5도 위인 레(re)음을 아래로 떨어주며 해당하는 민요는 〈금다래타령〉, 〈느리개타령〉 등이 있다. 위에서 확인한 바와 같이 서도민요는 맨 아래 음과 그 완전 5도 위의 떠는 음의 선율골격은 같지만 그 사이음의 구조가 달라지는 까닭에 세 종류의 음계로 구분된다.[43] 뿐만 아니라, 서도소리는 평안도 사투리의 독특한 억양이 소리에도 그대로 나

---

43 김해숙 · 백대웅 · 최태현 공저, 앞의 책, 162쪽 인용.

타나며 격렬하게 떠는 음이 많은 편이며 큰 소리로 길게 뽑다가 속소리로 가만히 떠는 창법이 특징이다.[44]

서도 잡가는 도드리장단으로 부르는 경기 12잡가처럼 뚜렷한 양식적 특성을 드러내지 않고 서사적인 사설내용을 불규칙장단으로 부르다가 마지막에 〈수심가〉 선율로 끝맺는데, 이러한 구조로 된 노래는 〈초한가〉, 〈공명가〉, 〈제전〉 등이 있으며 〈배따라기〉와 〈영변가〉는 잡가로 분류되나 장단구조나 곡의 짜임새가 유절형태로 된 민요의 성격을 띠고 있다.[45]

2) 서도소리의 시김새

시김새의 의미와 그 유형에 관해서는 서한범의 「시김새론」[46]을 참고할 것이다. 서도지방의 소리들은 각 장르에 따라 차이를 보이고 있지만, 대체로 선율적인 특징, 창법상의 특징, 음과 음의 연결방법이나 앞뒤에서 본음本音을 꾸며주는 짧은 음이나 또는 미분음적인 다양한 표현 기능 등이 중요한 특징을 갖는다고 하겠다.

서도소리의 시김새야말로 서도소리를 가장 서도지방의 소리답게 특징짓는 기준이 될 것이다. 그러면 여기에서 시김새라는 말은 무슨 뜻을 지닌 용어인가? 시김새는 〈시김+새〉 즉 '시김'에 '새'라는 접미어가 붙은 합성어인데, 그 뜻은 "음을 꾸민다, 장식한다"의 뜻이다. 다시 말해 "선율을 이루는 골격음의 앞이나 뒤에서 그 음을 꾸며주는 장식음, 내지 음길이가 짧은 잔가락을 지칭하는 말이 되겠다. 광의廣義의 시김새는 선율의 연결이나 유연한 흐름, 또는 화려함이라든가, 멋스러움을 나타내기 위해 어느 음에 부여되는 표현적인 기능을 뜻하는 말이 될 것이다.

서도소리의 중심적인 시김새를 들어보면, 첫째는 떠는 소리, 즉 요성搖聲이라 하겠다.

---

44 한국정신문화연구원,『한국민족문화대백과』제11권, 성남: 한국정신문화연구원, 1991, 702쪽.
45 김해숙·백대웅·최대현 공저,『전통음악개론』, 도서출판 어울림, 2012, 167~168쪽.
46 서한범,「서도소리의 특징적 시김새에 관한 연구」,『韓國音樂研究』제46집, 韓國國樂學會, 2009, 139쪽.

떠는 소리도 얼마나 굵게 떠느냐, 가늘게 떠느냐, 하는 차이가 있고, 떨다가 점차 위로 치켜 떠는 소리도 있으며, 반대로 떨면서 흘러내리는 경우도 있다. 이처럼 떠는 역할을 하는 시김새 외에도 소리의 끝을 밀어 올리는 추성推聲의 형태도 있고, 반대로 아래로 흘러내리는 퇴성退聲도 쓰인다. 또한 어느 음을 강하게 구르듯 전성하거나, 또는 그 음을 1~2회 꺾어서 변화를 일으키는 전성轉聲과 같은 표현기능들도 포함한다.

이처럼 서도지방의 다양한 소리들, 역시 각 장르에 따라 선율적인 특징이 있고, 창법상의 특징이 있으며, 음과 음의 연결방법이나 이동방법, 또는 앞뒤에서 골격음을 꾸며주거나, 미분음적인 다양한 표현기능을 지닌 시김새들이 서도소리의 중요한 특징이 된다. 그러므로 이러한 시김새들이 서도소리를 서도소리답게 인식할 수 있도록 만들고 있는 것이다. 다시 말해, 서도소리를 구성하고 있는 음계나 조직이 다른 지방의 소리들과 비슷하다고 해도, 서도소리는 독특한 표현법으로 인해 서도소리로 인지가 되고 있는 것이다.[47]

서도지방의 다양한 소리들은 각 장르에 따라 선율적인 특징이 있고 창법상의 특징이 있으며, 음과 음의 연결방법이나 이동방법, 또는 전후에서 본음을 꾸며주거나 미분음적인 다양한 표현 기능, 즉 시김새도 매우 중요한 특징이 된다. 어떠한 시김새들이 서도소리를 서도소리답게 인식할 수 있도록 만들고 있는 것인가?, 노래를 구성하고 있는 음계나 조직이 다른 지방의 소리들과 비슷하다고 해도, 서도소리는 들을 때마다 독특한 표현법으로 인해 서도소리로 인지가 되고 있는 것이다.[48] 뿐만 아니라, 서도소리는 평안도 사투리의 독특한 억양이 소리에도 그대로 나타나며 격렬하게 떠는 음이 많은 편이며 큰 소리로 길게 뽑다가 속소리로 가만히 떠는 창법이 특징이다.[49]

각 지역의 민요와 마찬가지로 서도소리에도 다양한 창법이 존재한다. 서도소리는 평안도 사투리의 독특한 억양이 소리에도 그대로 나타나며 격렬하게 떠는 음이 많고 큰 소

---

47 서한범, 위의 논문.
48 서한범, 위의 논문, 139쪽.
49 한국정신문화연구원, 『한국민족문화대백과』제11권, 성남: 한국정신문화연구원, 1991, 702쪽.

리로 길게 뽑다가 속소리로 가만히 떠는 창법이 특징이다.[50] 물론 떠는음 외에도 서도소리에는 다양한 창법들이 존재하는데, 1970년대 말 오복녀와 김정연이 만든 서도소리 교재[51]에 시김새와 '목쓰는 요령' 등 창법에 대한 내용이 서술되었다. 오복녀의 서도소리 교본에는 서도소리의 '목쓰는 기법'이 42가지로 세분되어 있다. 오복녀는 '목쓰는 요령', 기호, 기법의 세 항목으로 나누어 서도소리 창법에 대해 소개하였다.[52] 먼저 목에는 겉청과 세청이 있으며, 겉청을 쓰는 목으로는 다음의 5종을 열거하였다.[53]

〈표 6〉 오복녀 서도소리 목 분류

목 구분	목의 종류
겉청을 쓰는 목	① 배에 힘을 주어 내는 목 ② 가슴에 힘을 주어 내는 목 ③ 목으로만 끼고 내는 목 ④ 목구멍을 끼고 소리가 내려가지 않게 내는 목 ⑤ 코와 목구멍 연결된 데로만 내는 목
떠는목 종류	① 천천히 누르면서 떠는목 ② 평으로 보통 떠는목 ③ 목속으로 깊이 자주 떠는목 ④ 아래로 내리는 듯이 떠는목 ⑤ 위로 올리는 듯이 떠는목 ⑥ 조르는 듯이 떠는목 ⑦ 애원하듯 떠는목 ⑧ 벼르는 듯한 조로 떠는목

---

50 한국정신문화연구원, 위의 책, 702쪽.
51 김정연, 『서도소리대전집』, 경원각출판사, 1979.
52 오복녀 編著, 『西道소리』, 광진문화사, 1978.
53 김광숙, 「장학선과 오복녀의 서도소리 창법 연구」, 이화여자대학교 대학원 박사학위논문, 2016.

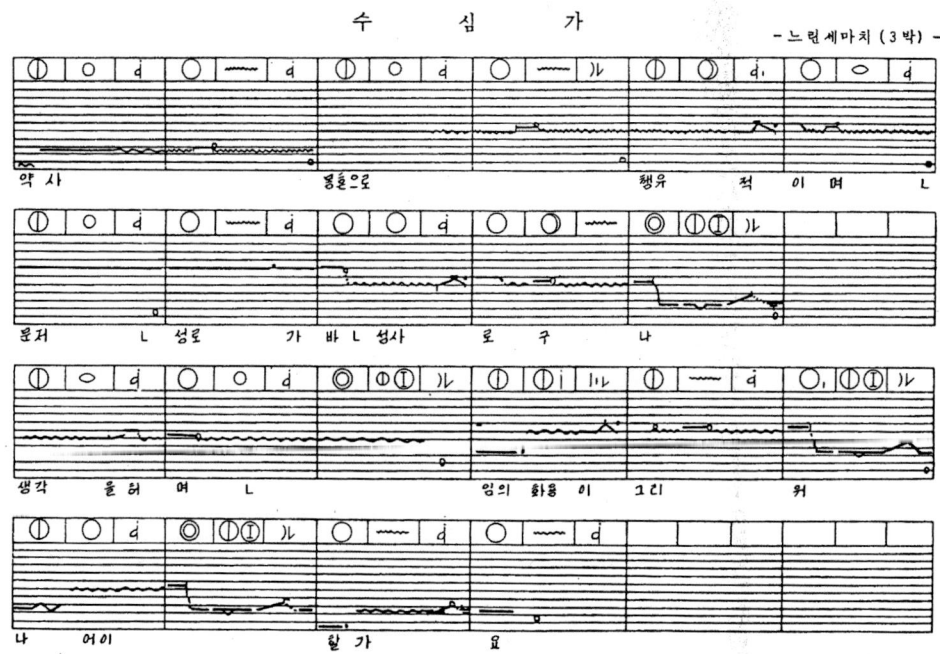

<악보 1> 오복녀 서도소리 교재의 <수심가> 악보

    오복녀가 남겨준 서도소리 교재에 기록한 기보법은 이른바 가로로 선율을 가락의 흐름대로 적은 가락선악보라고 하겠는데, 현재 국악계에서는 이를 수파형 기보법이라고 한다.[54] 19세기 고악보에 나타난 수파형 기보법은 오희상금보吳熙常琴譜[55] · 현학금보玄鶴琴譜, 20세기 초반의 학포금보學圃琴譜에서 확인할 수 있다. 19세기 오희상의 수파형 기보법은 18세기 권섭의 수파형 기보법의 영향을 받은 것으로 생각된다. 또한 1970년대 시조 부흥을 이끈 정경태가 오희상금보의 소장자로 전해져 정경태의 수파형 기보법도 앞의 고악보의 영향을 받았을 것으로 추정된다.[56]

---

54   김영운, 『국악개론』, 음악세계, 2015, 211쪽.
55   『오희상금보』는 고려대학교 도서관(청구번호C13A1)에 소장되어 있으며, '아세아문제연구소장'의 도장과 하단에 '옥당문고'의 도장이 찍혀있다. 저자인 오희상에 대해 알려진 바는 없으나 기보법이나 패표기법으로 1852년대 악보로 추정한 연구가 있다.

<악보 2> 『오희상금보』[57]·『학포금보』[58]의 수파형 악보

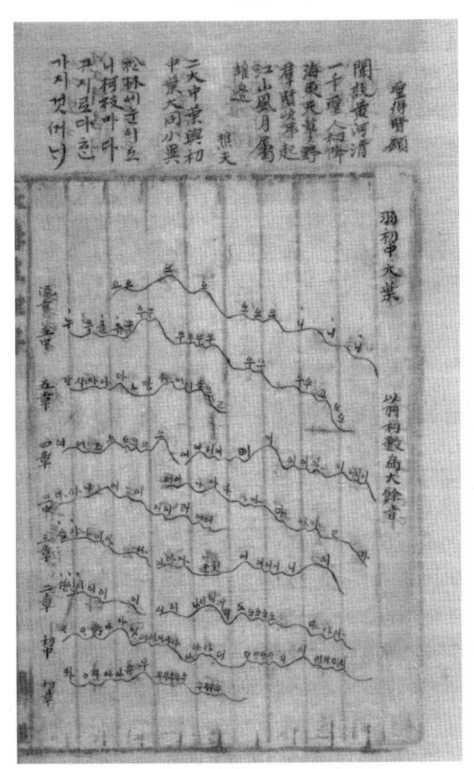 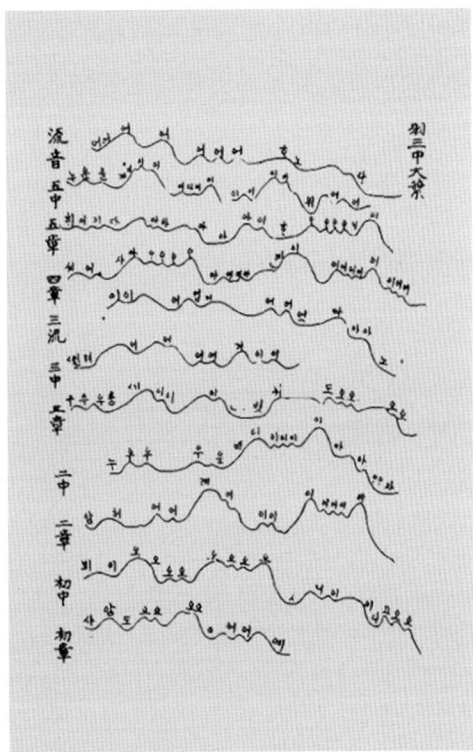

<악보 2>와 같이 오희상금보와 학포금보의 수파형 악보는 선율선을 중심으로 표기되어 있으며 선율선 위에 가사를 표기하였다. 가곡창 5장 5행의 형식에서 5장 7~8행이나 10행 등으로 분장하여 점차 선율 길이가 확대되고 잔가락이 복잡해지며, 매개모음의 삽입이 늘어나고 어단성장語短聲長이 나타나면서 곡선의 굴곡이 심해지는 모습을 확인

---

56 조은숙, 「조선 후기 수파형(水波形) 악보의 전승 양상과 음악 교육적 효용성」, 『국악교육연구』 제15권 제2호, 한국국악교육연구학회, 2021, 260쪽.

57 『韓國音樂學資料叢書』 제39집: 악장요람, 허주금보, 오희상금보, 아양고운, 창하유필, 국립국악원, 2004, 113쪽.

58 『韓國音樂學資料叢書』 제16집: 우의산수, 아양금보, 칠현금보, 연대소장금보, 졸옹가야금보, 신작금보, 백운암금보, 학포금보, 여창가요록, 국립국악원, 1984, 226쪽.

할 수 있다.[59] 이처럼 18세기~20세기초의 고악보에서 수파형 기보법을 찾아볼 수 있는데 고악보에서 나타난 수파형 기보법은 음과 음 사이의 부드러운 곡선이 물 흐르듯이 표현되어 가곡의 선율을 파악하기 용이하다. 하지만 박자나 음의 높이를 파악하기에는 어려움이 있다.[60] 서도소리 예능보유자였던 오복녀 명창의 『서도소리』교본[61]에는 창법의 한 부분인 '목 쓰는 기법' 42종이 서도소리 악보와 함께 수파형 기보법으로 정리되어 있다.

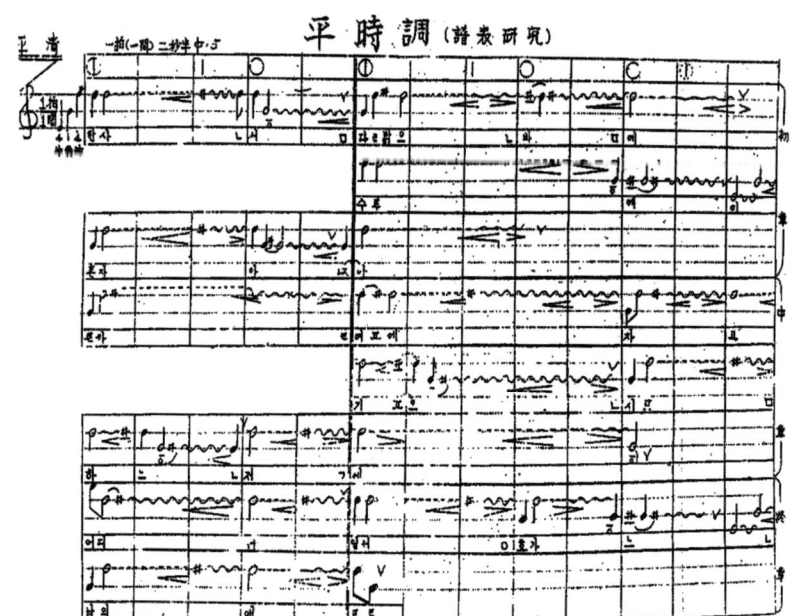

〈악보 3〉 정경태 『국악보(1955)』[62]의 평시조 수파형 악보

---

59 임미선, 「석암제 시조의 창법적 특징과 구조」, 『국악교육연구』 제5권 제2호, 2011; 『가조별람(歌調別覽)』 소재 수파형 곡선보에 나타난 18세기 가곡창 선율」, 『한국음악사학보』 제35권, 한국음악사학회, 2005.
60 한의진, 「석암 정경태의 수파형(水波形) 기보법 연구」, 『국악교육』 55권, 2024, 141~162쪽.
61 오복녀, 『서도(西道)소리』, 광진문화사, 1978.
62 정경태, 『국악보영인본』, 전주고등학교, 1987, 2쪽. 석암의 가집 중 국악보는 1955년 전주고등학교에서 출간되었다. 이 악보는 총 321면으로 면수도 많을 뿐만 아니라 내용도 다양하다는 평을 받고 있으나 1,400부 한정판으로 내었기 때문에 지금은 시중에서 구하기 어렵다. 이 때문에 1987년 전주고등학교 졸업생 청석회에서 영인본을 다시 출판하였다.

Ⅲ. 목 쓰는 기법

1. 서도창 목 쓰는데 대하여 주로 배에 힘을 주어 굵은 목 누르는것.	2. "1"과 같이 눌러 떠는데 위로 올라가는듯 하게	3. "2"와 반대로 내려 오는듯 하게 떨며 누르는 목
4. "2"와 같이 누르는 목 올라 가듯하다가 자주 깊이 떠는 목	5. "3"과 같이 내려오는 듯한 음정으로 눌러 나가다가 자주 깊이 떠는 목	6. 길게 뽑아 나가다가 방을 목을 치면서 눌러 떠는 목
7. 올라가는듯하게 깊이 떨다가 그 자리에서 조금 머물러 가지고 방울목을 치며 동시에 살짝꺾어 가지고 자주 깊이 떠는 목	8. 뽑다가 꺾어 눌러 받쳤다가 올라가듯하게 얼러 감는 목 (천천히)	9. 눌러 평으로 떨다가 목을끼고 반음씩 두번을 꺾어 올렸다가 다시 잠깐 반음으로 내리고 살짝 목 치르는 목 (수심가에는 이대목이 즉 생명이라 할 것이다)

〈그림 3〉 '목 쓰는 기법' 42종의 예시

    그 내용들은 직접, 간접으로 서도소리를 배우고 이해하는 데 있어 크게 도움이 되고 있다. 이 42종류의 기법을 소개하면 〈표 7〉과 같다. 이상, 오복녀가 정리한 내용을 바탕으로 서도소리 전승과정에서 활용되고 있는 창법의 내용에 대하여 알아보았다. 구전심수로 이루어져 온 전승 현장에서 오복녀가 제시하고 나름대로 특징을 살려 정리해 놓은 시김새의 설명이나 기호의 처리 방법은 오늘날 서도소리의 실기 교육에 있어서 매우 의미있는 좌표로 활용되고 있다.

〈표 7〉 오복녀 서도소리 '목쓰는 기법' 42종류 내용

번호	목 쓰는 기법 설명
1	서도창 목 쓰는데 대하여 주로 배에 힘을 주어 굵은 목 누르는 것.
2	"1"과 같이 눌러 떠는데 위로 올라가는 듯하게.
3	"2"와 반대로 내려 오는 듯하게 떨며 누르는 목.
4	"2"와 같이 누르는 목 올라가는듯하다가 자주 깊이 떠는 목.
5	"3"과 같이 내려오는 듯한 음정으로 눌러 나가다가 자주 깊이 떠는 목.

번호	목 쓰는 기법 설명
6	길게 뽑아 나가다가 방울 목을 치면서 눌러 떠는 목.
7	올라가는듯하게 깊이 떨다가 그 자리에서 조금 머물러 가지고 방울목을 치며 동시에 살짝 꺾어 가지고 자주 깊이 떠는 목.
8	뽑다가 꺾어 눌러 받쳤다가 올라가듯하게 얼러 감는 목.(천천히)
9	눌러 평으로 떨다가 목을 끼고 반음씩 두 번을 꺾어 올렸다가 다시 잠깐 반음으로 내리고 살짝 콕 찌르는 목.(수심가에는 이 대목이 즉 생명이라 할 것이다)
10	올라가듯하게 깊이 자주 떨어나가다가 꼭 찌르고 반음을 끼고 내려오다가 잠깐 꺾어 잡아 다녔다가 놓아 주면서 눌러 떠는 목.
11	반음으로 잠깐 내 가지고 원음으로 흔들어 누르다가 다시 반음으로 내었다가 꺾으면서 눌러 떠는 목.
12	떨어나가다가 반음으로 잠시 머물렀다가 잡아뜨려서 목을 꺾어 내려 놓는다.
13	잠깐 낸 목에서 한음 높이 가볍게 떨다가 한음 내려 자리를 잡아 가지고 뒤집었다 꺾어 끊는다. 여기까지 목만 쓰게 되면 수심가는 보통 잘 될 것이다.
14	음을 내다가 내려오는 듯하게 천천히 감는 듯 말 듯, 자주 깊이 떨어가 벌러 가지고 반음으로 잠깐 받쳐 한음 높이 가볍게 잠깐 올렸다가 금방 두음 내려 눌러 떠는 목.
15	아랫배에서 점점 가슴으로 올려 힘을 주어 떨다가 살짝 반음으로 뒤집었다가 나오는 목.
16	내뿜다가 중간에 더 배에 힘을 주어 굵게 나가다가 방울목으로 치면서 꺾어서 금방 눌러 떤다.
17	나가다가 위로 올라가듯 조르다가 살짝 꺾는 목.
18	눌러 떨어 올라가다가 자주 깊이 떨다 좀 깊이 꺾는 목.
19	뽑다가 굵게 끊었다가 다시 이어나가 굵게 떠는 목.
20	나아가다가 배에 힘을 주어 목을 굵게 나가 자주 깊히 올라가는 듯 떨다 끝으로 살짝 꺾어준다.
21	목을 끼고 떨다가 반음으로 역시 끼고 잠깐 올리고 다시 콕 찌르고 반음으로 다시 내려서 끼고 떨어뜨려 나간다.
22	나가다가 치면서 깊이 보통 떨다가 살짝 잡았다, 세청으로 놓아 줬다가 다시 잡아당겨 한음 높은 세청으로 놓아 살짝 치면서 끌어내려 끼는 목으로 잠깐 한음 낮게 잠깐 한음 높이 올려가지고 흔들어 떤다.
23	흔들어 나가다가 한음 높이 잠깐 세청으로 들었다가 다시 내리고 거듭 또 한음 세청에 올려치면서 내려 트려 흔들어 나가다가 끼고 감아 놓는다.
24	깊이 힘차게 곱게 떨다가 잡아 다녔다가 역시 끼는 목으로 반음 올려 금방 내려 받쳐가지고 한음 높이 꼭 찌르고 반음으로 살짝 내려 금방 끊어가지고 그 음으로 뻗어 감아 꺾어가지고 원음조로 떨어 나간다.
25	천천히 눌러 얼르다가 잠깐 머물렀다.(즉, 잠시라도 세청을 올리는데 받침) 한음 높이 또 높이 잠깐 세청으로 쳐다보는 듯이 내었다가 원음으로 다시 곱게 떤다.
26	올라가듯 깊이 떨다가 반음을 내여 조금 줄여가지고 아래로 힘차게 잡아다니듯 내가지고 반음을 내다가 꺾어 휘잡아 반음으로 내려놓는다.

번호	목 쓰는 기법 설명
27	내었다가 아래로 내려오는 듯 두 번정도 얼러가지고 목을 끼고 반음 내려 잠깐 내가지고 곧 한음 높였다가 반음으로 내린다.
28	쭉 나가다가 힘있게 받쳐가지고 원을 반가량 뒤집듯 돌려서 곱게 떠는 목.
29	음을 내가지고 반음으로 잠깐 내렸다가 원음으로 힘있게 받쳐 세청으로 음을 높여(세음 정도) 곱게 자주 떤다.
30	반으로 내여 금방 올라가는 듯 깊이 떨다가 반음으로 받쳐 한음 높이 쳐다보는 듯 하고 반음으로 다시 거쳐 다시 한음 높이 올려 찌르고 내려뜨려 흔들어 떤다.
31	내려오는 듯 얼르다가(천천히) 목을 끼고 한번 감듯하고 쳐다보는 듯 찌르고 감아 내려온다. 즉 살짝 감아 쳐다보는 것(콕 찌를 것) 애원성이라고 한다.
32	낸 목에서 반음으로 나가다가 반쯤 원을 돌려 내리 듯 하다가 다시 반음으로 올려 밀었다 당겨가지고 한음 높이 힘없이 쳐다보는 양으로 잠시 뽑아 반음으로 내려 흔든다.
33	원조로 나가다가 다른 음을 내게 되면 (한 박 눌러 머무를 수 있고 반박으로 머물러 살짝) 눌러가지고 변조로 나간다.
34	눌러 자주 떨다가 반음 높여 금방 치면서 내려놓아 가지고 눌러 떤다.
35	높은 곳에 올라갈 적에 밑에서 받쳐주고 내려 울적에 위에서 붙들어 주어야 실수가 없는 거와 같이 겉청에서 세청으로 올릴 적에 살짝 꺾어 힘차게 받쳐 올려야 되고 세청에서 겉청으로 내려올 적에도 살짝 머물러 붙들어 주는 듯 해야 한다. 겉청으로만 올리고 내릴 적에도 마치 한가지다.
36	깊이 자주 떨다가 잠시 잡아다녔다가 반음으로 올려 내려 흔들어 떠는 목.
37	뻗쳤다가 두 번가량 힘차게 천천히 눌러나가다가 자주 떨다 한번은 치고 또 한번 살짝 치며 동시 세청으로 울리는 목인데 그냥 뽑기도 하고 천천히 감어 흔들기도 하고 자주 흔들기도 하고 오르는 듯 하며 흔들기도 하고 내려오는 듯이 흔들기도 한다.
38	(세청) 세청을 뽑을 적에는 처음에는 배에 힘을 주지말고 은실같이 곱게 나가다가 조금 배에 힘을 주어 굵게 내민다.
39	(세청) 처음부터 곱게 자주 감다가 반음으로 일단 줄여가지고 다시 또 반음정도 올려 곧장 뽑는다.
40	(세청) 뽑아가지고 내려오는 듯(천천히) 감다가 자주 감아 나가다가 팩 돌리는 듯 끊는다.
41	(세청) 곱게 뽑아 가지고 살짝 업고 자주 감아 나가다가 원음으로 내서 전줄는 격으로 하다가 치는 동시에 잡아내려 흔든다.
42	쭉 나가다가 원을 한음 높이 반을 도는 격으로 돌아 내려와서 금방 다시 한음 높음으로 처다 보는 듯 찌르는 듯 하고 내려 흔들어 떨다가 내린다. (한음 높이기 전에 반음으로 잠깐 내려 받들어 주는 양으로)

제3장

오복녀의 생애와 시김새 '목 쓰는 기법'의 해독

오복녀의 생애와 음악
오복녀 '목 쓰는 기법'의 내용 해독
소결

제3장

오복녀의 생애와 시김새 '목 쓰는 기법'의 해독

1. 오복녀의 생애와 음악

오복녀는 1913년 12월 17일 평안남도 평양시 상수리 300번지에서 태어났다. 유복한 가정에서 태어난 그는 어려서부터 노래를 잘하고 남의 흉내도 잘 내고 또 많은 사람 가운데서도 금방 돋보이게 되는 예능적인 끼가 많았고 학교에서나 주변에서 들을 수 있는 각종 소리도 다 자기의 음악성으로 만드는 재능이 뛰어났다.[1] 특히 장사꾼들의 소리를 흉내 내거나, 닭 울음소리는 실제로 닭이 그 소리를 듣고 울었을 정도라는 본인의 말처럼 흉내와 소질이 있었다고 한다. 서도창에 입문한 것은 16세였다. 아는 언니집 사장채에 서도소리를 배우는 사람들이 수십 명이였다고 회고하며 학교 다니는 길에 우연히 들렸다 소리에 빠져들어 귀동냥으로 소리를 다 익혔으며, 그 후 정식으로 장금화 선생을 만나 본격적인 소리를 배우게 되었고, 장금화 선생의 부군에게 무용(승무)도 사사 받았다. 1929년 평양 서문고녀를 수료하고 서도소리 공부를 계속하게 되었으며 그 당시 김진명 명창과도 같이 배웠다고 한다.[2]

---

1   오복녀, 『서도소리』, 서울음반, 1994, 최종민 추천사.

서도소리를 배우면서 더 많은 음악적 욕구가 생긴 오복녀 명창은 가곡의 정학기 선생을 만나 여창가곡 10여 곡을 배웠으며, 가야금의 음색과 산조의 아름다움에 매료되어 그 당시 민속악의 스타였던 정남희 선생을 찾아가 산조 한바탕을 다 배웠다. 그때 배우며 정남희 선생께 받았던 가야금은 국립국악원에 기증되었다. 그 밖에 양금까지 배운 오명창은 무엇이든 하고자 하는 일은 찾아가 배워 익히는 열의가 대단했으며, 학식도 높고 예술인으로서 갖추어야할 모든 것을 완벽하게 갖춘 참 예술인이었다. 그러나 오복녀 명창의 일생은 예능에 전념하여 살아갈 수 있을 만큼 순탄하지 못했다. 일제강점기로부터 해방과 6.25를 거치면서 그녀의 생활무대도 서울 - 평양 - 황해도 - 신천 - 평양 - 서울 - 대구 등지로 바뀌어져 갔고 두 아이 마저 6.25 폭격에 잃어버리는 참상을 겪게 되었다.

실로 인간이 견딜 수 있는 한계에 까지 도달한 엄청난 고생의 연속이 그녀의 중년기를 휩쓸고 지나갔다. 특히, 6.25 이후의 대구생활은 극심한 가난과 고생 그 자체였다. 시장에서 노점장사를 하며 20여년이나 계속된 생활을 하다 1960년대 중반 대구생활을 청산하고 서울에 올라왔을 때, 오명창은 젊은 시절에 함께 서도소리를 한 바 있는 김정연 선생을 만나게 되며, 그때 김정연 선생이 제안한 전국민속예술경영대회(제6회)에 서도소리를 가지고 출전하자고 한 것이 다시 서도소리를 시작하게 된 동기가 되었다.

이후 TV출연, 공개발표, 북한민족발굴(항두계놀이) 등 그동안 묻어 두었던 재능을 십분 발휘하며 각종 행사에서 큰 성공을 거뒀다. 특히 1970년 명동 예술극장에서 가졌던 경서도창 발표회가 학자들의 주목을 받게되어 장학선, 김정연, 오복녀 등이 서도창의 기능보유자로 조사대상에 올랐고 그해에 제일 연장자인 장학선 명창이 인간문화재로 지정되었으나, 일 년 후 타계에 김정연, 오복녀가 그 뒤를 이어 국가무형문화재 제 29호로 지정되었다. (1971년 2월 8일)[3]

1968년부터 전국민요연구회 이사, 한국서도소리보존회 부회장, 그리고 1971년에 국

---

2   1992년 6월 7일 불교방송 대담 중 오복녀 본인 말씀.
3   오복녀, 『서도소리』, 서울음반, 1994, 최종민 추천사.

가 중요무형문화재 제 29호 서도소리 예능보유자가 되었다. 음반 작업은 1972년 『서도소리대전집』, 1973년에는 서도시창 <관산융마>와 <수심가>, <엮음수심가>의 음반, 1981년에는 『전통서도소리』 독집음반(아세아레코드사), 1981년에는 뿌리깊은나무 『팔도소리』(서도편)을 취입하였다. 중앙대학교 국악과 강사로 후학을 지도하였으며, 1990년 10월에는 평양에서 열리는 <통일음악회>에 참가하여 <수심가>, <개타령> 등을 불러 북한 관객들의 큰 호응을 받으면서 남한에서도 서도소리의 위상을 크게 높이기도 하였다. 80세가 넘은 이후에도 1994년 1월 오복녀의 서도소리 음반을 출간(서울음반)하였는데, 이때에는 서도소리 전곡을 CD 5장에 전곡을 담아 후대에 남겼다. "내 대에서는 통일이 안 될테니 너희들 대에서는 끊어진 서도소리를 꼭 알리고 전승해야한다."는 일념 하나로 90세로 타계 전까지도 온 정성을 다해 서도소리를 전승, 현재는 김광숙, 유지숙을 비롯한 많은 제자들이 배출되어 서도소리의 명맥을 잇고 있다.[4] 다음은 무형문화재보호협회 이사장 성경린의 추천사 중 일부이다.

서도소리의 기능보유자 오복녀 여사가 평생의 노력을 기울여 서도소리 교재를 펴냈다. 대부분의 보유자가 다 그렇듯이 그 예기능에는 훌륭한 일가를 이루고 있지만 지정 종목에 대한 학구적인 지식과 이론, 더 나아가 그것을 정확하게 기록화 하는 작업에는 다소 어둡고 또한 모자랄 수 밖에 없는 것이 사실이다. 그런 속에서 오 여사가 서도소리의 보전과 그 전수를 위해 이만한 연구와 실적을 올렸다고 하는 것은 참으로 경의에 감사하고 그 남다른 노고에 대해 진심으로 치하와 찬사를 보내는 바이다."서도소리 교재의 내용을 보니 먼저 '목 쓰는 요령' 42종과 그의 기법, 기호가 나와 있는데 이것이야말로 귀중한 문헌이 아닐 수 없다. 서도소리 목이 남도소리의 목과 다른 것은 너무 유별하고 경기의 그것과도 다른 박자가 이 요령으로 분명히 부각 될 것이다. 이어 <관산융마>, <수심가>, <긴아리> 등 서도의 대표적 소리 16곡의 악보와 다음 가사 모음으로 시창, 좌창, 입창, 민요, 잡가, 민속놀이 도합 6부문을 모았고, 부록으로 <추풍감별곡>, <적벽가>, <국문뒤풀이>로 이루었다. 이제까지 통속가의 대부분은 구전심수

---

4 오복녀, 위의 책.

로 전해오기 때문에 그 바른 창법의 원리 진수를 이해하기가 매우 힘들었다. 이번 서도소리에 일생을 건 오복녀 여사가 오랜 전수의 경험과 연구의 결과로 저술한 이 교재로 말미암아 서도소리의 우수성이 더욱 빛나게 될 것이다. (이하 생략)[5]

오복녀는 1971년 중요무형문화재 서도소리 관산융마와 〈수심가〉 분야의 예능보유자로 지정된 이후 〈서도소리 대전집〉·〈전통서도소리 독집〉·〈뿌리깊은 나무 팔도소리(서도편)〉·〈서도소리 전집〉 등의 음반을 내면서 서도소리 보존에 주력했다. 1990년 평양 '범민족통일음악회'에 참가했을 때, 서도소리가 본고장에서 맥이 끊긴 것을 확인하고는 안타까워하면서 통일이 되면 북한에서 서도소리를 가르쳐야 한다며 주장하였다. 저서에 〈몽금포 타령〉·〈양산도〉 등 서도소리 42곡의 발성법과 장식음 등을 기호로 수록하여 서도민요의 원형을 전승하는 데 크게 기여한 서도소리 교본 총 2종이 있다. 전국민속예술경연대회에서 공로상과 장려상을, 은관문화훈장(1997), KBS국악대상(1998), 방일영국악상(1999) 등을 받았다.[6]

2. 오복녀 '목 쓰는 기법'의 내용 해독

1) 오복녀 '목 쓰는 기법'의 내용 개요

서도소리 국가 예능보유자였던 오복녀 명창의 『서도소리』교본에는 창법의 한 부분으로 '목 쓰는 기법' 42종이 소개되어 있다. 그 내용들을 살펴보면 직접, 간접으로 서도소리를 배우고 이해하는 데 있어 크게 도움이 되고 있다는 점을 알게 한다. 위 교본에서는 크게 3종으로 분류하여 창법에 관해 설명하고 있는데, 첫째는 '목 쓰는 요령', 둘째는 '목

---

5 오복녀, 『서도(西道)소리』, 광진문화사, 1978.
6 김광숙, 「장학선과 오복녀의 서도소리 창법 연구」, 이화여자대학교 대학원 박사학위논문, 2016.

쓰는 기호', 셋째는 '목 쓰는 기법'이다. 오복녀가 후학들을 위해 이러한 그림형 시김새로 '목 쓰는 기법'을 기록하고 음원을 물려주어 귀중한 자료가 되고 있다. 40여 년 전 본 연구자에게 "문화재를 받고 보니, 내 책임감이 더 커져서 서도소리의 '목 쓰는 기법'이라도 보다 더 체계적으로 남겨 주기 위해 달력을 뜯어 뒷면에다 그린 것이다."라고 전하였다.

　선행연구 중에는 그림형으로 음원을 남긴 연구자도 있고, 글로 남겨준 선인들도 있지만 이렇게 직접 서도소리의 어려운 기법들을 녹음으로 해설한 경우는 오복녀가 유일하다. 만약 이 음원이 없었다면 이 42종의 '목 쓰는 기법'을 해독해 내는데 어려움이 있었을 것이다. 이러한 이유에서 오복녀의 '목 쓰는 기법'의 기록과 음원은 중요한 가치를 지닌다. 이 기록을 중심으로 서도소리의 시김새를 다시 한번 정리할 수 있는 계기가 되었고, 나아가 보다 진일보한 연구 결과를 획득하게 되었다. '목 쓰는 요령'은 서도소리 전반에서 쓰이고 있는 창법에 대한 해설이 기록된 자료이다. 그 요령에 의하면 겉청에 관련된 시김새 5종, 떠는 목에 관련된 시김새 8종과 더불어 세청, 애원성, 감정, 박력 등 '목을 쓰는 요령'에 대한 다양한 설명이 실려 있다. 다음은 '목 쓰는 요령'에 관한 그의 설명이다.

　　이 밖에도 수 없이 내는 목이 있지만, 말이나 글로는 형언치 못하리만큼 어렵다.'는 기록이 말해주듯, 그 요령에 관한 구체적인 정의를 내리지 못한 목들도 있는 것이다. 이처럼 실제로 적용되기가 어려운 부분들은 이후 세대의 서도소리 전승자들이 풀어나가야 할 숙제라 생각된다.

　다음으로 '목 쓰는 기호'는 오복녀 명창이 기록해 둔 '목 쓰는 기법' 42종의 그림 채보에 사용된 40종의 기호들을 정리해 둔 자료이다. 예를 들면, '반음으로 올리는 듯, 잠깐 반박을 누르는 목', '살짝 치는 목', '힘차게 받치는 목' 등 기호를 기입한 후에, 동同 기호에 관한 설명을 덧붙인 기록으로 '목 쓰는 기법'이나 그림 채보를 해석할 때, 도움이 되었던 자료이다. 그러나 40종의 기호들이 상호 간에 유사한 형태를 띠는 부분이 많이 발견되었고, 실질적으로 변별력 있게 사용되기에는 어려움이 있는 것으로 판단된다. 이 '목을 쓰는 기호'에 관한 내용도 '목 쓰는 요령'과 마찬가지로 이에 대한 추가적인 연구, 그리고 정리가 필요할 것으로 생각된다. '목 쓰는 요령'과 '목 쓰는 기호'의 원본은 부록 악보에 수록하겠다.

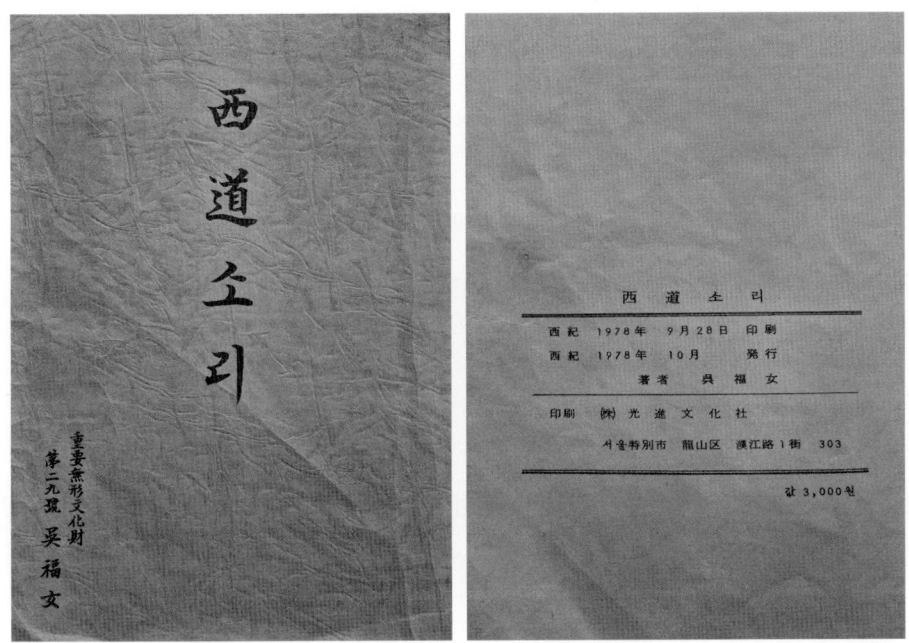

〈그림 4〉 오복녀 『서도西道소리』 교재 표지 및 발행처

아래의 그림은 오복녀의 목소리가 담긴 1997년 3월 6일 제작 카셋트 테잎이다. 〈그림 5〉는 A면 관산융마, 수심가, 엮음수심가, 긴아리, 자진아리, 산염불, 자진염불이고, 〈그림 6〉은 B면 서도소리 '목 쓰는 기법' 42가지의 내용이 담긴 테잎이다.

<그림 5> 오복녀 42종 기법 테이프 A면
관산융마, 수심가, 엮음수심가, 긴아리, 자진아리, 산염불, 자진염불

<그림 6> 오복녀 42종 기법 테이프 B면
서도소리 '목 쓰는 기법' 42가지

오복녀 명창은 이 카셋트 테잎을 남기면서 이런 말을 하였다. "이 테이프를 앞, 뒤에 있는 것으로 공부를 하게 되면 서도소리의 어려운 노래는 대개 다 될 것입니다. 그러니 열심히들 하세요. 처음에 어렵다고만 생각하지 말고 '무엇이든지 내가 하겠다.' 하고 그 정신만 굳게 먹으면 안되는 것이 없어요. 그러니 이것을 꼭 하고야 말겠다는 그 결심에 달렸으니 누구든지 이 노래가 어렵다고 해서 못 하는 것이 아닙니다. 여러분들이 꼭 배우겠다는 결심만 먹으면 됩니다. 그러니 누구던지 배우세요. 제각각 소질에 따라서 빨리 깨닫는 사람도 있고 또 소질이 없다고 해서 안되는 것은 절대로 아닙니다. 모든 것은 노력여하에 달렸으니 열심히만 하면은 안되는 것이 없습니다. 열심히만 하세요."

다음으로 '목 쓰는 기법'은 '목 쓰는 요령'과 '목 쓰는 기호'를 토대로 서도소리에 나타나는 여러 가지 시김새의 형태를 42종으로 정리하였으며, 그 형태를 그림형으로 정리해 남겨준 자료이다. 오복녀 명창이 제시해 준, '목 쓰는 기법' 42종의 원문 자료는 다음의 <자료 3>에서 보는 바와 같으며 이 책에서는 이 그림형 시김새를 5선보 상에서 악보로 표기하여 이해하기 쉽도록 하였다.

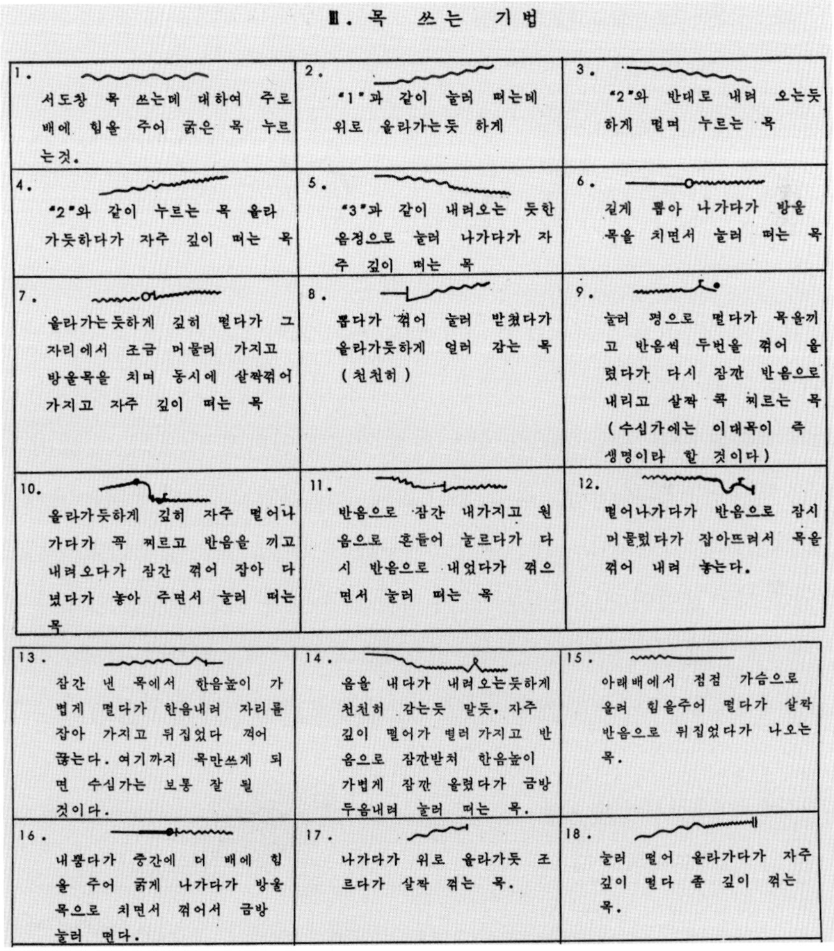

Ⅲ. 목 쓰는 기법

1. 서도창 목 쓰는데 대하여 주로 배에 힘을 주어 굵은 목 누르는것.	2. "1"과 같이 눌러 떠는데 위로 올라가는듯 하게	3. "2"와 반대로 내려 오는듯 하게 떨며 누르는 목
4. "2"와 같이 누르는 목 올라 가듯하다가 자주 깊이 떠는 목	5. "3"과 같이 내려오는 듯한 음정으로 눌러 나가다가 자주 깊이 떠는 목	6. 길게 뽑아 나가다가 방울 목을 치면서 눌러 떠는 목
7. 올라가는듯하게 깊히 떨다가 그 자리에서 조금 머물러 가지고 방울목을 치며 동시에 살짝꺾어 가지고 자주 깊이 떠는 목	8. 뽑다가 꺾어 눌러 받쳤다가 올라가듯하게 얼러 감는 목 (천천히)	9. 눌러 평으로 떨다가 목을끼고 반음씩 두번을 꺾어 올렸다가 다시 잠깐 반음으로 내리고 살짝 콕 찌르는 목 (수심가에는 이대목이 즉 생명이라 할 것이다)
10. 올라가듯하게 깊히 자주 떨어나가다가 꼭 찌르고 반음을 끼고 내려오다가 잠간 꺾어 잡아 다넜다가 놓아 주면서 눌러 떠는 목	11. 반음으로 잠간 내가지고 원음으로 흔들어 누르다가 다시 반음으로 내었다가 꺾으면서 눌러 떠는 목	12. 떨어나가다가 반음으로 잠시 머물렀다가 잡아뜨려서 목을 꺾어 내려 놓는다.
13. 잠간 낸 목에서 한음높이 가볍게 떨다가 한음내려 자리를 잡아 가지고 뒤집었다 꺾어 놓는다. 여기까지 목만쓰게 되면 수심가는 보통 잘 될 것이다.	14. 음을 내다가 내려오는듯하게 천천히 감는듯 말듯, 자주 깊이 떨어가 벌려 가지고 반음으로 잠깐받쳐 한음높이 가볍게 잠깐 올렸다가 금방 두음내려 눌러 떠는 목.	15. 아래배에서 점점 가슴으로 올려 힘을주어 떨다가 살짝 반음으로 뒤집었다가 나오는 목.
16. 내뽑다가 중간에 더 배에 힘을 주어 굵게 나가다가 방울목으로 치면서 꺾어서 금방 눌러 떤다.	17. 나가다가 위로 올라가듯 조르다가 살짝 꺾는 목.	18. 눌러 떨어 올라가다가 자주 깊이 떨다 좀 깊이 꺾는 목.

〈그림 7〉 오복녀 기록 '목 쓰는 기법' 42종 의 예시

2) 오복녀 전승 '목 쓰는 기법' 42종의 해독

오복녀 명창이 제시한 '목 쓰는 기법' 42종을 제1번부터 42번 까지 순서대로 해당 시김새 설명 원문을 제시하고 여기에 해당하는 오선악보를 소개한 후, 그 시김새가 서도소리의 어느 곡에 어느 부분에 나오는지 설명하겠다. 먼저 42기법 중 첫 번째 요성(42-1)에 대한 해설이다.

<자료 1> 42-1 굵은목으로 누르고 떠는목(요성)

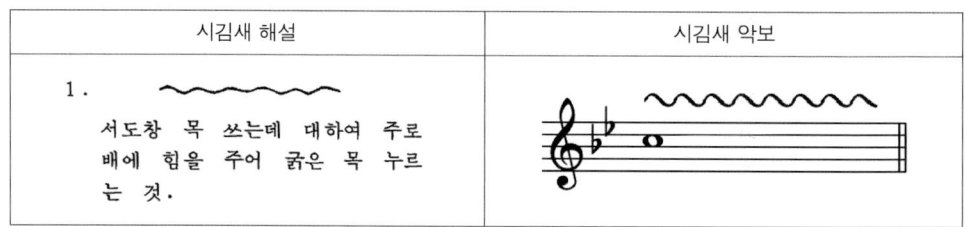

42종 기법 중 제1번은 요성으로 오복녀의 '목 쓰는 기법'중에서 서도소리의 가장 기초적인 표현법의 하나이다. 요성의 형태를 그림과 같이 제시한 것으로 이 형태는 어느 음이든 간에 제음과 반음, 또는 제음과 한음 위를 거의 동일하게 떨어주는 형태이다. 오른쪽 그림은 해당되는 실제의 어느 음을 오선 위에 그려 넣었고, 그 위에 떠는 표시를 하였다. 이러한 형태는 서도 시창 <관산융마>에 수없이 보이고 있는 형태이며, 서도소리의 기본적인 요성의 표현이다. <관산융마>의 시작음 '추강이-'라는 노랫말 중에서 '이'에 해당하는 음으로 기본형이라 하겠다. 떠는 요성인 A-1은 서도소리 어느 곡에도 다 적용되는 시김새여서 <수심가>, <관산융마>에 기본형으로 적용시켜 놓았다.

<자료 2> 42-2 밀어 올려 떨어주는 요성

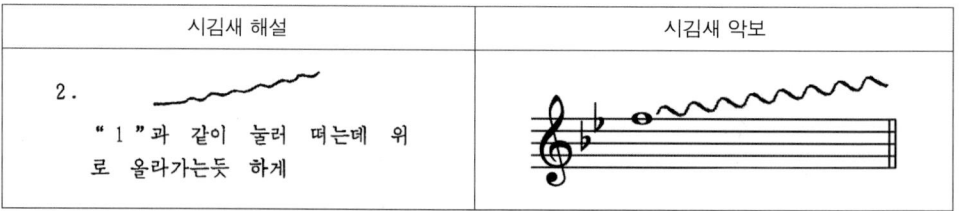

2번의 형태는 음을 내어 약간 올라가는 듯 떨어주는 '목 쓰는 기법'이다. 이러한 시김새는 감정을 서서히 고조시키며 다음 음으로 연결하기 위해 해당음 까지 끌어올리는 역할을 한다. 이러한 시김새 형태는 서도소리 전반에 걸쳐 나타나며 해당음을 밀어 올려 떨어주는 목이다. <관산융마>의 '추강이 적마-'의 '아-'부분이나, '어룡냉허니'의 '어'부분, 그리고 '허니'의 '허'부분과 이어지는 '니', '인제 에-'의 '인'부분이나 '에' 부분, 그리고

'중선루'의 '선'에 나타나는 올라가는 듯한 떠는 목들이 여기에 포함된다. 1번의 평범한 요성과는 달리, 감정의 고조를 나타내는 시김새라 하겠다.

〈자료 3〉 42-3 하행하며 떨어주는 요성

시김새 해설	시김새 악보
3. "2"와 반대로 내려 오는듯 하게 떨며 누르는 목	

3번의 시김새 형태는 2번과 달리, 어느 음을 낸 다음, 점차 하행하며 떨어주는 요성의 형태이다. 상승하듯 요성하는 것에 비해 비탄적이고 슬픈 느낌을 준다. 서도소리의 각 곡에는 곡선의 형태와 내리는 듯한 요성이 많은데, 이는 슬픔과 한恨, 애원 등을 나타낼 때 쓰이는 시김새이다. 이 역시 〈관산융마〉에 많이 보이고 있으며 '추강이'의 '이' '인제에-'의 '에-' 서풍'의 '풍'에 해당되는 음도 내려가는 듯 떨어지며 마무리 짓는 형태이다.

〈자료 4〉 42-4 올리다가 끝을 잘게 떨어주는 요성

시김새 해설	시김새 악보
4. "2"와 같이 누르는 목 올라가듯하다가 자주 깊이 떠는 목	

4번의 형태는 올라가는 듯 요성을 주며 올리다가 끝은 자주 자주 깊이 떨어낸다. 〈관산융마〉의 '추강이 적막 어룡냉허니 인제서풍 중선루를'에서 '적막'의 '막'은 '마-악'으로 음을 늘려 올라가는 듯 떠는 데, '마'에 해당되며, 이 부분은 〈수심가〉의 '친구가 본판은 낮이련마는 어이 그다지도 유정탄 말이요'의 초장부분 '본판으-은' 또는 〈긴아리〉의 '야-쓰고 달고야 된장 먹디 갈거이 새날은 뭘하래 왔음나'의 '달고야'의 '야'음을 끌어올리며

떨다가 끝 음을 잘게 떨어내는 음과 같다. 2번의 목 쓰기 기법의 설명과 유사하나, 차이를 보이는 것은 올라가는 듯 떨다가 끝에 가서 더 촉급하게 떨어줄 때, 이 시김새를 쓰기에 감정의 극적인 고조를 이루게 된다.

〈자료 5〉 42-5 내려오다가 끝을 잘게 떨어주는 요성

시김새 해설	시김새 악보
5. "3"과 같이 내려오는 듯한 음정으로 눌러 나가다가 자주 깊이 떠는 목	

5번 목은 3번과 같은 형태로 떨어서 내려오는 듯 떨다 끝부분에서는 더더욱 촉급하게 떨어주다가 다음 음으로 연결하는 시김새 이다. 보통, 3번과 4번 목과 흡사하나, 다른 점은 하행하며 끝 음을 촉급하게 떨어낸다는 점이 차이가 있다. 이 기법은 〈관산융마〉 중 '추강이 적막 어룡냉허니 인제서풍 중선루를' 중 시작 도입에 '추강이'의 '이'음에 해당 되며 흘러 내려오는 듯 떨다 더 촉급하게 자주 자주 잘게 떨며 '이'음을 마무리하는 시김새의 형태이다. 이 역시 슬픈 감정을 더 극적으로 고조시키는 역할을 한다.

〈자료 6〉 42-6 길게 뻗어나가다 방울 목 후 눌러 떨어주는 목

시김새 해설	시김새 악보
6. 길게 뽑아 나가다가 방울 목을 치면서 눌러 떠는 목	

'목 쓰는 기법' 6번부터 나타나는 형태는 구체적인 서도소리의 요성과 더불어 기교를 나타내는 시김새라 하겠다. 음원을 들어보면 소리를 길게 뻗어나가다 한번 친 다음(방울

목) 자주자주 곱게 떨어내는 형태이다. 이러한 목의 유형은 <긴아리>의 '야 쓰고달고야-'의 '야'음과 같으며 떠는 요성을 주며 조금 더 밝고 세련된 느낌을 준다고 하겠다. 좌창인 <영변가> 중 '나이 많아 병이나 들면은 못 노리로다. 영변에-'의 '에-'에는 똑같은 시김새를 가지고 있는데, 이러한 방울 목을 사용함으로 인해 소리 전체를 밝고 화사한 분위기를 연출하는 것이다.

<자료 7> 42-7 올라가는 듯 떨다가 방울 목 후 떨어주는 목

시김새 해설	시김새 악보
7. 올라가는듯하게 깊히 떨다가 그 자리에서 조금 머물러 가지고 방울목을 치며 동시에 살짝꺾어 가지고 자주 깊이 떠는 목	

7번은 6번과 비슷한 듯 하나 보다 더 세밀하고 구체적인 목 꾸밈이 등장한다. <수심가> 중, '친구가 본판은 남이련마는 어이 그다지도 유정탄 말이요' 의 가사에서 '본판으-'의 대목은 잘게 떨어가다 방울 목을 넣는 부분 까지는 6번과 동일하나, 살짝 끼어서 잘게 떨어주는 대목이 6번과 다르며, 서도소리가 농익거나 배움이 깊어 소리를 자유자재로 만들 때 부를 수 있는 대목이다. 올라가는 듯 자주자주 깊이 떨다가 마무리 부분에서 방울 목을 친 다음, 바로 끼고 자주 자주 깊이 깊이 떨어준다.

〈자료 8〉 42-8 뽑다가 눌러 올라가듯 얼러감는 목

시김새 해설	시김새 악보
8. 뽑다가 꺾어 눌러 받쳤다가 올라가듯하게 얼러 감는 목 (천천히)	

8번 시김새의 표현은 〈앞산타령〉의 1절인 '천관악산 염불암 연주대핸데 도봉불성 삼막으로 에헤 둘렀다 아하아'절의 '천과하악산'의 '하악'에 해당되며, 뒤에 요성은 〈관산융마〉의 '추강이 적막 어룡냉허니'의 '막'을 늘려 내는 음 '아-악(막)'의 두 선율이 합쳐져 목 쓰임을 만들어내고 있다. 의 대목은 요성 없이 선율을 쭉 뻗어 낸다, 요성 없이 밀어내는 선율은 가창력과 힘을 느끼게 한다.

〈자료 9〉 42-9 콕 찌르는 목

시김새 해설	시김새 악보
9. 눌러 평으로 떨다가 목을 끼고 반음석 두번을 꺾어 울렸다가 다시 잠깐 반음으로 내리고 살짝 콕 찌르는 목 (수심가에는 이 대목이 즉 생명이라 할 것이다)	

9번은 서도소리 중 특히 〈수심가〉에 가장 많이 나오는 목 쓰임의 시김새로서 오 명창의 소리 지도 시에도 특히 강조되었던 대목이다. 감정을 꼭 짚어 응집시킬 때 '콕 찌른다'라고 표현했는데, 〈수심가〉에 생명이라 하였듯 〈수심가〉에 대표적으로 출현하는 시김새이다. '약사몽혼으로 행유적이면'에서 '적'을 '저어억'으로 '콕 찌르다'로 이 표현을 쓰며 '반성사로구나'의 '사- 로오오' 대목, '생각을 허니'의 '각- 으으을' 대목, '님의 화용이'의 '이이이'음이 해당된다. 이처럼 〈수심가〉의 전반적인 대표 시김새이고 슬픔의 감정을 콕 찌

르는 것으로 더 극대화 시키는 시김새이다. 서도민요와 좌창에도 잘 나타나고 있다.

〈자료 10〉 42-10 올라가듯 떨고 콕 찌른 다음 꺽은 후 눌러 떼는 목

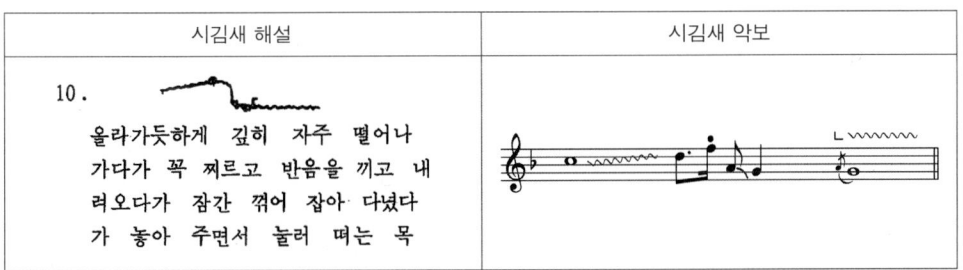

위의 시김새 10번 형태는 42가지 '목 쓰는 기법' 중 〈수심가〉 또는 〈긴아리〉 등 서도소리 시김새에 가장 어려운 대목을 감당하는 대목에 해당되는 매우 어려운 시김새이다. 일반적으로 힘이 얹어 상승하며 떨어내다 더 촉급하게 조금 목을 쓰다 다시 내려와 만들어내는 목으로 여간한 공력 없이는 부를 수 없는 대목의 시김새이다. 〈수심가〉 '친구가 본판은 남이련마는 어이 그다지도 유정탄말이요'라는 가사에 '본판은'에 해당되는 대목으로 잘게 올려 떨어준 후 애원을 주고 다시 내려오는 시김새로서 여간한 노련함 없이는 부를 수 없는 시김새이다. 이러한 시김새 역시 감정을 극대화하며 숙련되어야만 부를 수 있는 시김새이다.

〈자료 11〉 42-11 반음 내려와 떨다가 반음 올라간 후 꺽어 떼는 목

시김새 해설	시김새 악보
11. 반음으로 잠간 내가지고 원음으로 흔들어 눌르다가 다시 반음으로 내었다가 꺾으면서 눌러 떠는 목	

11번의 시김새 형태는 서도소리의 슬픔을 나타낼 때 가장 많이 표현하고 있는 반음, 또

는 곡선의 표현으로 애원과 구성을 주는 시김새이다. 이러한 형태의 목 쓰는 기법 시김새는 서도소리에 전반적으로 나타나며 민요, 좌창 등 모든 음에 출현하는 시김새이다.

〰️ 이 그림형 시김새의 앞부분에 해당된다. 이러한 시김새는 한과 슬픔을 표현한다. 다만 전체적인 목 쓰는 기법 11번의 음원을 들어보면 〈수심가〉의 '약사 몽혼으로 행유적이면 문전석로가 반성사로구나'에서 '반성사'에 해당되는 시김새이다. 슬픔과 애원을 나타내주는 곡선의 표현이다. 오복녀 명창의 반음의 강조는 이러한 애원과 슬픔을 잘 표현해야한다는 간절함에서 늘 강조되었으며 서도소리 전반적인 한의 표현에 대표적인 시김새이다.

〈자료 12〉 42-12 떨다가 반음올리고 내려와 꺽는 목

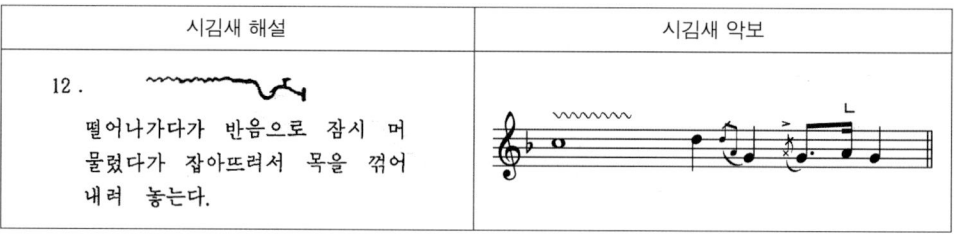

12번의 그림형 시김새 형태는 서도소리 '목 쓰는 기법'에 가장 중요하며 서도소리를 가장 잘 나타내 주는 시김새이다. 민요든 좌창이든 모든 음을 이어가다 마무리에서는 반드시 꺽어 내리고 다음 음을 시작하는데 이 꺽는 음의 표현을 보면 분명한 음의 정리와 굳건함과 남성적인 느낌을 갖게 하는 아주 중요한 시김새이다. 〈수심가〉에 '님에 화용이 그리워 나 어이 할까요'에서 '그리워'의 '워'와 '나 어이'의 '이'에 해당되며, 그 밖에 좌창과 〈산염불〉, 〈긴난봉가〉 등 민요 등에도 수없이 등장하는 서도소리의 가장 특징적인 시김새이다.

<자료 13> 42-13 약간 올라가는 듯 떨며 음을 내려 꺾는 목

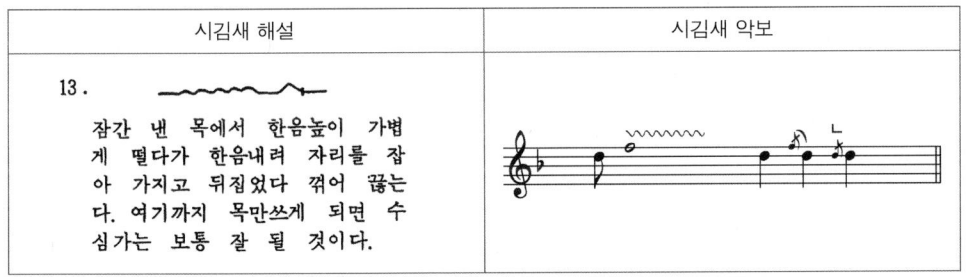

13번의 시김새 형태를 보면 떠는 음이 평으로 되어있는 것처럼 보이지만 오복녀의 '목 쓰는기법'의 음원을 들어보면 약간 올라가는 듯 떨며 음을 끼기도 한다. <영변가>에 '젊어서 노잔다'에 '젊어서'의 '서'음과 '노잔다'의 '노'와 '잔'에 해당된다. 어느 소리의 한 부분이 아니고 한 노래에서 부분적으로 따서 합친 후 시김새가 만들어졌으며 올라가는 듯하게 떨며 그 다음 음을 이어나가는 것은 서도소리가 밀어 올리며 떨어내는 음이다. 이것은 역동적인 힘을 갖게 하는 서도소리의 특징이며 평범하게 떨어내는 음 외에는 모든 요성을 올라가는 듯 밀어 올리며 요성을 준다. 이 또한 서도소리 요성의 특징이다.

<자료 14> 42-14 내려오는 듯 떨다가 두음 내려 떠는 목

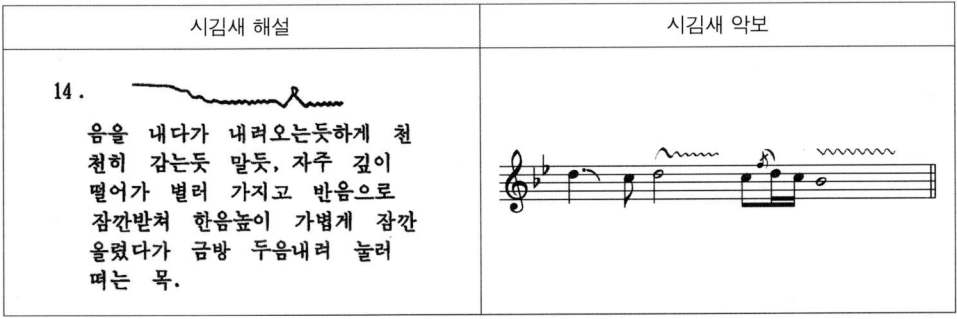

14번의 시김새 형태는 <관산융마> 초입에 해당되는 시김새이다. 여기에는 오복녀 '목쓰는 기법' A-3과 A-5가 같이 해당되며 '목 쓰는 기법'의 그림형 표기를 보면 이런 형태의 시김새는 점차 슬픔을 더 슬프게 만들어 주는 시김새로 <관산

융마〉에서는 초입 부분에 '추강이' 중 '이'음과 '서풍 중선루를' 중 '중'에 해당되는 대목으로 애잔함을 갖게 하는 시김새이다.

〈자료 15〉 42-15 올려 떨다가 반음 뒤집는 목

시김새 해설	시김새 악보
15. 아래배에서 점점 가슴으로 올려 힘을주어 떨다가 살짝 반음으로 뒤집었다가 나오는 목.	

15번은 〈관산융마〉에서 나오는 시김새로 오복녀의 '목 쓰는 기법'유워을 들어보면 〈관산융마〉에서 '추강이 적막 어룡냉'에서 '추강이'의 '이'음의 올라가는 듯한 부분을 나타내고 있다. 다만 이 그림형 시김새는 음원과 그림과 상이하게 되어있다. 음원을 들고 그림형 시김새를 그려보면 다음과 같다.

이런 형태로 나타나고 있다. 악보로 나타내면 분명 그림형과는 차이가 있음을 알 수 있다. 이런 유형이 그림형 시김새의 오류를 갖게 하는 부분이기도 하다.

〈자료 16〉 42-16 내뿜다가 방울목 치고 떠는 목

시김새 해설	시김새 악보
16. 내뿜다가 중간에 더 배에 힘을 주어 굵게 나가다가 방울목으로 치면서 꺾어서 금방 눌러 떤다.	

16번은 앞을 6번 형태와 같은 형태이다 밀어내다가 한번 방울목을 넣고 바로 잘게 떨어주는 시김새는 〈긴아리〉의 '야- 쓰고달고야'에서 '야'음으로 주는 시김새와 같다. 다만 6번과 노래는 같으나 다른 차이는 약간의 멋을 더했다고 보는 것이 16번 목쓰는 기법의

그림형은 ━∿━ > ━∿━●━∿━ 쭉 뻗어나가다가 한번 더 힘을 얹고 ━∿━ (굵게 표시함) 방울목을 치고 그 다음 목을 낀다고 설명하고 있다.

●━∿━에서 ↤의 표시는 끼는 목을 뜻한다. 끼는 목은 음의 깔끔한 정리를 나타낸다고 오 명창이 말했다. 또 음이 흘러내리는 것을 막아준다고도 했다. 〈긴아리〉에 나오는 목 쓰는 시김새이다.

〈자료 17〉 42-17 올라가듯 조르다가 꺾는 목

시김새 해설	시김새 악보
17. ∿∿∿ 나가다가 위로 올라가듯 조르다가 살짝 꺾는 목.	

서도소리 중에는 끝음 요성을 준 후 '끼고 맺는 음'들이 많이 있고 이렇게 하는 이유는 음이 흘러내리지 않게 하기 위함이라고 배웠는데 끝음을 끼게 되면 깔끔하게 마무리 되어진다. 해당 부분은 〈관산융마〉 '추강이 적막 어룡냉허니 인재서풍 중선루를' 중 '적마-악' 하며 끝을 떤다. 〈산염불〉 '서산 낙조에 떨어지는 해는 내일 아침이면 다시 돋견마는'〈긴아리〉 '야 조개는 잡아서 젓 저리구 가는 님 잡아서 정드리자'의'잡아서-'낀다. 〈수심가〉 '일락 서산에 해 떨어지고 월출동령에 달 솟아온다'의 '일라-악'이다.

〈자료 18〉 42-18 떨어 올라가다가 떨고 꺾는 목

시김새 해설	시김새 악보
18. ∿∿∿━∿∿━ 눌러 떨어 올라가다가 자주 깊이 떨다 좀 깊이 꺾는 목.	

18번은 '음을 떨어내다 끼는 목'의 형태를 나타낸 것으로, 앞의 떠는 음인 2번과 4번,

3번과 5번의 형태와 비슷하다. 17번은 기본형으로 떨다 자주자주 촉급하게 떨다 끼는 목을 표현하는데 17번은 기본형으로 〈관산융마〉의 '추강이 적막 어룡냉허니'의 '적막'의 '막' 즉 '아'를 올라가는 듯 떨다 끼는 것을 말하며 17번과 다른 것은 좀 더 깊고 세심한 시김새를 표현하고 있다.

〈자료 19〉 42-19 뻗다가 목을 끼고 뻗다가 방울목을 끼고 떠는 목

시김새 해설	시김새 악보
19. 뽑다가 굵게 끊었다가 다시 이어나가 굵게 떠는 목.	

19번은 쭉 뻗어나가다가 한번 목을 끼고 ╬(표시) 다시 뻗어나가다가 방울목을 넣고 다시 잘게 떨어주는 형태로 오복녀의 '목 쓰는 기법' 음원을 들어보면 〈산타령〉 '초목이' 중에 '초목이 다 무성헌데 나 에헤 구경 가 에헤'의 대목 중 '가'에 해당되며 목을 길게 뻗다가 살찍 끼는 형태가 같다.

그리고 뒤에 연결된 ━━━━ 의 형태는 6번과 같은 형태로 〈긴아리〉의 '바람 새좋다구야-'의 '야-'음과 같다. 이 '목 쓰는 기법'의 시김새는 〈산타령〉 중 '초목이'와 〈긴아리〉의 두 시김새를 합쳐 만든 것임을 음원을 통해 알 수 있다.

〈자료 20〉 42-20 굵게 뻗다가 상승하며 떨고 꺾어주는 목

시김새 해설	시김새 악보
20. 나아가다가 배에 힘을 주어 목을 굵게나가 자주 깊히 올라가는듯 떨다 끝으로 살짝 꺾어준다.	

20번은 '목 쓰는 기법' 17번, 18번과 비슷한 형태로, 다른 점은 17번의 ～, 18번의 ～과 같으나 다만 ─ 이렇게 좀 더 짙은 색으로 표시한 것은 쭉 뻗어나가다 힘을 얹어 더 굵게 내면서 ～ 올라가는 듯 떨다 마지막 음을 껴서 마무리한다. 결국 '목 쓰는 기법' 17번, 18번, 20번은 같은 형태이며 정리해 보면, 17번은 기본 요성으로 떨다 끼는 목의 기본형, 18번은 상승하는 듯 떨어 올라가다 자주자주 떨어주며 끼는 목, 20번은 밀어 올리며 음을 내다 좀 더 힘을 얹어 음을 더 크게 만든 후 떨어 올라가다 자주자주 떠는 끝목으로 끼는 목으로 20번은 17번 18번의 '목 쓰는 기법'보다 더 세밀하게 시김새가 형성됨을 알 수 있다.

〈자료 21〉 42-21 떨다가 반음 올려 콕 찌르고 내려와 떠는 목

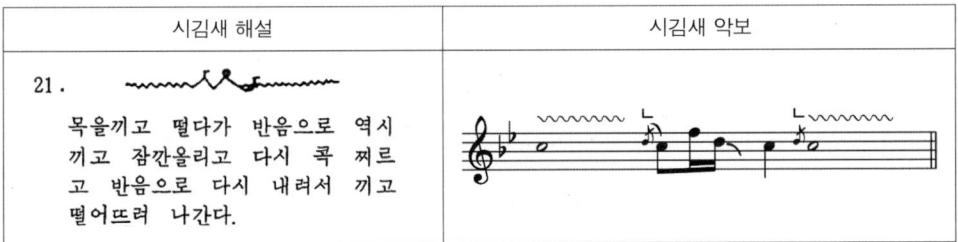

21번은 떨어나가다가 목을 끼고 반음을 넣어 세밀하면서도 농익은 시김새가 표현되고 있다. 오복녀의 목 쓰는 기법을 음원을 들어보면 〈수심가〉의 '약사몽혼으로 행유적이면 문전석로가 반성사로구나'의 '반성사로구'에 해당되는 시김새로 표현되고 있다. '목 쓰는 기법' 9번을 보면 〈수심가〉의 생명이라 한다고 표현한 '콕 찌르는 목'도 출현을 하는데 21번과 9번이 일치한다. 따로 떼어보면 다음과 같다.

〈표〉 42 기법 중 21번과 9번 기법

21번 목 쓰는 기법	9번 목쓰는 기법
～～～	～～～

<자료 22> 42-22 세청 내고 한음 높은 세청하고 내려 올린후 떠는 목

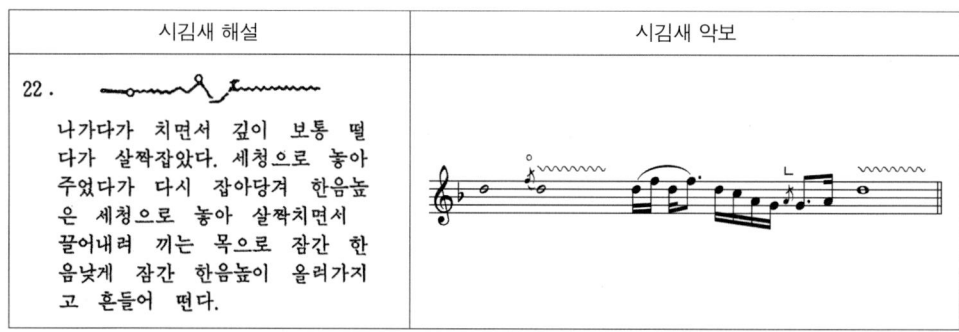

22번은 '세청 내고 한음 높은 세청하고 내려 올린후 떠는 목'으로 <긴아리>의 '쓰고달고야-'의 '야-'음이며 앞에서 설명한 6번 목의 그림형 시김새 ⎯⎯⎯o⎯⎯⎯ 와 같으며 그 다음 이어지는 선율은 <긴아리>의 '야 쓰고 달고야 된장먹디'의 '디'인 ♪ 이다.

⎯⎯⎯ 이 그림형은 <긴아리>'쓰고달고야'음의'야'음인데 앞을 ⎯⎯⎯o⎯⎯⎯ '야'음은 바로 첫음 떠는음의 시김새 표현이고 '야'를 만들어내다 '된장먹디' 전의 노래이다. 그런 사실로 보면 이 22번의 '목 쓰는 기호'는 <긴아리>의 '야 쓰고 달고야'에서 나온 시김새임을 알 수 있다.

'나가다가 치면서 깊이 보통 떨다가 살짝 잡았다, 세청으로 놓아 줬다가 다시 잡아당겨 한음 높은 세청으로 놓아 살짝 치면서 끌어내려 끼는 목으로 잠깐 한음 낮게 잠깐 한음 높이 올려가지고 흔들어 떤다.'라고 되어있다.

<자료 23> 42-23 흔들다가 세청 내고 다시 세청하고 내린 후 끼고 감는 목

시김새 해설	시김새 악보
23. 흔들어 나가다가 한음높이 잠깐 세청으로 들었다가 다시내리고 거듭 또 한음 세청에 올려치면서 내려트려 가지고 조금 평으로 끌어가지고 흔들어 나가다가 끼고 감어 놓는다.	

23번은 오복녀 '목 쓰는 기법' 음원을 들어보면 긴아리에서 출현된 시김새임을 알 수 있다. 앞의 ～～～♪은 〈긴아리〉'조개는 잡아서 젓 저리구'의 '구'의 음이며, ～～～♪의 음원은 〈긴아리〉'뭘하래 왔음나'의 '음나'에 해당되는 부분이다. 정리해보면 〈긴아리〉의 '젓 저리구'의 '구'음과 '뭘하래 왔음나'의 '음나'의 목이 같이 조합된 시김새로서 계속 출현되었던 〈긴아리〉의 여러 형태의 시김새는 〈긴아리〉가 서도소리에 있어 중요한 위치에 있음을 알 수 있다.

〈자료 24〉 42-24 떨다가 꺽고 콕 찌르고 내려 원음조로 떠는 목

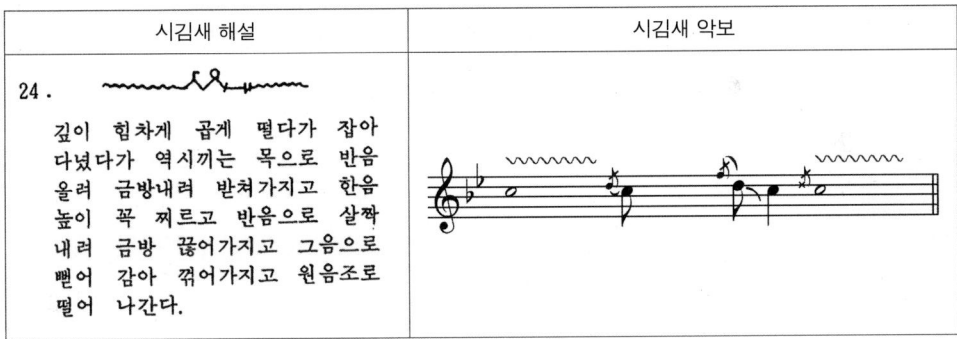

24번은 〈관산융마〉와 〈산염불〉에 나타나고 있는 형태이다. 〈관산융마〉'추강이 적막 어룡냉허니' 중 '추강이'의 '이'에 해당하는 시김새와 〈산염불의 '아해야 연수처라 님에게로 편지쓰자' 중 '쓰자'에 해당하는 시김새가 합쳐진 형태로 나타나고 있다. 끼는 목 형태의 시김새는 흘러내리지 않고 소리의 정갈함과 깔끔함을 준다. 이를 정리해보면 이 시김새는 〈관산융마〉와 〈산염불〉의 조합임을 알 수 있다. 다만 산염불에서는 24번(B-10)보다는 32번(A-14)가 더 정확하게 나타나있어 적용하였다.

〈자료 25〉 42-25 눌러 얼르다가 높이 세청 내고 원음으로 내려 떠는 목

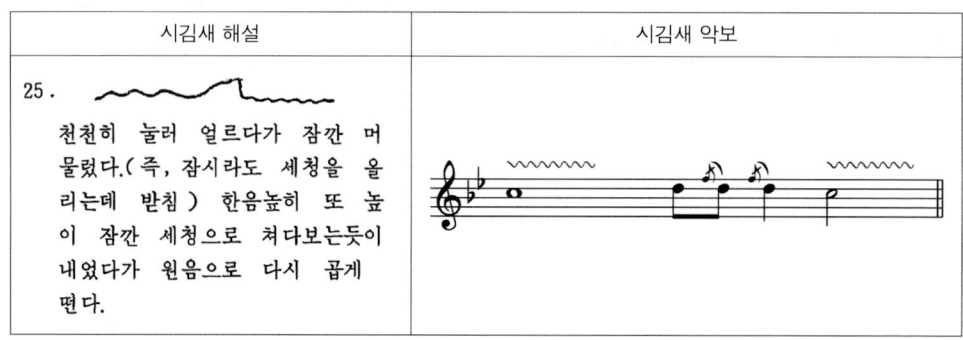

25번은 〈자진아리〉의 '울 넘어 밖에서 꼴베는 총각아 눈치나 있거든 이 떡을 받아라' 중 '있거든'의 '든'에 해당하는 시김새로 앞에서 얼러내는 듯 요성을 주다가 뒤에서 애원을 준다.

이러한 형태의 시김새는 〈물레타령(안주애원성)〉 '물레야 돌아라 가락아 돌아라' 중 '돌아라'의 '라'에서 보이는 애원형과도 닮아있고, 〈몽금포타령〉의 '장산곶 마루에 북소리 나드니' 중 '마루에'의 '에'에도 같은 형태가 나타나고 있다. 서도소리의 시김새 중 애원성의 대표격인 시김새이며 황해도 민요의 특징적 시김새라 볼 수 있고, 시김새를 두 번 반복하여 부르면 애원의 감정고조가 배가된다.

〈자료 26〉 42-26 올라가듯 떨다가 힘차게 내려 반음으로 내려 놓는 목

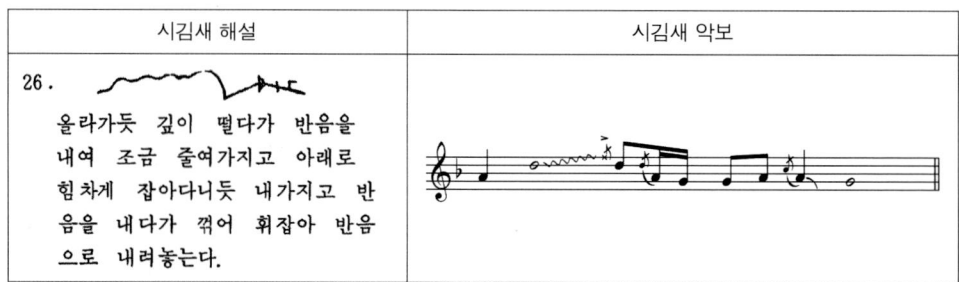

26번은 오복녀 '목 쓰는 기법' 음원으로 들었을 때 〈자진아리〉의 '울 넘어 밖에서 꼴베는 총각에 눈치나 있거든 이 떡을 받아라' 중 '있거든'의 '든'과 '받아라'가 합쳐진 것을 알

수 있다. 오복녀 '목 쓰는 기법' 중 12번인 C-2은 '이떡을 받아라'의 '받아라'에 해당하는 꺾어 내려오는 음이다.

음원과 악보가 조금 다르게 표기되어 있다. 다만 여기의 시김새가 말하고자 한 것은 26번의 그림형 대목에서처럼 꺾어 내려온 목을 살짝 치고 끼는목을 강조한 것으로 보여진다.

〈자료 27〉 42-27 내었다가 얼러 내려 반음으로 높이고 내리는 목

시김새 해설	시김새 악보
27. 내었다가 아래로 내려오는듯 두 번정도 얼러가지고 목을끼고 반음내려 잠깐 내가지고 곧 한음 높였다가 반음으로 내린 다.	

27번은 〈산염불〉 '서산 낙조에 떨어지는 해는' 중 '서산'과 '낙조'에 해당한다. 이 목 쓰임의 특징은 끼는 목의 반복되는 형을 나타내기 위한 시김이다. 그림형의 뒷부분에 보면 선율에 두 번 끼는 목 표시(·)가 이 들어가 있음을 알 수 있다. 마찬가지로 까는 목의 특징은 음을 간결하게 정리해주는 역할을 한다. 〈긴아리〉 등에서도 끼는 목은 자주 출현하는 목 쓰임 기법의 시김새이다.

〈자료 28〉 42-28 쭉 나가다가 받쳐서 내리고 돌려 떠는 목

시김새 해설	시김새 악보
28. 쭉-나가다가 힘있게 받쳐가지고 원을 반가량 뒤집듯 돌려서 곱게 떠는 목.	

28번은 서도소리의 전형적인 특징이 나타나있는 시김새이다. 이 그림형 시김새는 음을 쭉 뻗어가다 좀 더 힘을 얹어 더 커지도록 부르다가 한번 애원을 주게 되는데 이런 시김새 유형은 애원을 준다. 서도소리 전반에 이런형태의 시김새가 나타나 있으며 특히 민요 중 <산염불>의 후렴인 '에 헤에에 에헤에 어어미 타하아 불이로다' 중 '에 헤에에'의 '헤에에' 또는 <긴난봉가> '정방 산성 초목이 무성헌데' 중 '정방'의 '방'을 표현할 때, 그 밖에도 <개성산염불>, <안주애원성>, <긴아리> 등에서 무수히 나타나고 있다.

<자료 29> 42-29 반음 내렸다가 원음으로 간 뒤 세청으로 높여 떠는 목

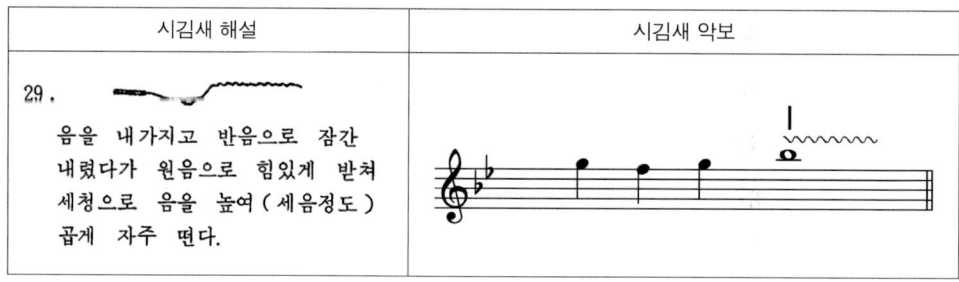

29번은 <산염불> '서산 낙조에 떨어지는 해는 내일 아침이면 다시 돋건마는' 중 '내일'의 '일'에 해당하는 리듬으로 시김새이다. 그림형에서 보면 끼는 목(·)의 표시가 되어있지 않으나 음원을 들어보면 끼어 올려 자주자주 떨어준 것을 확인할 수 있었다. 악보에서 보면 끼는 목이 표현되어있다. 이런 형태의 시김새는 <산염불>뿐만 아니라 <영변가>의 '부디 평안히 너 잘있거라' 중 '편안히'의 '히'에 해당되는 목 쓰임이기도 하다. <엮음수심가> 등에서도 자주 나타나는 시김새이다.

<자료 30> 42-30 올라가듯 떨다가 반음으로 받쳐 내린 후 내려 떠는 목

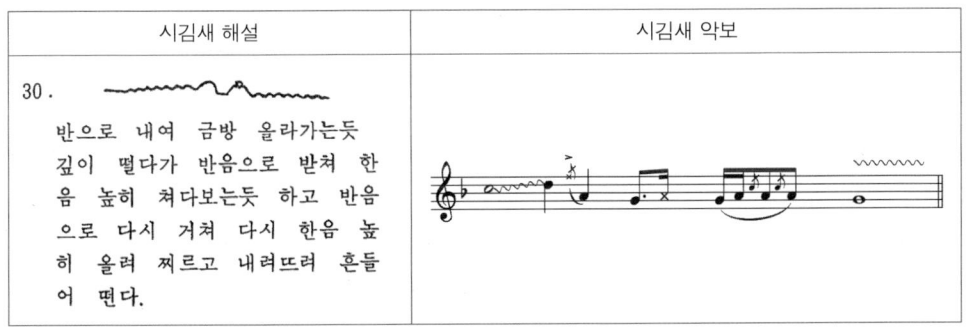

30번은 <산염불>에 나온 시김새로 <산염불> '아해야 연수처라 님에게루 편지쓰자' 중 '편지쓰자'에 해당된다. 다만 음원을 들어보면 '쓰자'의 '자'음을 악보에 표시된 바와 같이 두 번 연이어 시김새를 쓰고 있다. 어떤 시김새는 민요나 좌창 중에 한 대목을 시김새로 쓴 것도 있고, 이렇게 응용되어 두 가지 형태의 시김새를 같이 만들어 한 형태의 시김새를 만들어 낸 것도 있다.

<자료 31> 42-31 내려 얼르다가 목을 끼고 찌르고 감아내려오는 목 - 애원성

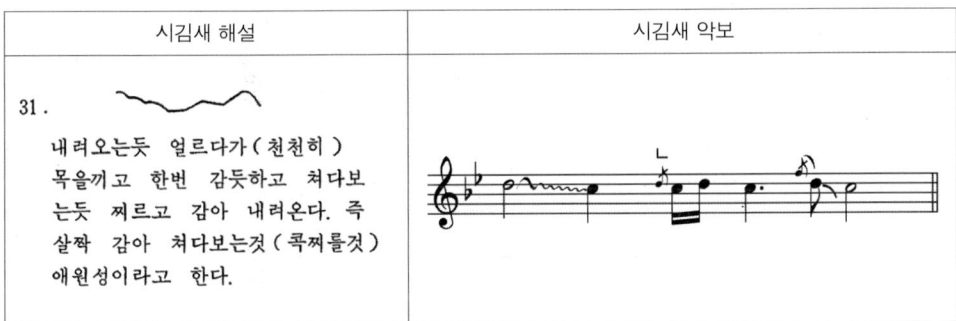

31번은 30번과 마찬가지로 <산염불>에서 나오는 시김새이다. <산염불> '아해야 연수처라 님에게로 편지쓰자' 중 '연수처라'의 '연수처'에 해당하는 시김새로 감정을 내기 전 얼러내다가 뒷부분에서 멋을 내주고 있다. 이러한 형태는 <자진염불> '이제 가면은 언제와요' 중 '언제와요'에도 똑같이 쓰여 지고 있다. 그림형에서의 곡선 형태는 모두 애

원을 주는 감정의 형태로 나타나고 있다.

〈자료 32〉 42-32 반음으로 나가다가 반음으로 올려밀고 반음으로 내려 떠는 목

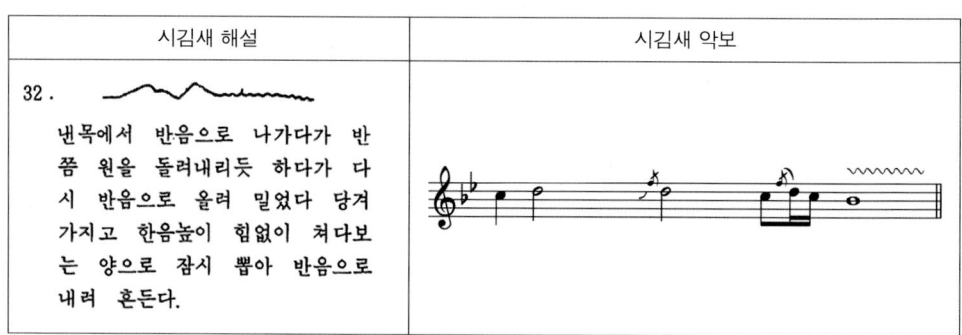

32번은 〈산염불〉에서 나타나는 시김새이다. 〈산염불〉은 긴아리와 같이 서도민요 중 목 쓰임이 매우 어려운 곡으로 분류된다. 그림형을 보면 평범하게 그려져 있으나 음원을 들어보면 〈산염불〉 '아해야 연수처라 님에게루 편지쓰자'의 '편지쓰자'의 목 쓰임을 표현하고 있다.

이런 형태의 시김새는 중모리 장단의 느린 곡, 특히 염불 쪽에서 많이 나타나고 있는데 〈자진염불〉 '산에 올라 옥을 캐니 이름이 좋아서 산옥이냐' 중 '이냐' 부분, 〈개성산염불〉 '니나노 나요 나니가 난실래요 니나노 나노가 산이로다' 중 '로다'에 해당하는 부분과 '학도 뜨고 봉도나 뜬데 강산 두루미 나도 떴소' 중 '떴소' 부분 등을 분석해보면 〈산염불〉, 〈자진염불〉, 〈개성산염불〉 등에서 집중적으로 나타나는 것을 알 수 있다.

〈자료 33〉 42-33 원조로 나가다가 눌러 변조로 나가는 목

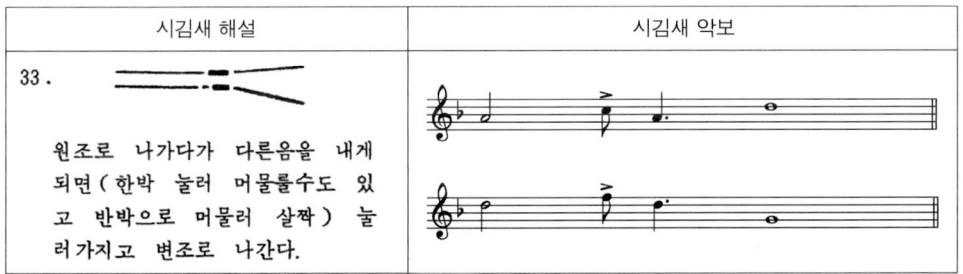

33번은 요성과 표현이 아닌 선율의 시김새를 나타내는데 오 명창은 원조로 음을 낸다 라고 표현했다. 음을 내며 상청으로 올리기 전 힘을 한 번 얹어 내는 표현 또는, 음을 내어 하행으로 내기 전 힘을 한 번 얹어 내는 표현을 뜻하는 시김새이다. 두 선율의 형태가 그림형으로 나타나 있는데〈영변가〉'젊어서 노잔다' 중 '젊어서'를 나타내고 있으며, 반대로 하행하는 형태는 음을 내다가 같은 음을 살짝 끼고 힘을 얹어 하행하는 형태를 표현했으나 민요나 좌창의 어느 대목인지는 음원에서 나타나지 않고 있다.

〈자료 34〉 42-34 눌러 떨다가 반음치고 내려 눌러 떠는 목

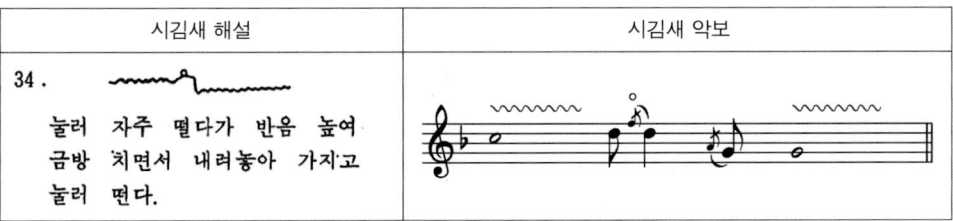

34번은〈관산융마〉와〈긴아리〉등 에서 나타나는 형태이다.〈관산융마〉'추강이 적막 어룡냉허니' 중 '추강이'의 '이'음에 해당하고 '적막'으로 음을 시작하기 전 마무리 음에 해당하는 목 쓰임이다. 또 완전히 동일한 형태는 아니지만〈긴아리〉'조개는 잡아서 젓저리구' 중 '젓저리구'의 '구'를 표현할 때도 비슷하게 나타난다. 34번 시김새는 이〈긴아리〉의 한 부분을 표현해주고 있다.

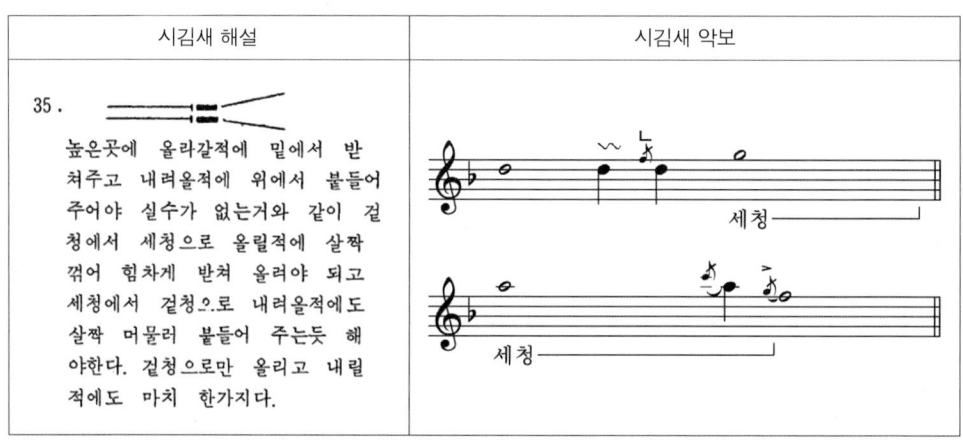

〈자료 35〉 42-35 겉청에서 세청으로 꺽어 받쳐 올리는 목/세청에서 겉청으로 내려 붙들어 주는 듯한 목

35번은 33번과 같이 표현법의 시김새가 아닌 선율을 나타내는 시김새이며, 상형으로 올려내기 전 원음으로 내다가 끼고 한 번 더 얹어서 올리는 음을 표현한 것이다. 음원에서는 〈영변가〉 '젊어서 노잔다' 중 '젊어서'의 선율을 나타내고 있는데 33번의 〈영변가〉와 같은 대목이지만 끼는 목을 원음에 얹었다는 것이 조금 다르다. 2번째로 같은 선율로 하향하는 것 역시 끼는 목으로 하행한 것이며 음원에서는 〈앞산타령〉의 '백마는 가자고' 중 '가자'를 표현하고 있다. 다만 요성을 주지 않고 선율로만 표현하고 있다.

〈자료 36〉 42-36 깊이 떨다가 반음으로 올리고 내려 흔들어 떠는 목

시김새 해설	시김새 악보
36. 깊이 자주 떨다가 잠시 잡아다 녔다가 반음으로 올려 내려 흔들어 떠는 목.	

36번은 〈관산융마〉 '추강이 적막 어룡냉허리' 중 '추강이'의 '이'음에 해당된다. 그러나 음원에서는 오선보와 같은 형태로 녹음되어 있지만 그림형 악보에서는 시김새 36번과 같이 한번만 곡선의 형태가 나타난다. 〈관산융마〉 '인제서풍 중선루를' 중 '인제서풍'

의 '풍'의 선율로 위의 그림형 시김새와 같이 표현된다.

<자료 37> 42-37 뻗쳤다가 눌러 나가다가 한번 살짝치며 세청으로 올리는 목

37번은 정확하게 <관산융마>의 선율을 시김새로 택하고 있다. 이러한 목 쓰임의 형태는 <관산융마>에만 출현하는데 '추강이 적막 어룡냉허니 인제서풍 중선루를' 중 '허니'의 '니'음을 속청으로 올리며 방울목을 두 번 연이어 쓰고 상청으로 올라가는 대목이다. '인제'의 '제'부분도 동일한 선율로, 시창의 단조로움에서 밝은 변화와 느낌을 갖게 하는 시김새이다.

<자료 38> 42-38 처음에는 곱게 나가다가 힘을 주어 굵게 내민다 - 세청

시김새 해설	시김새 악보
38. 세청을 뽑을 적에는 처음에는 배에 힘을 주지말고 은실같이 곱게 나가다가 조금 배에 힘을 주어 굵게 내민다. 「세청」	(악보: 세청, p < f)

38번은 앞의 33번, 35번과 같은 요성 없는 선율의 표현법으로 세청(속청)을 낼 때에도 원음으로 속청을 내다 배에 힘을 주어 소리를 더 굵게, 또 세청 이라면 더 강조하는 역할을 하게 되는 표현법이다. <관산융마> '추강이 적막 어룡냉허니' 중 '허니'의 '니' 부분(속청)과 <초목이> '초목이 다 무성헌데 다 구경가 에헤도 제가 즐겁도다 마를레야 (후렴)에 헤헤 에헤로 지히 이 지로구나' 중 '지히'의 음도 이 시김새에 해당됨을 알 수 있다.

<자료 39> 42-39 곱게 감다가 반음 올려 곧장 소리낸다 - 세청

39번은 <관산융마>에서 나오는 시김새로 속청으로 가늘게 떨어가다 반음으로 요성 없이 선율내는 표현이다. <관산융마> '추강이 적막 어룡냉허니' 중 '허니'의 '허'에 해당하는 시김새이다. 보통 속소리로 떨다 다시 음을 들어 요성없이 밀어내는 목 쓰임이 소리 속에 자주 나오는 시김새는 아니지만 속소리의 훈련으로는 대단히 좋은 시김새이다.

<자료 40> 42-40 내려오는 듯 감다가 돌리는 듯 끊는다 - 세청

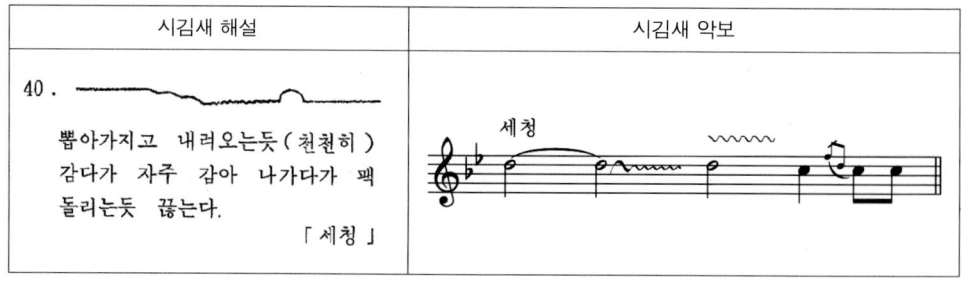

40번은 <관산융마>와 <산염불>이 합쳐진 시김새 형태이다. <관산융마> '추강이 적

막 어룡냉허니' 중 '허니'의 '니'음에 해당되고, 민요의 곡선을 만들고 애원을 주는 시김새인 28번과 같은 형태인데, 28번과 다른 것은 곡선을 만들고 요성을 주지 않았다는 것이 다르다. 내려오는 듯 요성을 주다 다시 곡선을 주어 소리 표현시 여유나 멋을 갖게한다.

〈자료 41〉 42-41 뽑아가지고 감다가 원음내고 잡아내려 흔든다 - 세청

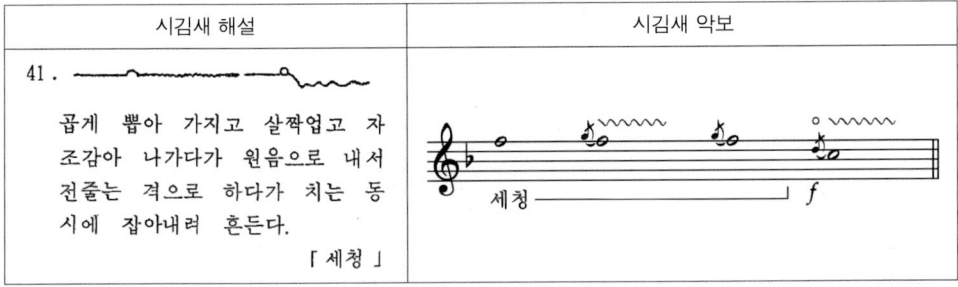

41번은 〈관산융마〉의 한 부분을 택해서 목 쓰는 기법으로 표현하고 있다. 〈관산융마〉 '추강이 적막 어룡냉허니 인제서풍 중선루를' 중 '인제'의 '인'에 해당하는 시김새이며 가장 높은 세청으로 곱게 뻗어나가다가 다시 진성으로 내려오는 속청과 겉청이 넘나드는 대목이다. 이러한 목 쓰임은 다른 민요나 좌창을 할 때 목의 단련을 도와주는 시김새이고 이런 시김새의 훈련은 소리의 깊은 멋을 갖게 한다.

〈자료 42〉 42-42 쭉 나가다가 내려와 찌르는 듯 하고 떨다가 내린다 - 세청

42번은 〈산염불〉의 애원성이 나오는 부분이다. 위에서 보는 그림형 시김새를 쓰고 있는데, 굵게 한번, 짧게 한번 부르는 시김새이다. 그러나 이러한 형태를 연이어 부름으로 해서 감정을 더더욱 극대화 시키는 역할을 하고 있는 듯 보인다. 〈개성 산염불〉의 '(후렴) 니나노 나요 나니가 난실래요' 중 '래' 부분에 해당되기도 한다. 이러한 곡선형태의 시김새는 애원을 주는 느낌을 갖게 하는데, 이를 연속적으로 부르게 되면, 더욱 애원의 감정을 더 느끼게 하는 효과를 낼 수 있다.

3. 소결

지금까지 오복녀 명창이 제시한 42종의 '목쓰는 기법'을 서도의 대표적인 노래들 속에서 그림형 시김새와 함께 오선 위에서 분석해 보았다. 오 명창은 1977년 3월 6일 녹음으로 남긴 '42종의 녹음 음원을 남기며'라는 글 속에서 이 같은 시김새의 활용이 매우 중요하다는 점을 강조하고 있었다. 즉, 그는 "여기까지 목을 쓸 줄 알게 된다면, 서도소리 중에서도 제일 어렵다고 하는 〈관산융마〉, 〈수심가〉, 〈산염불〉, 〈긴아리〉이 4종의 노래 속에 목 쓰는 것이 다 들어있기 때문에 그 어려운 노래라도 잘 될 것으로 안다."라는 언급을 하고 있는 것이다.

그러나 본 연구자가 이제까지의 분석을 통해서 살펴본 결과에 의하면, 그림형 시김새와 실제의 음원이 다른 경우도 종종 발견되고 있다. 그 실례를 들어본다면, '목쓰는 기법' 12번(C-2)형과 26번(A-11)형으로 이 부분은 꺾는목으로 처리하는 부분으로 민요나 좌창에 있어 매우 중요한 위치를 차지하는 시김새이다. 그러나 실제 음원은 동일 대목임에도 불구하고, 그림형은 달리 표현되고 있다. 또한 15번(A-8)의 시김새는 평범하게 진행되지만, 오복녀가 제시한 A-8번과는 다르게 나타나고 있다. (A-8 참조)

그밖에도 C-2는 서도소리의 꺾는목인데, 그 시김새가 분명하게 나타나지 않았다. 과연 중요한 시김새가 "제 자리에 분명하게 적용되었는가"하는 의문이 드는 경우도 있다. 애매한 유형이 제시된다면, 그 표현이 달라지기 때문에 전혀 다른 느낌을 줄 수도 있기 때문이다. 평범하게 떠는 요성부터 깊은 공력이 담보 되어야만 가능한 시김새까지 다양하게 표현된 42종의 '목 쓰는 기법'을 우리가 제대로 활용할 수 있다면, 서도소리를 보다 더 잘 부를 수 있을 것이라고 강조한 오복녀 의 주장은 충분히 수긍이 된다. 다만, 서도소리를 계승하고 있는 가창자의 입장에서 이러한 그림형 시김새를 배우지 않고 따라 하기란 매우 어렵다고 하겠다. 아울러 미묘한 표현이 전편에 나타나는 구전심수口傳心授의 방법도 전혀 배제되어서는 안 된다고 할 것이다.

〈표 8〉 오복녀 '목 쓰는 기법' 42종의 유형

번호	목 쓰는 기법 설명	5유형	해당악곡
1	서도창 목 쓰는데 대하여 주로 배에 힘을 주어 굵은 목 누르는 것.	A	수심가 관산융마
2	"1"과 같이 눌러 떠는데 위로 올라가는 듯하게.	A	관산융마
3	"2"와 반대로 내려 오는 듯하게 떨며 누르는 목.	A	관산융마
4	"2"와 같이 누르는 목 올라가는듯하다가 자주 깊이 떠는 목.	A	수심가 관산융마 긴아리
5	"3"과 같이 내려오는 듯한 음정으로 눌러 나가다가 자주 깊이 떠는 목.	A	관산융마
6	길게 뽑아 나가다가 방울 목을 치면서 눌러 떠는 목.	B	긴아리 영변가
7	올라가는듯하게 깊이 떨다가 그 자리에서 조금 머물러 가지고 방울목을 치며 동시에 살짝 꺾어 가지고 자주 깊이 떠는 목.	B	수심가
8	뽑다가 꺾어 눌러 받쳤다가 올라가듯하게 얼러 감는 목.(천천히)	A	관산융마 앞산타령
9	눌러 평으로 떨다가 목을 끼고 반음씩 두 번을 꺾어 올렸다가 다시 잠깐 반음으로 내리고 살짝 콕 찌르는 목.(수심가에는 이 대목이 즉 생명이라 할 것이다)	C	수심가
10	올라가듯하게 깊이 자주 떨어나가다가 꼭 찌르고 반음을 끼고 내려오다가 잠깐 꺾어 잡아 다녔다가 놓아 주면서 눌러 떠는 목.	B	수심가 긴아리
11	반음으로 잠깐 내 가지고 원음으로 흔들어 눌르다가 다시 반음으로 내었다가 꺾으면서 눌러 떠는 목.	A	수심가
12	떨어나가다가 반음으로 잠시 머물렀다가 잡아뜨려서 목을 꺾어 내려 놓는다.	C	수심가 산염불 긴난봉가
13	잠깐 낸 목에서 한음 높이 가볍게 떨다가 한음 내려 자리를 잡아 가지고 뒤집었다 꺾어 끊는다. 여기까지 목만 쓰게 되면 수심가는 보통 잘 될 것이다.	B	영변가

번호	목 쓰는 기법 설명	5유형	해당악곡
14	음을 내다가 내려오는 듯하게 천천히 감는 듯 말 듯, 자주 깊이 떨어가 벌러 가지고 반음으로 잠깐 받쳐 한음 높이 가볍게 잠깐 올렸다가 금방 두음 내려 눌러 떠는 목.	B	관산융마
15	아랫배에서 점점 가슴으로 올려 힘을 주어 떨다가 살짝 반음으로 뒤집었다가 나오는 목.	A	관산융마
16	내뿜다가 중간에 더 배에 힘을 주어 굵게 나가다가 방울목으로 치면서 꺾어서 금방 눌러 떤다.	A	긴아리
17	나가다가 위로 올라가듯 조르다가 살짝 꺾는 목.	D	수심가 관산융마 산염불 긴아리
18	눌러 떨어 올라가다가 자주 깊이 떨다 좀 깊이 꺾는 목.	D	관산융마
19	뽑다가 굵게 끊었다가 다시 이어나가 굵게 떠는 목.	B	산타령 긴아리
20	나아가다가 배에 힘을 주어 목을 굵게 나가 자주 깊이 올라가는 듯 떨다 끝으로 살짝 꺾어준다.	D	수심가 관산융마 산염불 긴아리
21	목을 끼고 떨다가 반음으로 역시 끼고 잠깐 올리고 다시 콕 찌르고 반음으로 다시 내려서 끼고 떨어뜨려 나간다.	B	수심가
22	나가다가 치면서 깊이 보통 떨다가 살짝 잡았다, 세청으로 놓아 줬다가 다시 잡아당겨 한음 높은 세청으로 놓아 살짝 치면서 끌어내려 끼는 목으로 잠깐 한음 낮게 잠깐 한음 높이 올려가지고 흔들어 떤다.	B	긴아리
23	흔들어 나가다가 한음 높이 잠깐 세청으로 들었다가 다시 내리고 거듭 또 한음 세청에 올려치면서 내려트려 흔들어 나가다가 끼고 감아 놓는다.	B	긴아리
24	깊이 힘차게 곱게 떨다가 잡아 다녔다가 역시 끼는 목으로 반음 올려 금방 내려 받쳐가지고 한음 높이 꼭 찌르고 반음으로 살짝 내려 금방 끊어가지고 그 음으로 뻗어 감아 꺾어가지고 원음조로 떨어 나간다.	B	관산융마 산염불
25	천천히 눌러 얼르다가 잠깐 머물렀다.(즉, 잠시라도 세청을 올리는데 받침) 한음 높이 또 높이 잠깐 세청으로 쳐다보는 듯이 내었다가 원음으로 다시 곱게 떤다.	A	자진아리 안주애원성 몽금포타령
26	올라가듯 깊이 떨다가 반음을 내여 조금 줄여가지고 아래로 힘차게 잡아다니듯 내가지고 반음을 내다가 꺾어 휘잡아 반음으로 내려놓는다.	A	자진아리
27	내었다가 아래로 내려오는 듯 두 번정도 얼러가지고 목을 끼고 반음 내려 잠깐 내가지고 곧 한음 높였다가 반음으로 내린다.	A	산염불 긴아리
28	쭉 나가다가 힘있게 받쳐가지고 원을 반가량 뒤집듯 돌려서 곱게 떠는 목.	B	산염불 긴난봉가 개성산염불 안주애원성 긴아리
29	음을 내가지고 반음으로 잠깐 내렸다가 원음으로 힘있게 받쳐 세청으로 음을 높여(세음 정도) 곱게 자주 떤다.	B	산염불 엮음수심가

번호	목 쓰는 기법 설명	5유형	해당악곡
30	반으로 내여 금방 올라가는 듯 깊이 떨다가 반음으로 받쳐 한음 높이 쳐다보는 듯 하고 반음으로 다시 거쳐 다시 한음 높이 올려 찌르고 내려뜨려 흔들어 떤다.	B	산염불
31	내려오는 듯 얼르다가(천천히) 목을 끼고 한번 감듯하고 쳐다보는 듯 찌르고 감아 내려온다. 즉 살짝 감아 쳐다보는 것(콕 찌를 것) 애원성이라고 한다.	A	산염불 자진염불
32	낸 목에서 반음으로 나가다가 반쯤 원을 돌려 내리 듯 하다가 다시 반음으로 올려 밀었다 당겨가지고 한음 높이 힘없이 쳐다보는 양으로 잠시 뽑아 반음으로 내려 흔든다.	A	산염불 자진염불 개성산염불
33	원조로 나가다가 다른 음을 내게 되면 (한 박 눌러 머무를 수 있고 반박으로 머물러 살짝) 눌러가지고 변조로 나간다.	E	영변가
34	눌러 자주 떨다가 반음 높여 금방 치면서 내려놓아 가지고 눌러 떤다.	B	관산융마 긴아리
35	높은 곳에 올라갈 적에 밑에서 받쳐주고 내려 올적에 위에서 붙들어 주어야 실수가 없는 거와 같이 겉청에서 세청으로 올릴 적에 살짝 꺾어 힘차게 받쳐 올려야 되고 세청에서 겉청으로 내려올 적에도 살짝 머물러 붙들어 주는 듯 해야 한다. 겉청으로만 올리고 내릴 적에도 마치 한가지다.	E	영변가 앞산타령
36	깊이 자주 떨다가 잠시 잡아다녔다가 반음으로 올려 내려 흔들어 떠는 목.	A	관산융마
37	뻗쳤다가 두 번가량 힘차게 천천히 눌러나가다가 자주 떨다 한번은 치고 또 한번 살짝 치며 동시에 세청으로 울리는 목인데 그냥 뽑기도 하고 천천히 감어 흔들기도 하고 자주 흔들기도 하고 오르는 듯 하며 흔들기도 하고 내려오는 듯이 흔들기도 한다.	B	관산융마
38	(세청) 세청을 뽑을 적에는 처음에는 배에 힘을 주지말고 은실같이 곱게 나가다가 조금 배에 힘을 주어 굵게 내민다.	E	관산융마
39	(세청) 처음부터 곱게 자주 감다가 반음으로 일단 줄여가지고 다시 또 반음정도 올려 곧장 뽑는다.	A	관산융마
40	(세청) 뽑아가지고 내려오는 듯(천천히) 감다가 자주 감아 나가다가 팩 돌리는 듯 끊는다.	A	관산융마 산염불
41	(세청) 곱게 뽑아 가지고 살짝 업고 자주 감아 나가다가 원음으로 내서 전줄는 격으로 하다가 치는 동시에 잡아내려 흔든다.	B	관산융마
42	쭉 나가다가 원을 한음 높이 반을 도는 격으로 돌아 내려와서 금방 다시 한음 높음으로 쳐다 보는 듯 찌르는 듯 하고 내려 흔들어 떨다가 내린다. (한음 높이기 전에 반음으로 잠깐 내려 받들어 주는 양으로)	A	산염불 개성산염불

제4장

오복녀 전창
서도소리의 '목 쓰는 기법'
고찰

〈수심가〉의 '목 쓰는 기법'
〈관산융마〉의 '목 쓰는 기법'
〈긴아리〉의 '목 쓰는 기법'
〈자진아리〉의 '목 쓰는 기법'
〈산염불〉의 '목 쓰는 기법'
〈자진염불〉의 '목 쓰는 기법'
〈안주애원성〉의 '목 쓰는 기법'
〈영변가〉의 '목 쓰는 기법'
〈공명가〉의 '목 쓰는 기법'
〈초한가〉, 〈제전〉, 〈배따라기〉의 '목 쓰는 기법'
소결

제4장

오복녀 전창 서도소리의 '목 쓰는 기법' 고찰

다음으로는 오복녀 명창의 그림형 시김새가 실제의 악곡에서는 어떻게 적용되고 있는가? 하는 점을 각 곡목별로 분석해 보도록 하겠다. 본 분석에 쓰인 악보 자료의 경우는 오복녀 명창의 실창 음원을 토대로 이를 5선 위에 채보하였으나, 그림형 악보와의 원활한 비교를 위해 일부 가사는 오복녀가 제시한 그림형 악보와 동일하게 수정하였다.

시김새 분석의 실제에서는 〈수심가〉, 〈관산융마〉, 〈긴아리〉, 〈자진아리〉, 〈산염불〉, 〈자진염불〉, 〈안주애원성〉, 〈영변가〉, 〈공명가〉 민요 9곡과 〈초한가〉, 〈제전〉, 〈배따라기〉 등 좌창 3곡, 총 12곡에 나타나는 주요 시김새를 분석할 것이다. 본 연구에서는 분석에 앞서, 제일 상단에 오복녀 명창이 채보한 그림 채보를 소개하고, 이를 5선보 위에서 비교할 수 있도록 제시하였다. 특히, 해당 시김새가 나타나는 부분을 별도로 표시하여, 그림 채보와 함께 5선보로 나타내었다. 또한, 하단에는 '목 쓰는 기법' 42종 중에서 이 부분에 해당되는 기법들을 중심으로 언급하였다.

<표 9> 오복녀 '목 쓰는 기법' 5개 유형 분류

유형	시김새 형태	해당 번호	수량
A	기본적인 요성 형태	(1, 2, 3, 4, 5, 8, 11, 15, 16, 25, 26, 27, 31, 32, 36, 39, 40, 42)	18
B	방울목과 끼는목의 결합 형태	(6, 7, 10, 13, 14, 19, 21, 22, 23, 24, 28, 29, 30, 34, 37, 41)	16
C	콕 찌르는 목과 꺽는 목의 형태	(9, 12)	2
D	끼는 목이 등장하며 마무리 되는 형태	(17, 18, 20)	3
E	선율로 이루어져 있는 형태	(33, 35, 38)	3

1. 〈수심가〉의 '목 쓰는 기법'

서도소리는 그 대표적인 시김새를 통해 한국 민속음악에서 중요한 위치를 차지하는 민요라 하겠다. 이 노래는 기본적인 요성과 슬픔을 표현하는 반음¥音, 그리고 꺾어 내리는 발음, 등 특유의 시김새를 특징으로 한다. 이러한 요소들은 서도소리가 슬픔과 한恨을 효과적으로 전달하는 중요한 음악적 기법임을 보여준다고 하겠다.

<악보 4> 수심가 유형표시 악보

<악보 5> 수심가 제1~2소절

아래의 <표>는 <수심가>의 첫 부분의 노랫말, '약사 몽혼으로~'이다. 제일 윗 부분은 오복녀 명창이 제시한 그림형 시김새와 이를 5선보로 제시한 것이다. '목 쓰는 기법'에 대한 설명은 오복녀가 제시해준 '목 쓰는 기법' 1번에 해당된다.

〈표〉 제1소절 약사 몽혼으로

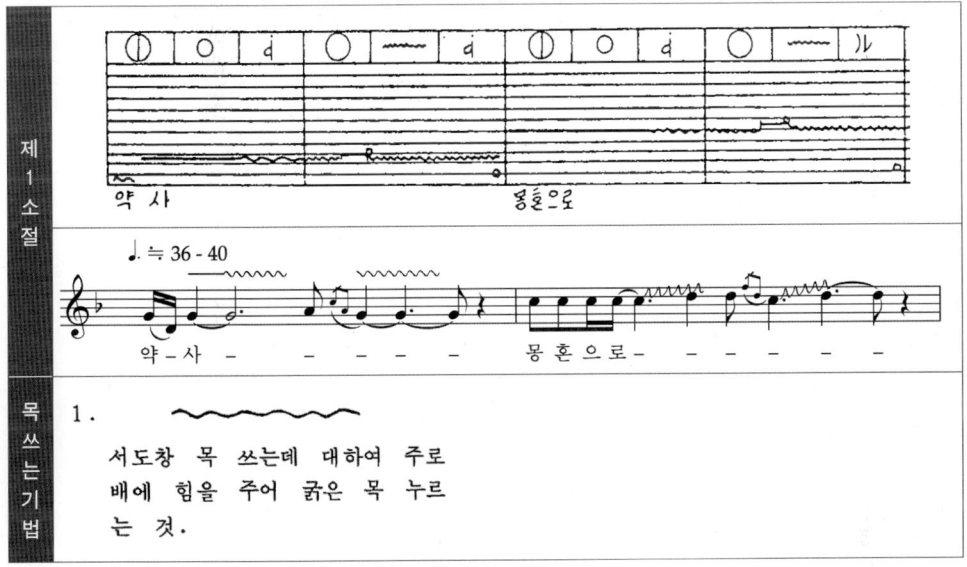

　〈수심가〉의 첫 소절 '약사 몽혼으로' 둘째 소절 '행유적이면 문전석로가'에 쓰인 42종 기법을 살펴보면 먼저 '약사 몽혼으로'에서는 '목 쓰는 기법' 중 제 1번 기법이 쓰였는데, 제1번은 서도창 목 쓰는 방법 중 '배에 힘을 주어 굵은 목으로 누르는 것'이라고 하여 가장 기본적인 요성이다.

　둘째 소절 '행유적이면 문전석로가'에 쓰인 42종 기법은 모두 3종으로 제9번, 14번, 21번이다. '행유적이면' 위치에서 제9번이 나오는데 제9번은 눌러 평으로 떨다가 목을 끼고 반음씩 두 번을 꺾어 올렸다가 다시 잠깐 반음으로 내리고 살짝 콕 찌르는 목으로 수심가에는 이 대목이 즉 생명이라 할 것이다. 21번도 '행유적이면' 중 제9번의 기법과 동일하다. 즉 제9번과 21번이 사용되었다. '문전석로가' 부분에는 제14번 기법이 쓰였는데, 제14번 기법은 '음을 내다가 내려오는 듯하게 천천히 감는 듯 말 듯, 자주 깊이 떨어가 벌러 가지고 반음으로 잠깐 받쳐 한음 높이 가볍게 잠깐 올렸다가 금방 두음 내려 눌러 떠는 목'이다. 제14번 기법은 '목 쓰는 기법' 5개 유형 분류에서는 B형, 즉 방울목과 끼는 목의 결합 형태로 분류하였다.

〈표〉 제2소절 행유적이면 문전석로가

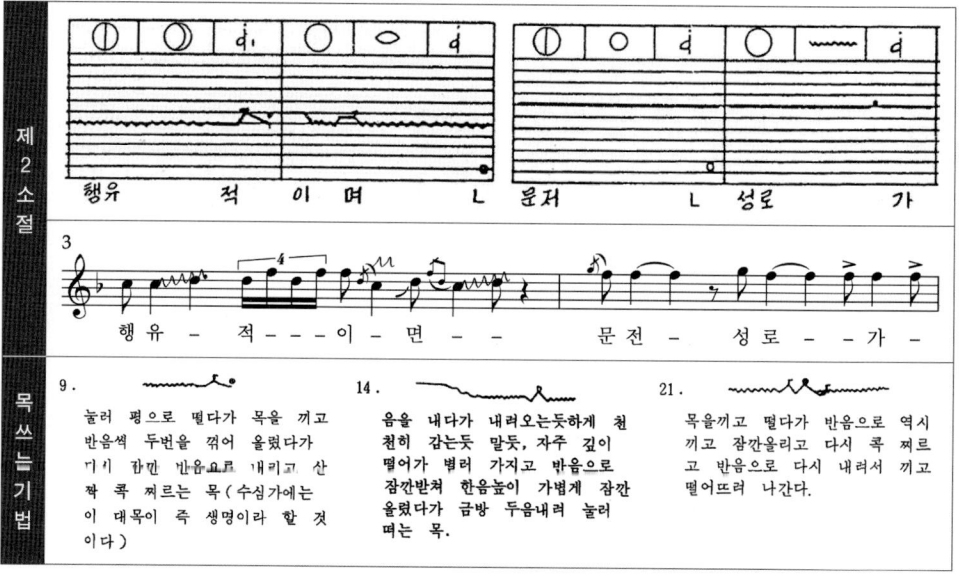

〈표〉 제3소절 반성사로구나

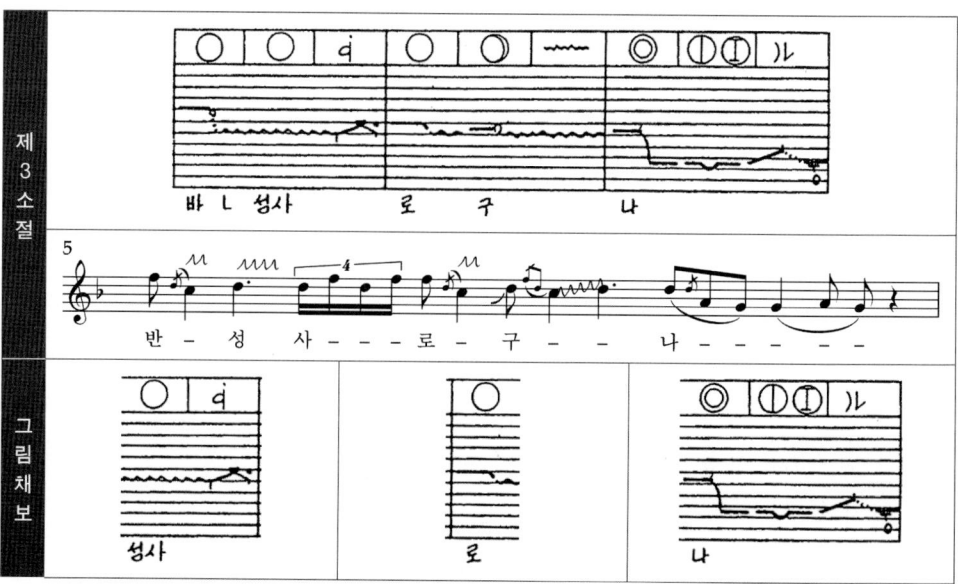

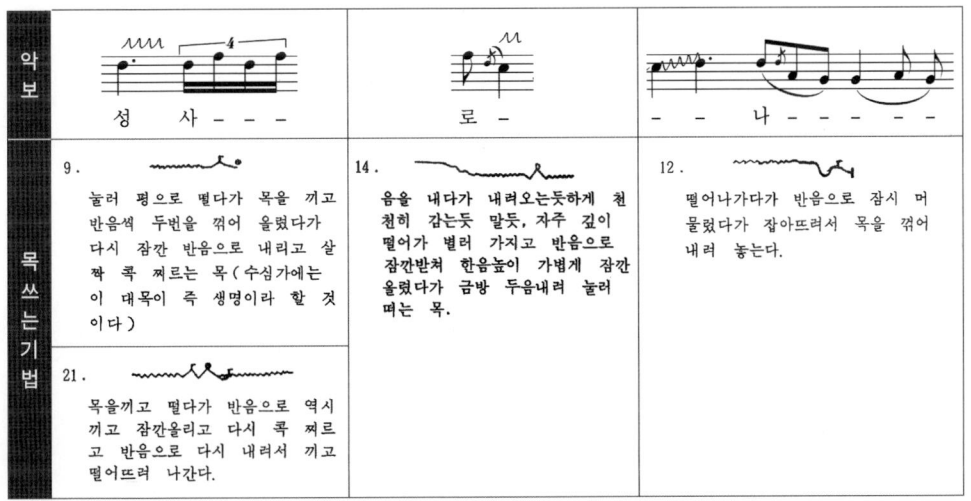

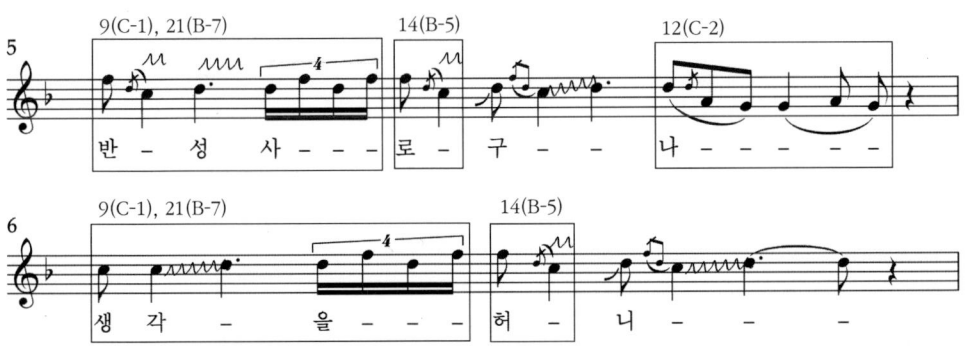

〈악보 6〉 수심가 제3~4소절

　제3소절 '반성사로구나'에는 '목 쓰는 기법' 제 9번, 21번, 12번 14번 이상 42종이 사용되었다. '성사'의 가사 부분에 제9번, 제21번이 쓰였고, '로' 부분에 제14번이 사용되었다. 그리고 '나' 부분에는 제12번 기법이 쓰였는데, 이렇게 분석한 결과는 사실상 제2소절 '행유적이면 문전석로가'에 쓰인 42종 기법과 3개가 동일하고 제12번만 새롭게 쓰인 점을 알 수가 있다. 제3소절 '반성사로구나'에는 '목 쓰는 기법'을 상세하게 설명한 내용을 보면 위의 '〈표〉 제3소절 반성사로구나'의 내용과 같다.

<표> 제4소절 생각을 허니

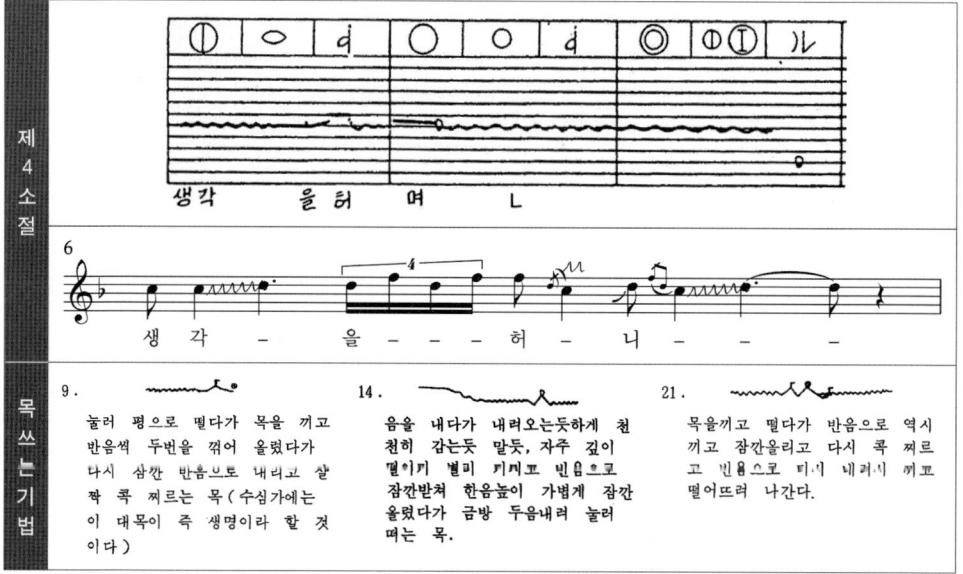

제4 소절 '생각을 허니'는 제9번과 제21번, 제14번 기법이 쓰인 점에서 제2소절 '행유적이면 문전석로가' 부분과 동일하고, 제7소절 '임의 화용이 그리워' 부분은 제9번, 제21번, 제12번, 제14번이 쓰였다는 점에서 제5소절 '반성사로구나' 부분과 사용 기법이 동일하다. 제 8소절 '나 어이 할까요' 부분은 제12번과 제1번 기법 두 종의 기법이 사용되었다.

〈악보 7〉 수심가 제5~6소절

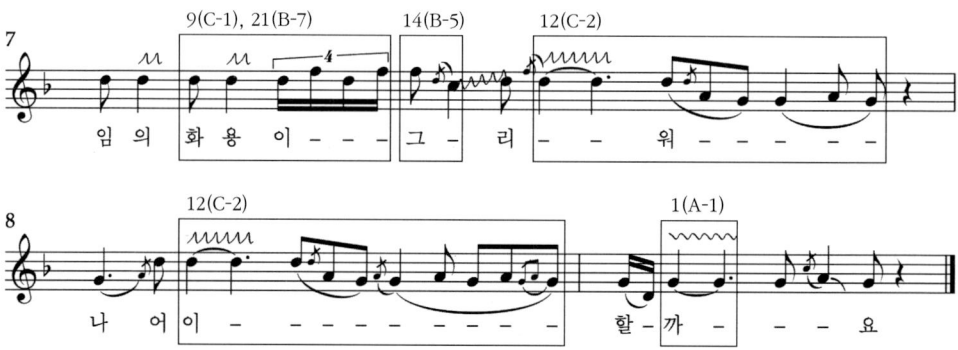

〈표〉 제5소절 임의 화용이 그리워

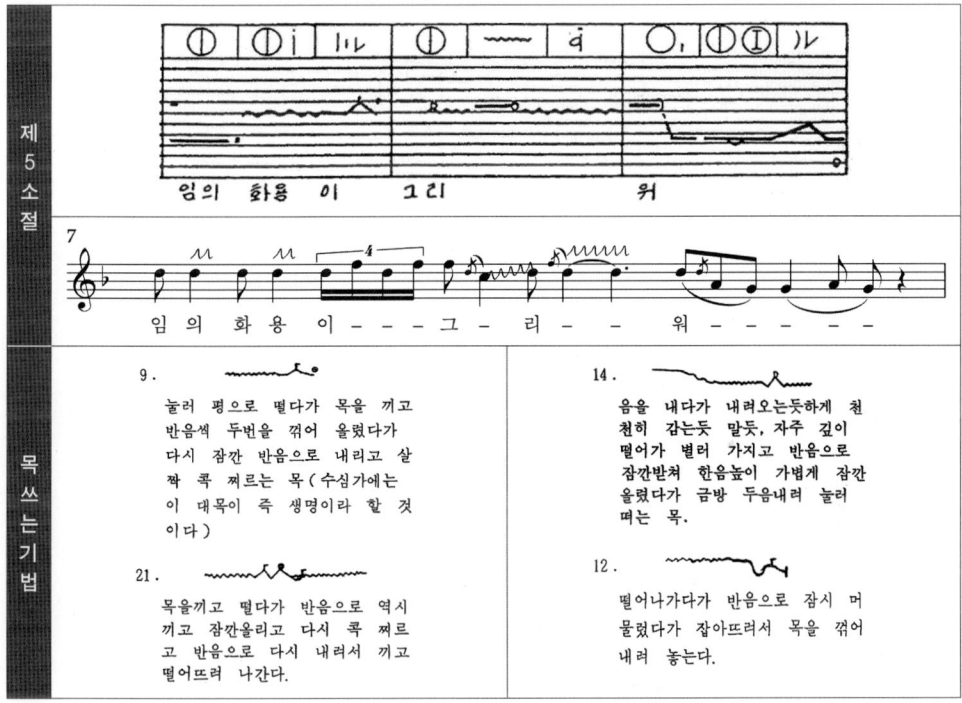

〈표〉 제6소절 나 어이 할까요

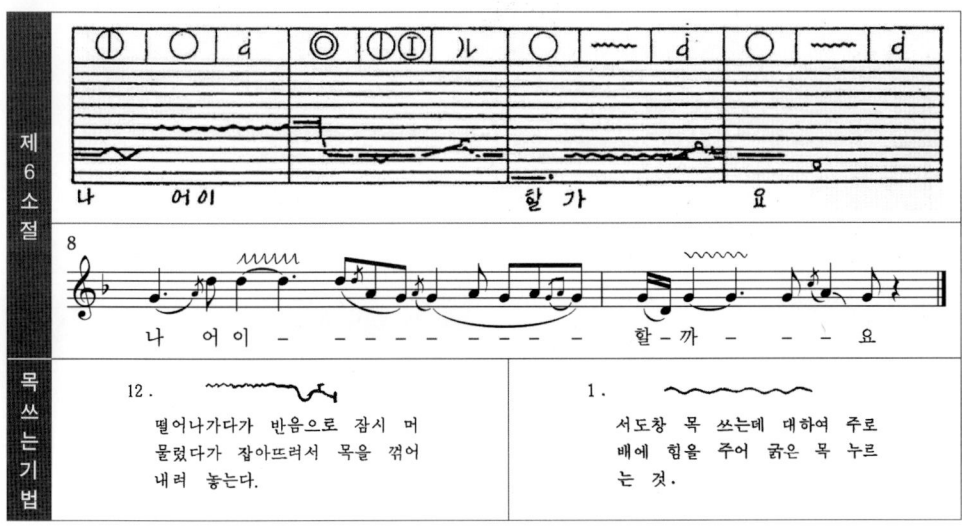

제5소절 '임의 화용이 그리워', 제6소절 '나 어이 할까요' 부분을 살펴보면 먼저 제5소절에서는 C1-9번과 B7-21번, B5-14번, C2-2번이 사용되었는데, C1-9번은 '눌러 평으로 떨다가 목을 끼고 반음씩 두 번을 꺾어 올렸다가 다시 잠깐 반음으로 내리고 살짝 콕 찌르는 목.'이라고 설명된다. (수심가에는 이 대목이 즉 생명이라 할 것이다)라고 하듯이 〈수심가〉에서는 대표적인 대목이다. B7-21번은 떨다가 반음 올려 콕 찌르고 내려와 떠는 목이고, B5-14번은 내려오는 듯 떨다가 두음 내려 떠는 목이다. C2-2번은 떨다가 반음올리고 내려와 꺽는 목이다. 9-21-14 번 시리즈는 〈수심가〉의 제2-5소절에 걸쳐 4회 반복되는데 이러한 시김새의 반복 구조는 〈수심가〉의 악곡의 틀 즉, 형식 구조에 해당한다고 보아 주목이 되는 점이다.

이렇게 살펴보면 〈수심가〉 총 6개 소절 중 제9번-21번-14번 조합이 4번 나오고 있다는 점에서 지배적이라고 할 수 있겠고, 그 외에 제12번이 3회 나오고, 제1번 기법이 두 번 나온다. 따라서 〈수심가〉에 쓰인 42종 기법은 제1번, 제9번, 제12번, 제14번, 제21번 이상 총 5종이라는 점을 확인할 수 있다.

오복녀의 '목 쓰는 기법'을 중심으로 〈수심가〉를 그림형 시김새에 적용해보면 A형, B형, C형이 출현한다. 이를 세부적으로 살펴보면 A-1, B-5, B-7, C-1, C-2 등 총 5종의 유형을 찾을 수 있었다. 이 부분에서는 A-1 2회, B-5 4회, B-7 4회, C-1 4회, C-2 3회 등으로 출현한다. '콕 찌른다' 라는 설명과 함께 '수심가의 생명'이라고 기록되어 있는 9번(C-1)은 '임의 화용이' 중 '화용이'에 해당하는 부분으로 그림채보와 비교했을 때, 그 형태가 정확하게 일치한다. 또한 21번(B-7)은 9번(C-1)과 동일하다.

〈표〉 42 기법 중 21번과 9번

| 21번(B-7) | ～～～♪～～ | 9번(C-1) | ～～～♪ |

반면, 꺽는 목인 12번(C-2)은 그림 채보와 비교했을 때 형태가 완전히 일치하지는 않았다. 오 명창이 지도할 때 꺽는목의 중요성을 강조하였던 사실에 비해 아쉬운 대목이다.

<표 10> <수심가>의 시김새 사용 종합

	유형	42종	그림	설명	빈도
1	A1	1		굵은목으로 누르고 떠는목(요성)	2
2	B5	14		내려오는 듯 떨다가 두음 내려 떠는 목	4
3	B7	21		떨다가 반음 올려 콕 찌르고 내려와 떠는 목	4
4	C1	9		콕 찌르는 목	4
5	C2	12		떨다가 반음올리고 내려와 꺽는 목	3

2. <관산융마>의 '목 쓰는 기법'

관산융마는 서도소리의 시창詩唱이다. 이 곡에서는 요성, 상청, 중청, 하청을 비롯하여 세청과 호흡의 길이, 속청과 겉청의 넘나드는 형태가 분명하게 나타난다. 이 곡을 익힘으로 해서 서도소리의 기본 창법을 습득할 수 있고, 서도소리의 독특한 음색과 창법적 특성을 깊이 이해할 수 있는 곡이다.

시창 <관산융마>에 그림형 시김새를 적용해 보면 대체로 A형과 B형이 출현한다. 이를 세부적으로 표기해 보면 A-1, A-2, A-8, B-1, B-5, B-11, B-14, B-15, B-16 등 총 9종의 유형을 찾을 수 있었다. 또한 그 출현횟수는 A-1 2회, A-2 3회, A-8 1회, B-1 1회, B-5 2회, B-11 1회, B-14 4회, B-15 2회, B-16 2회 등으로 나타난다.

<악보 8> 관산융마 유형표시 악보

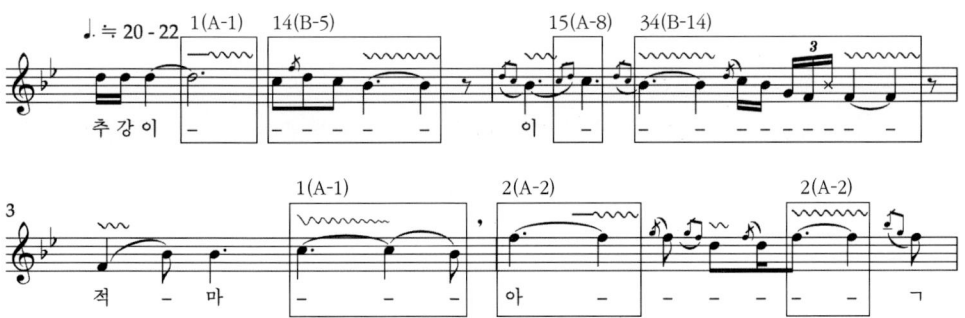

　　〈관산융마〉는 '이 곡만 제대로 부르면 모든 목을 구사하여 잘 부를 수 있다'는 오 명창의 말을 입증하듯, 그 어떤 민요보다 가장 많은 유형의 시김새가 나타나고 있었다. 그러므로 그림형 채보와 '목 쓰는 기법'의 그림 형태가 동일한 부분이 대부분이지만, 유사한 형태를 찾아 대입하거나, 또는 '목 쓰는 기법'의 음원을 기준으로 대입한 부분도 일부 포함되어 있다. 속청과 겉청, 상청과 하청이 한 곡 안에 다 녹아있는 시창 〈관산융마〉는 서도소리의 대표적인 시김새들로 이루어져 있기에 오복녀의 '목 쓰는 기법'을 가장 많이 대입해 볼 수 있다. 이 점은 <관산융마>와 <수심가>가 서도소리의 기본이 되는 곡임을 말해준다고 하겠다.

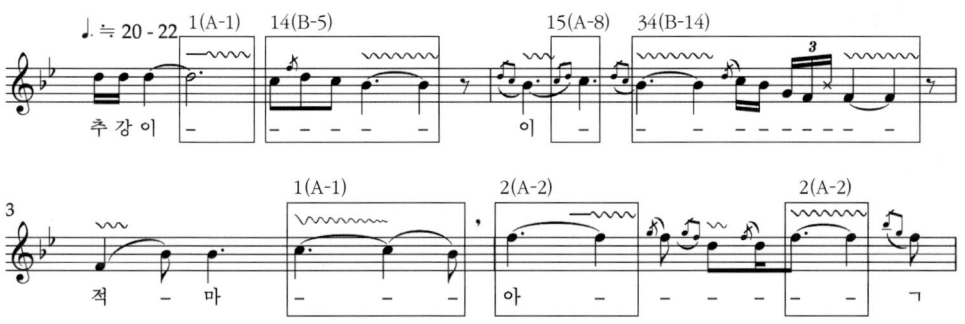

<악보 9> 관산융마 제1~2소절

<관산융마> 제1소절 '추강이~'와 제1소절 '이 ~~~'부분에 사용된 시김새를 살펴보면, 먼저 '추강이~'에는 A1과 B5가 제2소절 '이 ~~~'부분에는 A8과 B14가 각각 쓰였다. A1은 '서도창 목 쓰는데 대하여 주로 배에 힘을 주어 굵은 목 누르는 것'으로 가장 기본적인 요성이다. B5는 42종 기법 14번으로 '음을 내다가 내려오는 듯하게 천천히 감는 듯 말 듯, 자주 깊이 떨어가 벌러 가지고 반음으로 잠깐 받쳐 한음 높이 가볍게 잠깐 올렸다가 금방 두음 내려 눌러 떠는 목'으로 B유형은 방울목과 끼는목의 결합 형태로 분류된다.

제1소절 '이~~~' 부분에는 15(A8)와 34(B14)가 사용되었는데, 15(A8)은 아랫배에서 점점 가슴으로 올려 힘을 주어 떨다가 살짝 반음으로 뒤집었다가 나오는 목이고 34(B14)는 눌러 자주 떨다가 반음 높여 금방 치면서 내려놓아 가지고 눌러 떠는목이다.

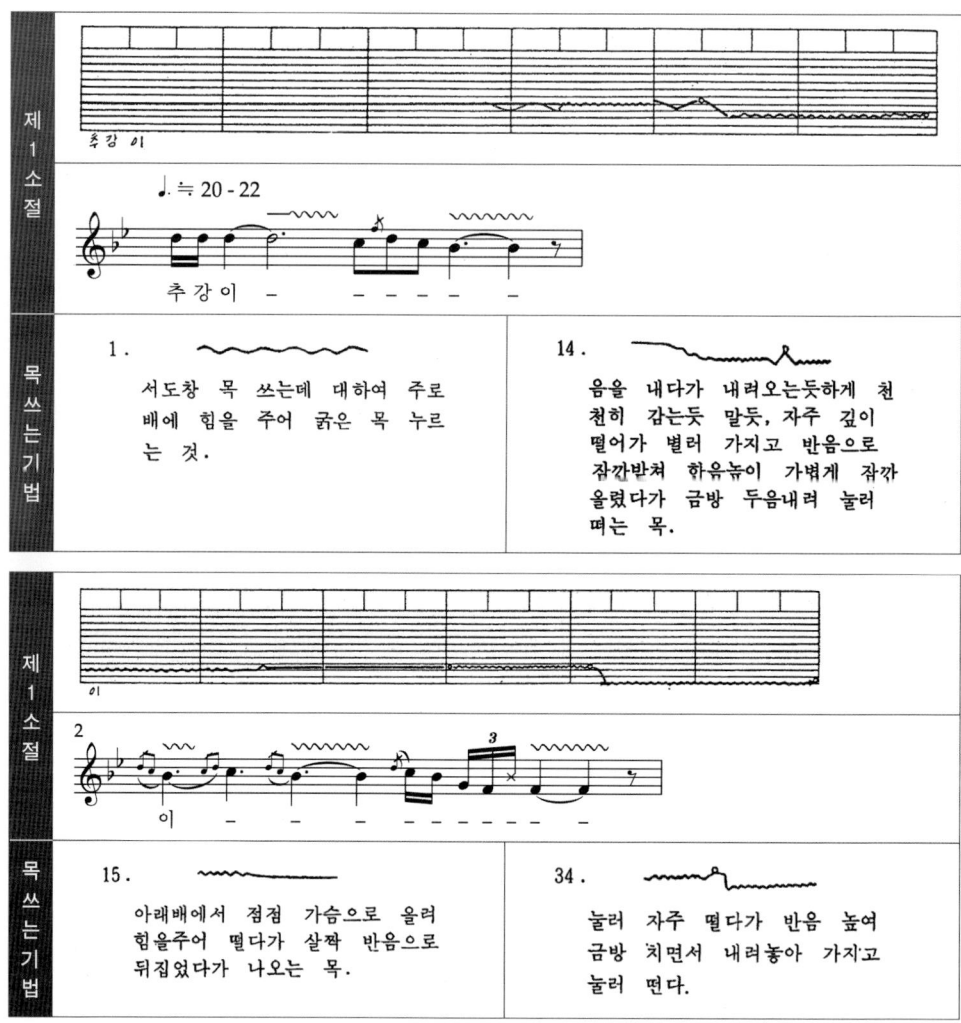

<표> 제1소절 추강이-이-

　〈관산융마〉 제2소절 '적마~'와 제2소절 '아 ~~~악'부분에 사용된 시김새를 살펴보면, 먼저 '적마~'에는 A1이 사용되었고, 제2소절 '아~~악'부분에는 A2가 각각 쓰였다. A1은 '서도창 목 쓰는데 대하여 주로 배에 힘을 주어 굵은 목 누르는 것'으로 가장 기본적인 요성이다. A2는 42종 기법 2번으로 '1'과 같이 눌러 떠는데 위로 올라가는 듯하게 떠는목으로, A유형은 기본적인 요성 형태로 분류된다.

<표> 제2소절 적마-악-

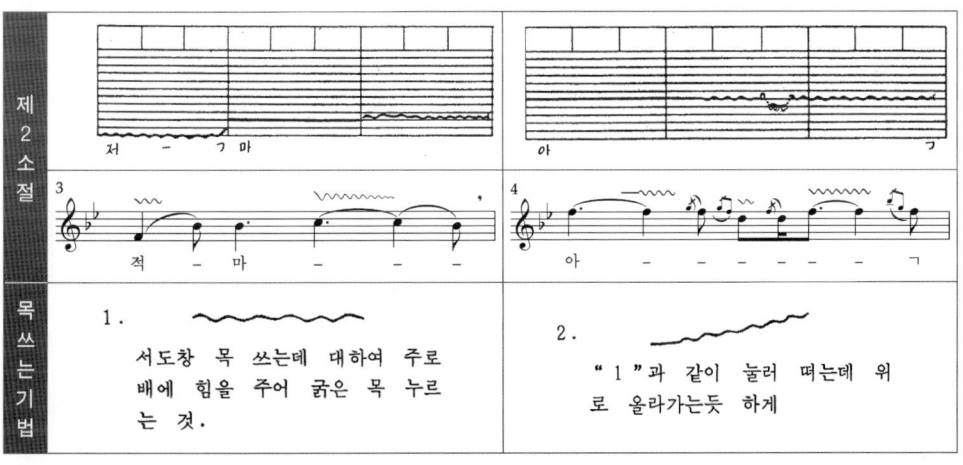

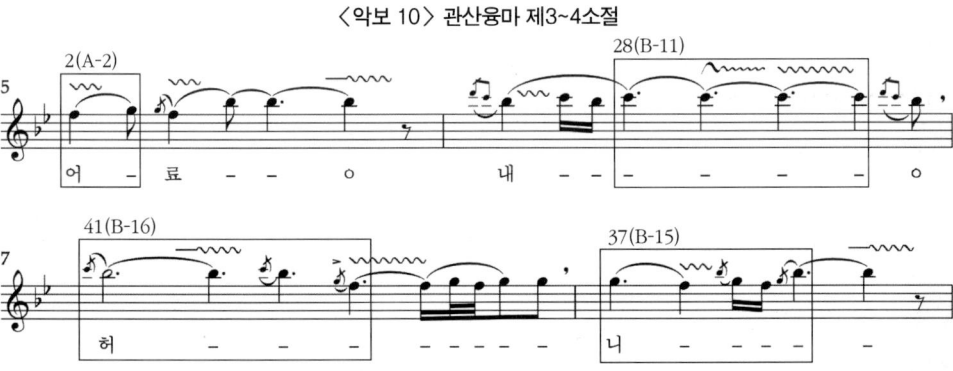

<악보 10> 관산융마 제3~4소절

　<악보 10>은 <관산융마>의 3~4소절의 '어룡냉 허니'부분의 악보이다. 3소절 '어룡냉'에서는 A2와 B11이 쓰였고, 4소절 '허니'부분에서는 B16과 B15가 보인다. A2는 42종 기법 2번으로 '1'과 같이 눌러 떠는데 위로 올라가는 듯하게 떠는목으로, A유형은 기본적인 요성 형태로 분류된다. B11은 42종 기법 28번으로 '쭉 나가다가 힘있게 받쳐가지고 원을 반가량 뒤집듯 돌려서 곱게 떠는 목'으로 B 유형 방울목과 끼는목의 결합 형태이다. 4소절 '허니' 부분의 B15는 42종 기법 37이고, B16은 41번이다. B15-37번은 '뻗쳤다가 두 번가량 힘차게 천천히 눌러나가다가 자주 떨다 한번은 치고 또 한번 살짝 치며

동시 세청으로 울리는 목인데 그냥 뽑기도 하고 천천히 감어 흔들기도 하고 자주 흔들기도 하고 오르는 듯 하며 흔들기도 하고 내려오는 듯이 흔들기도 한다.'이다. B16 41번은 '(세청) 곱게 뽑아 가지고 살짝 업고 자주 감아 나가다가 원음으로 내서 전줄는 격으로 하다가 치는 동시에 잡아내려 흔든다.'라는 기법이다.

〈표〉 제3소절 어룡냉~

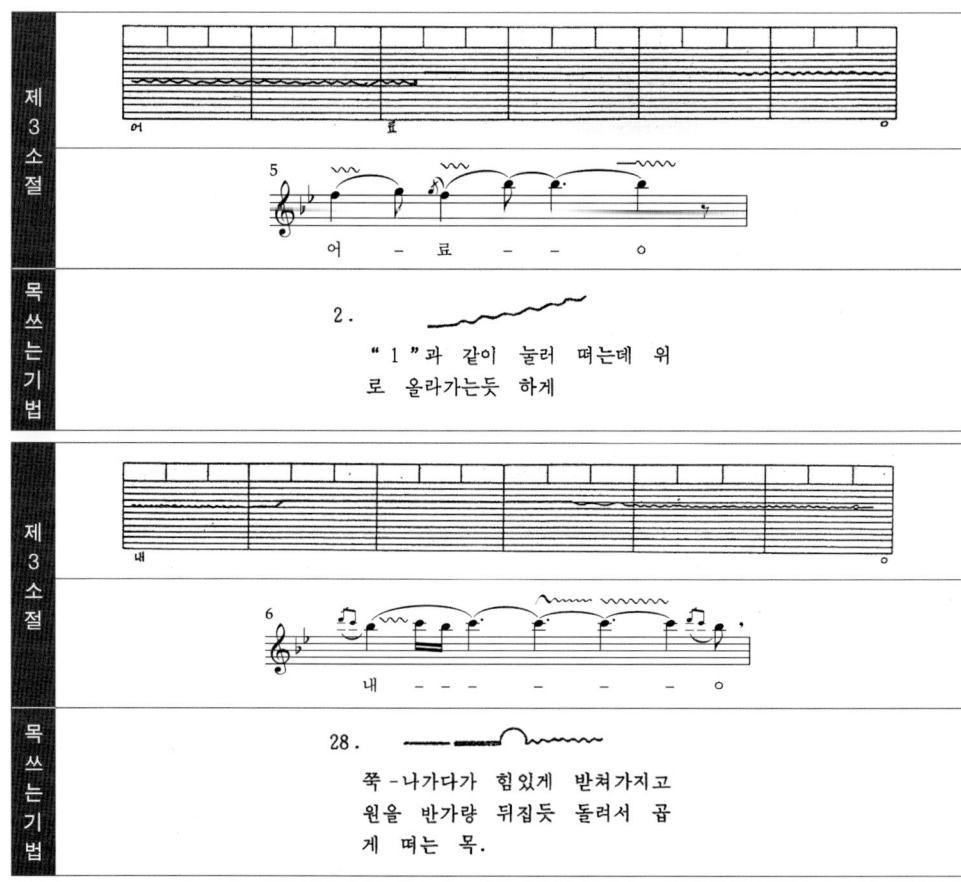

〈표〉 제4소절 허니-

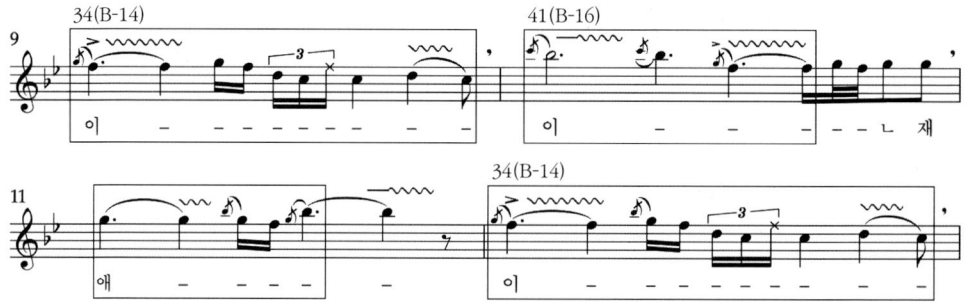

<악보 11> 관산융마 제5~6소절

　〈관산융마〉 제5소절은 '이 인재'이고, 6소절은 '애 - 이-'이다. 먼저 5소절 '이인재'에는 B14-34와 B16-41이 사용되었는데, B14-34는 '눌러 자주 떨다가 반음 높여 금방 치면서 내려놓아 가지고 눌러 떠는목'이다. B16-41은 (세청) 곱게 뽑아 가지고 살짝 업고 자주 감아 나가다가 원음으로 내서 전줄는 격으로 하다가 치는 동시에 잡아내려 흔든다.'라는 기법이다. 제6소절 '애'에서는 B15-37이 쓰였고, '이'에서는 B14-34가 보인다. B15-37은 '뻗쳤다가 두 번가량 힘차게 천천히 눌러나가다가 자주 떨다 한번은 치고 또 한번 살짝 치며 동시 세청으로 울리는 목인데 그냥 뽑기도 하고 천천히 감아 흔들기도 하고 자주 흔들기도 하고 오르는 듯 하며 흔들기도 하고 내려오는 듯이 흔들기도 한다.'이다.

<표> 제5소절 이- 인재

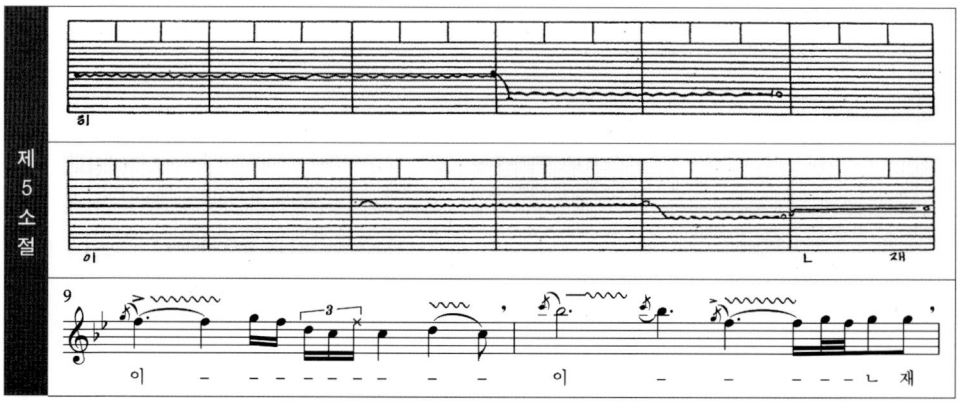

| 목쓰는 기법 | 34.  눌러 자주 떨다가 반음 높여 금방 치면서 내려놓아 가지고 눌러 떤다. | 41. 곱게 뽑아 가지고 살짝업고 자조감아 나가다가 원음으로 내서 전줄는 격으로 하다가 치는 동시에 잡아내려 흔든다. 「세청」 |

<표> 제6소절 애- 이-

제6소절	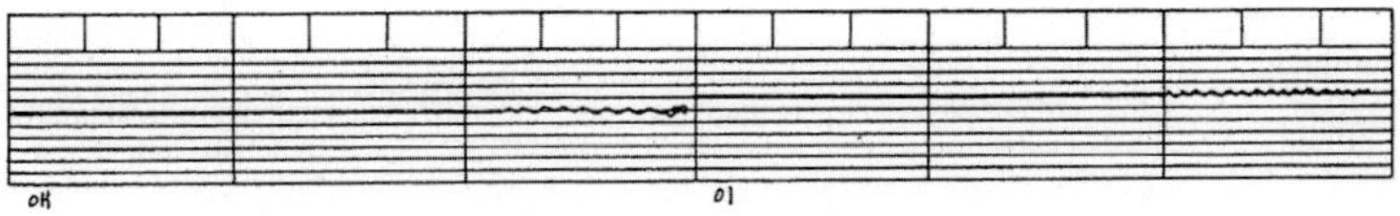 (악보: 애 - 이)
제6소절	 (오선보 11: 애 -)
목쓰는 기법	37.  뺐다가 두번가량 힘차게 천천히 눌러나가다가 자주 떨다 한번은 치고 또 한번 살짝치며 동시 세청으로 올리는 목인데 그냥 뽑기도 하고 천천히 감어 흔들기도 하고 자주 흔들기도 하고 오르는듯 하며 흔들기도 하고 내려오는듯이 흔들기도 한다.
제6소절	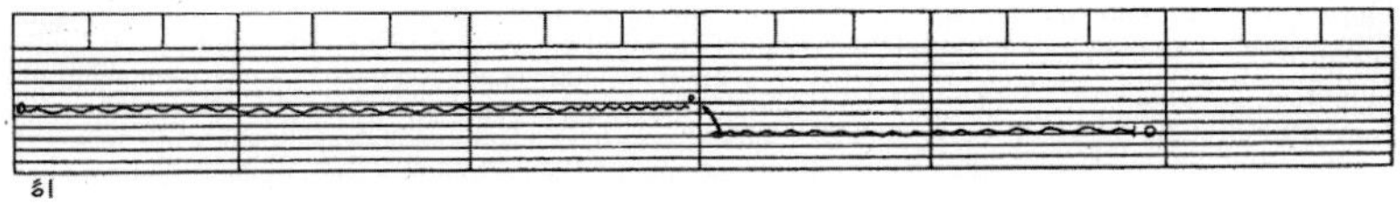 (악보: 히)
제6소절	 (오선보 12: 이 ------)

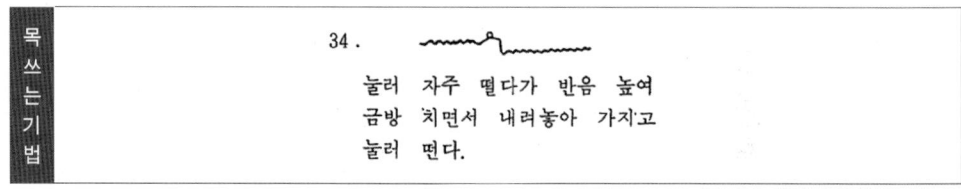

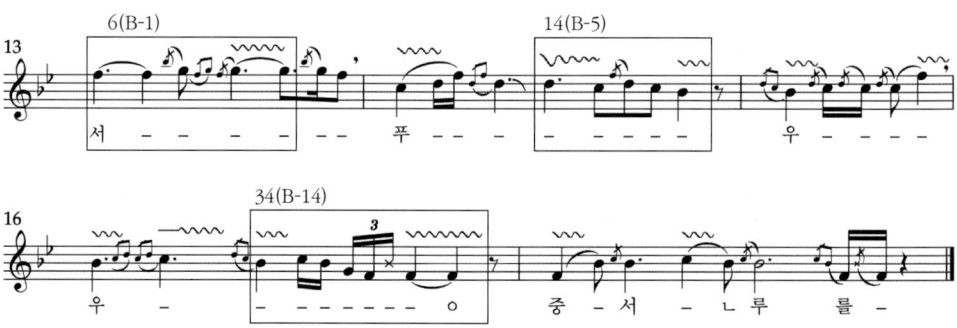

〈악보 12〉 관산융마 제7~8소절

〈관산융마〉 제7소절은 '서푸우'이고, 8소절은 '웅 중선루를'이다. 먼저 7소절 '서푸우'에는 B1-6와 B5-14이 사용되었는데, B1-6는 '길게 뽑아 나가다가 방울 목을 치면서 눌러 떠는 목'이고, B5-14은 '음을 내다가 내려오는 듯하게 천천히 감는 듯 말 듯, 자주 깊이 떨어가 벌러 가지고 반음으로 잠깐 받쳐 한음 높이 가볍게 잠깐 올렸다가 금방 두음 내려 눌러 떠는 목'이다. 제8소절 '웅 중선루를'에서는 B14-34가 쓰였는데, 이 B14-34는 '눌러 자주 떨다가 반음 높여 금방 치면서 내려놓아 가지고 눌러 떠는 목'이다.

〈표〉 제7소절 서- 푸- 우-

제 7 소 절	(악보 및 그림채보)
그림채보	
악보	
목쓰는기법	6.  길게 뽑아 나가다가 방울 목을 치면서 눌러 떠는 목 / 14.  음을 내다가 내려오는듯하게 천천히 감는듯 말듯, 자주 깊이 떨어가 별러 가지고 반음으로 잠깐받쳐 한음높이 가볍게 잠깐 올렸다가 금방 두음내려 눌러 떠는 목.

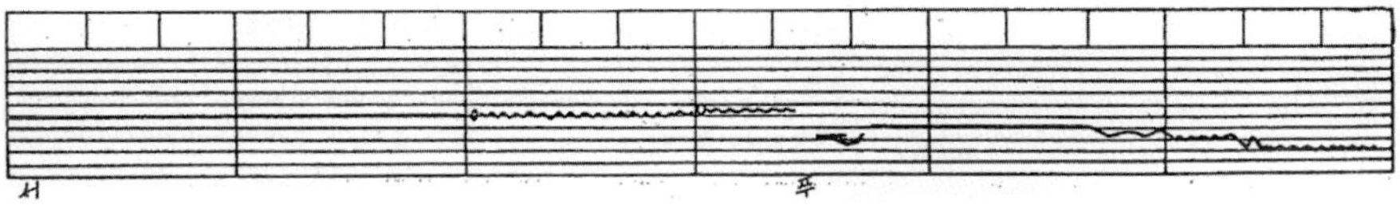

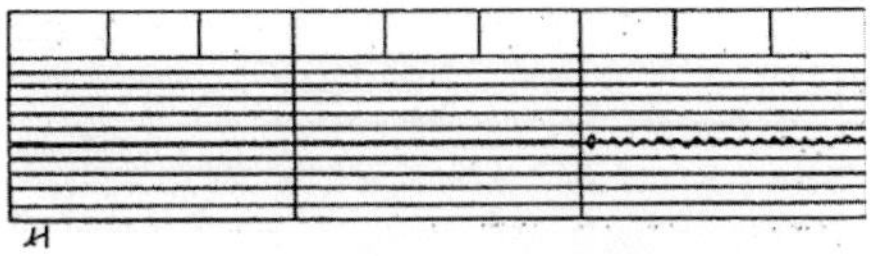

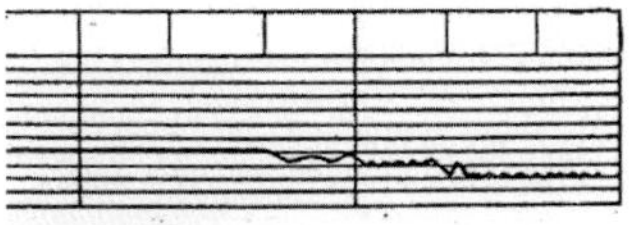

〈표〉 제8소절 웅 ~ 중선루를-

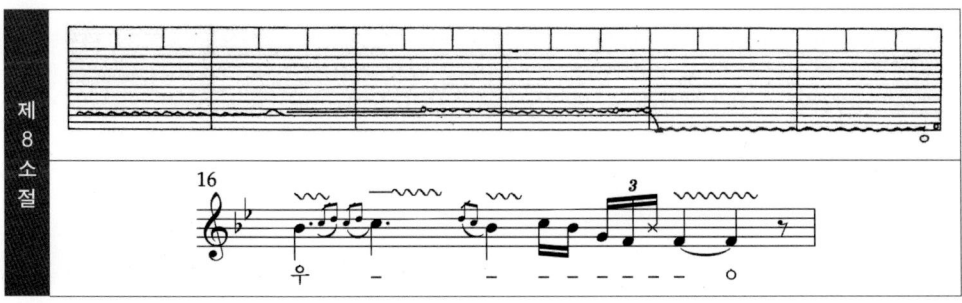

제4장 오복녀 전창 서도소리의 '목 쓰는 기법' 고찰 113

시창 <관산융마>에 그림형 시김새를 적용해 보면 대체로 A형과 B형이 출현한다. 이를 세부적으로 표기해 보면 A-1, A-2, A-8, B-1, B-5, B-11, B-14, B-15, B-16 등 총 9종의 유형을 찾을 수 있었다. 또한 그 출현횟수는 A-1 2회, A-2 3회, A-8 1회, B-1 1회, B-5 2회, B-11 1회, B-14 4회, B-15 2회, B-16 2회 등으로 나타난다.

<표 11> <관산융마>의 시김새 사용 종합

	유형	42종	그림	42종 설명	빈도
1	A1	1		굵은목으로 누르고 떠는목(요성)	2
2	A2	2		밀어 올려 떨어주는 요성	3
3	A8	15		올려 떨다가 반음 뒤집는 목	1
4	B1	6		길게 뻗어나가다 방울 목 후 눌러 떨어주는 목	1
5	B5	14		내려오는 듯 떨다가 두음 내려 떠는 목	2
6	B11	28		쭉 나가다가 받쳐서 내리고 돌려 떠는 목	1
7	B14	34		눌러 떨다가 반음치고 내려 눌러 떠는 목	4
8	B15	37		뻗쳤다가 눌러 나가다가 한번 살짝치며 세청으로 올리는 목	2
9	B16	41		뽑아가지고 감다가 원음내고 잡아내려 흔든다 – 세청	2

3. 〈긴아리〉의 '목 쓰는 기법'

긴아리는 평안도 용강 지방의 민요로, 주로 조개를 잡거나 씨앗을 뿌릴 때 불렸던 곡이다. 이 민요는 가락이 유장하며, 호흡이 길어질수록 그 미적인 효과가 더욱 두드러지며, 토속적인 소리가 통속적인 소리로 변화한 대표적인 예이다.

오 명창의 '목 쓰는 기법'을 중심으로 〈긴아리〉에 그림형 시김새를 적용해보면 B형과 C형이 출현하는데, 구체적으로는 A-2, B-8, B-9, B-11, C-2 등 5종의 유형을 찾을 수 있었다. 목 쓰는 기법 23번(B-9)의 경우 그림채보와 '목 쓰는 기법'의 형태가 일치하여 규칙적인 시김새임을 알 수 있었으며 12번(C-2)의 경우에는 꺾는 목의 일부만 보이고 있다.

〈표〉 42종 기법 중 C2-12번 시김새

목 쓰는 기법 12번(C-2)	
'뭘하래 왔음나' 중 '뭘' 그림채보	
'뭘하래 왔음나' 중 '뭘' 악보	

〈악보 13〉 긴아리 제1~2소절

〈표〉 제1~2소절 야- 조개는 잡아-서-

　〈긴아리〉 제1~2소절 '야- 조개는 잡아-서-' 부분을 보면 2소절 '아하서'에 B8-22번 기법이 쓰이고 있는데, 이 기법은 '나가다가 치면서 깊이 보통 떨다가 살짝 잡았다. 세청으로 놓아 줬다가 다시 잡아당겨 한음 높은 세청으로 놓아 살짝 치면서 끌어내려 끼는 목으로 잠깐 한음 낮게 잠깐 한음 높이 올려가지고 흔들어 떤다.'의 설명이 있다. 줄여서 '세청 내고 한음 높은 세청하고 내려 올린후 떠는 목'으로 기호는 ～ᐯ～ 이다. 이러한 기법은 〈긴아리〉에 4회 출현한다.

〈악보 14〉 긴아리 제3~4소절

〈표〉 제3~4소절 야 젓 절이구

제3소절	(악보) 야 젓 절 - - -
목 쓰는 기법	28.  쭉-나가다가 힘있게 받쳐가지고 원을 반가량 뒤집듯 돌려서 곱게 떠는 목.
제4소절	(악보) 이 - - - 구
목 쓰는 기법	23.  흔들어 나가다가 한음높이 잠간 세청으로 들었다가 다시내리고 거듭 또 한음 세청에 올려치면서 내려트려 가지고 조금 평으로 끌어가지고 흔들어 나가다가 끼고 감어 놓는다.

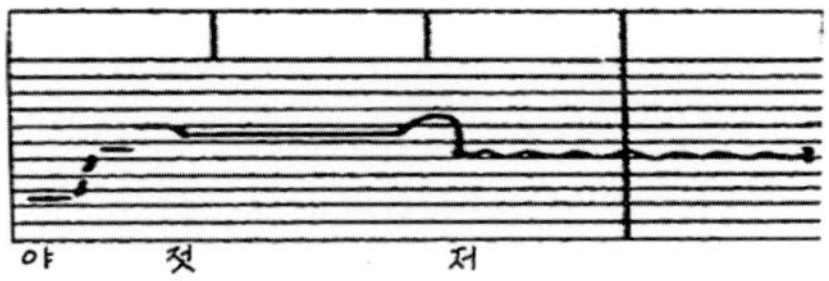

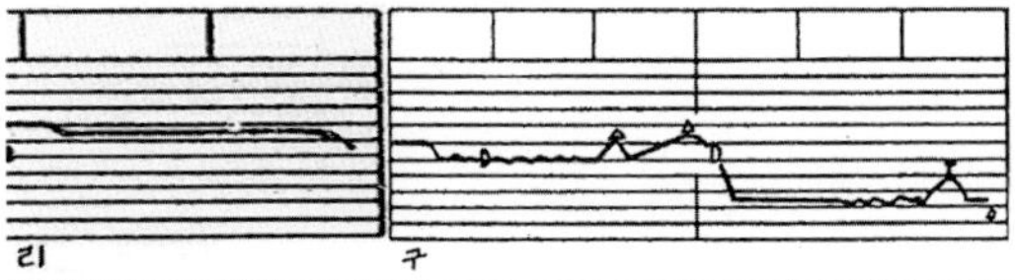

제4장 오복녀 전창 서도소리의 '목 쓰는 기법'고찰   117

〈긴아리〉 제3~4소절의 가사는 '야 젓 절이구'부분인데, 3소절 '야젓절'에서 B11-28번 기법이 쓰이고 제4소절에서는 B9-23이 쓰이고 있다. 먼저 이 B11-28번 기법은 '쭉 나가다가 힘있게 받쳐가지고 원을 반가량 뒤집듯 돌려서 곱게 떠는 목'이라는 설명이 있다. 줄여서 '쭉 나가다가 받쳐서 내리고 돌려 떠는 목'으로 기호는 ‒‒‒‒〰‒‒‒이다. 이러한 기법은 〈긴아리〉에 1회 출현한다. 4소절 '이구'에서는 B9-23번이 나오는데, 이것은 '흔들어 나가다가 한음 높이 잠깐 세청으로 들었다가 다시 내리고 거듭 또 한음 세청에 올려치면서 내려트러 흔들어 나가다가 끼고 감아 놓는다.'라는 설명으로 줄여서 '흔들다가 세청 내고 다시 세청하고 내린 후 끼고 감는 목'으로 부르고 기호는 〰〰〰〰이다. 〈긴아리〉에 4회 출현한다.

　〈긴아리〉 제5~6소절 제3-4소절의 가사는 '가는 님 잡아-아서'부분인데, 6소절 '아서'에서 B8-22번 기법이 쓰이고 있는데, 이 B8-22번 기법은 제2소절 '아하서'에서도 쓰인 기법으로, '나가다가 치면서 깊이 보통 떨다가 살짝 잡았다, 세청으로 놓아 줬다가 다시 잡아당겨 한음 높은 세청으로 놓아 살짝 치면서 끌어내려 끼는 목으로 잠깐 한음 낮게 잠깐 한음 높이 올려가지고 흔들어 떤다.'의 설명이 있다. 줄여서 '세청 내고 한음 높은 세청하고 내려 올린후 떠는 목'으로 기호는 ‒‒〰‒‒이다. 이러한 기법은 〈긴아리〉에 4회 출현한다.

〈표〉 제5~6소절 가는 님 잡아-아서

제5소절	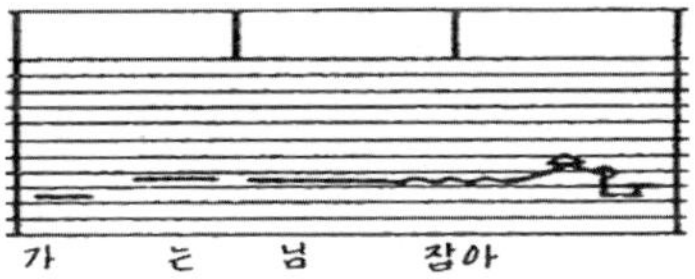 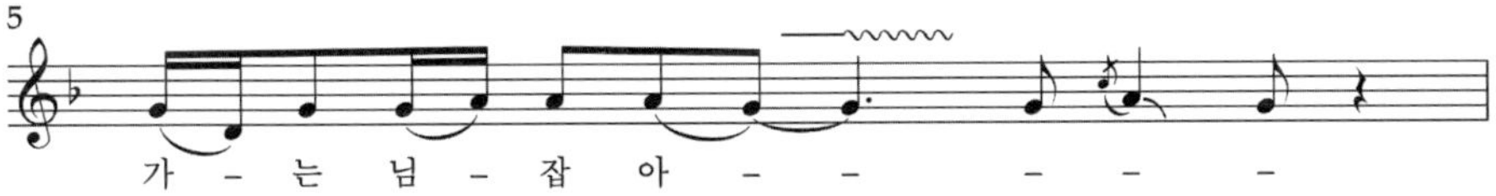 가-는 님-잡아-
제6소절	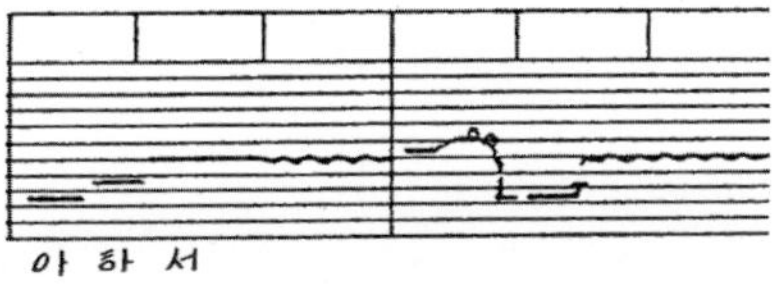 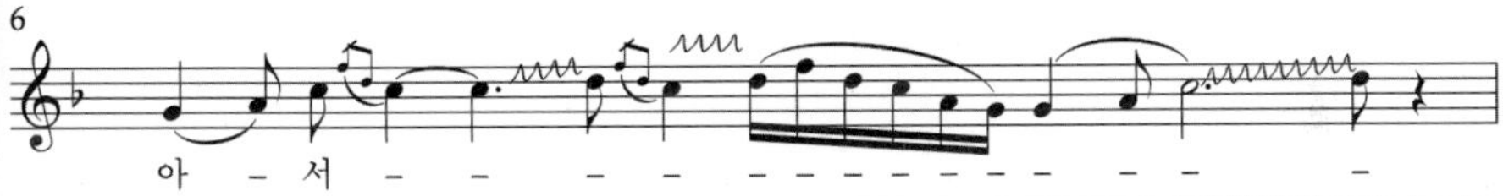 아-서
목쓰는기법	22.  나가다가 치면서 깊이 보통 떨다가 살짝잡았다. 세청으로 놓아 주었다가 다시 잡아당겨 한음높은 세청으로 놓아 살짝치면서 끌어내려 끼는 목으로 잠간 한 음낮게 잠간 한음높이 올려가고 흔들어 떤다.

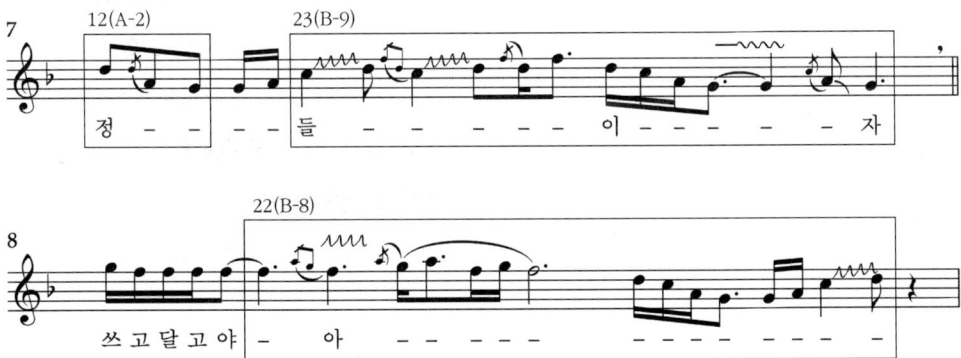

〈악보 16〉 긴아리 제7~9소절

<표> 제7~9소절 정들이자 쓰고달고야- 야 된장-

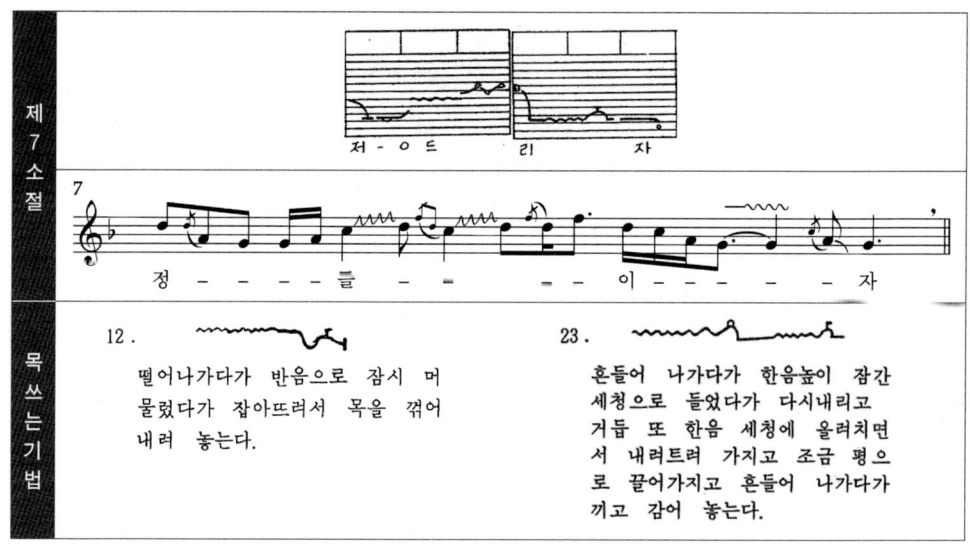

　〈긴아리〉 제7~9소절의 가사는 '정들이자 쓰고달고야- 야 된장-' 부분인데, 7소절 '정들이자'에서는 A2-12번과 B9-23이 쓰이고 있다. 8소절은 B8-22번이 쓰이고 있는데, 먼저 이 A2-12 기법은 '떨어나가다가 반음으로 잠시 머물렀다가 잡아뜨려서 목을 꺾어 내려 놓는다.'이라는 설명이 있다. 줄여서 '쭉밀어 올려 떨어주는 요성'으로 기호는 ‿‿‿ 이다. 이러한 기법은 〈긴아리〉에 1회 출현한다. B9-23번은 '흔들어 나가다가 한음 높이 잠깐 세청으로 들었다가 다시 내리고 거듭 또 한음 세청에 올려치면서 내러트려 흔들어 나가다가 끼고 감아 놓는다.'라는 설명으로 줄여서 '흔들다가 세청 내고 다시 세청하고 내린 후 끼고 감는 목'으로 부르고 기호는 ‿‿‿ 이다. 〈긴아리〉에 4회 출현한다.

　8소절 '쓰고달고야'에서는 B8-22번이 나오는데, 이것은 '흔들어 나가다가 한음 높이 잠간 세청으로 들었다가 다시 내리고 거듭 또 한음 세청에 올려치면서 내려트려 흔들어 나가다가 끼고 감어 놓는다.'라는 설명으로 줄여서 '흔들다가 세청 내고 다시 세청하고 내린 후 끼고 감는 목'으로 부르고 기호는 ~~~~~ 이다. 〈긴아리〉에 4회 출현한다.

〈표〉 쓰고달고야- 야 된장-

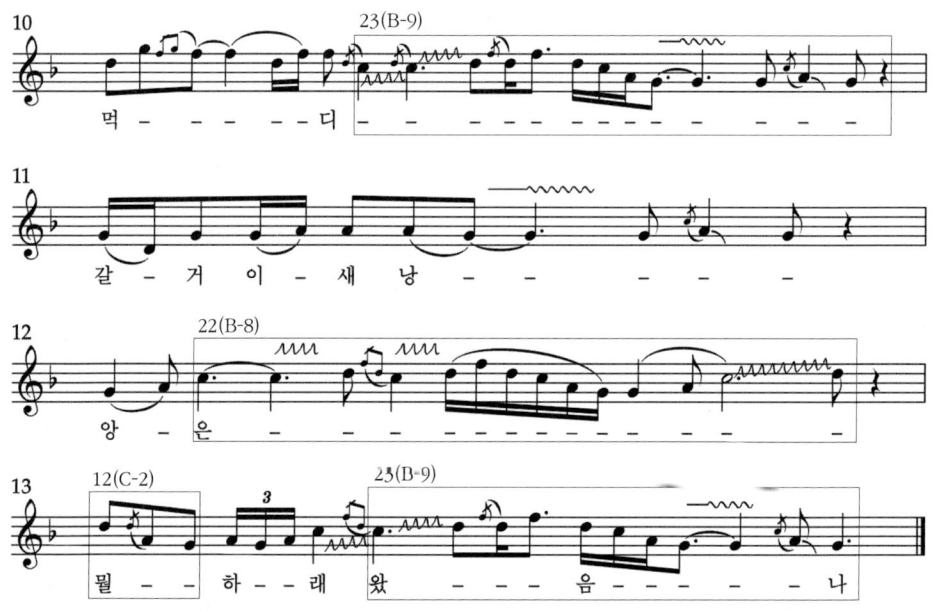

〈악보 17〉 긴아리 제10~13소절

　〈긴아리〉 제10-12소절의 가사는 '소절 먹디 갈 거이 새낭-앙- 은'부분인데, 10소절 '먹디'에서는 B9-23이 쓰이고 있다. 12소절은 B8-22번이 쓰이고 있는데, 먼저 이 B9-23 기법은 '흔들어 나가다가 한음 높이 잠깐 세청으로 들었다가 다시 내리고 거듭 또 한음 세청에 올려치면서 내려트려 흔들어 나가다가 끼고 감어 놓는다.'라는 설명으로 줄여서 '흔들다가 세청 내고 다시 세청하고 내린 후 끼고 감는 목'으로 부르고 기호는 〰〰 이다. 〈긴아리〉에 4회 출현한다.

　12소절 '쓰고달고야'에서는 B8-22번이 나오는데, 이것은 '흔들어 나가다가 한음 높이 잠깐 세청으로 들었다가 다시 내리고 거듭 또 한음 세청에 올려치면서 내려트려 흔들어 나가다가 끼고 감어 놓는다.'라는 설명으로 줄여서 '흔들다가 세청 내고 다시 세청하고 내린 후 끼고 감는 목'으로 부르고 기호는 〰〰 이다. 〈긴아리〉에 4회 출현한다.

〈표〉 제10~12소절 먹디 갈 거이 새낭-앙- 은

〈긴아리〉 제13소절의 가사는 '뭘 하래 왔음나'부분인데, 10소절 '뭘'에서는 C2-12가 쓰이고 있고, '왔음나'에서는 B9-23 기법이 쓰이고 있는데, 먼저 이 C2-12기법은 '떨어나 가다가 반음으로 잠시 머물렀다가 잡아뜨려서 목을 꺾어 내려 놓는다.'라는 설명이 있다. 줄여서 '떨다가 반음올리고 내려와 꺾는 목'으로 쓴다. 〈긴아리〉에 1회 출현한다.

B9-23 기법은 '흔들어 나가다가 한음 높이 잠깐 세청으로 들었다가 다시 내리고 거듭 또 한음 세청에 올려치면서 내려트려 흔들어 나가다가 끼고 감어 놓는다.'라는 설명으로 줄여서 '흔들다가 세청 내고 다시 세청하고 내린 후 끼고 감는 목'으로 부르고 기호는 ∼∿∼이다. 〈긴아리〉에 4회 출현한다.

〈표〉 제13소절 뭘 하래 왔음나

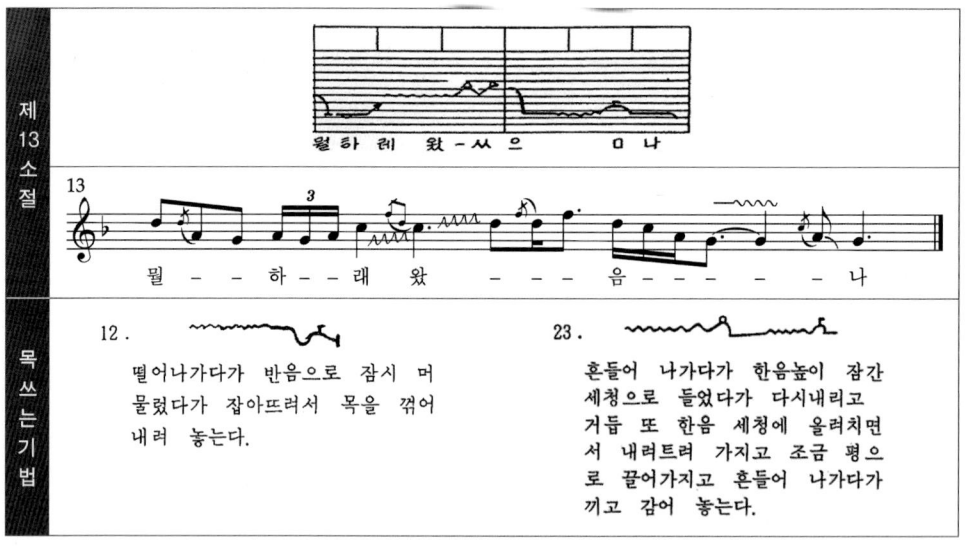

오 명창의 '목 쓰는 기법'을 중심으로〈긴아리〉에 그림형 시김새를 적용해보면 B형과 C형이 출현하는데, 구체적으로는 A-2, B-8, B-9, B-11, C-2 등 5종의 유형을 찾을 수 있었다. 목 쓰는 기법 23번(B-9)의 경우 그림채보와 '목 쓰는 기법'의 형태가 일치하여 규칙적인 시김새임을 알 수 있었으며 12번(C-2)의 경우에는 꺾는목의 일부만 보이고 있다.

〈악보 18〉 긴아리 유형표시 악보

<표 12> <긴아리>의 시김새 사용 종합

	유형	42종	그림	설명	빈도
1	A2	2		밀어 올려 떨어주는 요성	1
2	B8	22		세청 내고 한음 높은 세청하고 내려 올린후 떠는 목	4
3	B9	23		흔들다가 세청 내고 다시 세청하고 내린 후 끼고 감는 목	4
4	B11	28		쭉 나가다가 받쳐서 내리고 돌려 떠는 목	1
5	C2	12		떨다가 반음올리고 내려와 꺽는 목	1

4. 〈자진아리〉의 '목 쓰는 기법'

자진아리는 긴아리에 이어 굿거리장단에 맞춰 흥겹게 불려지는데, 가사의 내용이 해학적이고 능청스러워 곡의 분위기를 흥겹게 만들고 있다.

〈악보 19〉 〈자진아리〉의 제1~3소절

〈자진아리〉 제1소절의 가사는 '아이고 아이고 성화로구나'이 부분에는 A10-25, C2-12, A11-26이 쓰였는데, 먼저 A10-25번은 '천천히 눌러 얼르다가 잠깐 머물렀다.(즉, 잠시라도 세청을 올리는데 받침) 한음 높이 또 높이 잠깐 세청으로 쳐다보는 듯이 내었다가 원음으로 다시 곱게 떤다.'라고 하는 설명이 있고, 약칭은 '눌러 얼르다가 높이 세청 내고 원음으로 내려 떠는 목'이고 부호는 ~~~이다. C2-12는 '떨어나가다가 반음으로 잠시 머물렀다가 잡아뜨려서 목을 꺾어 내려 놓는다.'이고, A11-26은 '올라가듯 깊이 떨다가 반음을 내여 조금 줄여가지고 아래로 힘차게 잡아다니듯 내가지고 반음을 내다가 꺾어 휘잡아 반음으로 내려놓는다.'이다. C2-12는 '떨다가 반음올리고 내려와 꺽는 목'으로 줄여서 쓰고, A11-26은 '올라가듯 떨다가 힘차게 내려 반음으로 내려 놓는 목'으로 약칭할 수 있다. 부호는 각각 ～～, ～～ 이다.

3소절의 가사는 '썩은 새끼로 문 걸고 잤구나'인데 3소절에는 A10-25, C2-12, A11-26 번이 쓰이고 있는데, 먼저 이 A10-25기법은 '천천히 눌러 얼르다가 잠깐 머물렀다. (즉, 잠시라도 세청을 올리는데 받침) 한음 높이 또 높이 잠깐 세청으로 쳐다보는 듯이 내었다가 원음으로 다시 곱게 떤다.'라는 설명으로 A 유형에 속한다. 줄여서 '눌러 얼르다가 높이 세청 내고 원음으로 내려 떠는 목'으로 부르고 기호는 ～～ 이다. 〈자진 아리〉에 3회 출현한다. C2-12, A11-26번은 제1소절의 설명과 같다.

〈악보 20〉 자진아리 유형표시 악보

<표> 아이고 아이고 성화로구나

<표> 요놈에 종자야 네 올 줄 알고

〈악보 21〉〈자진아리〉의 제4~5소절

<표> 일하든 오금에 잠이나 자갔지

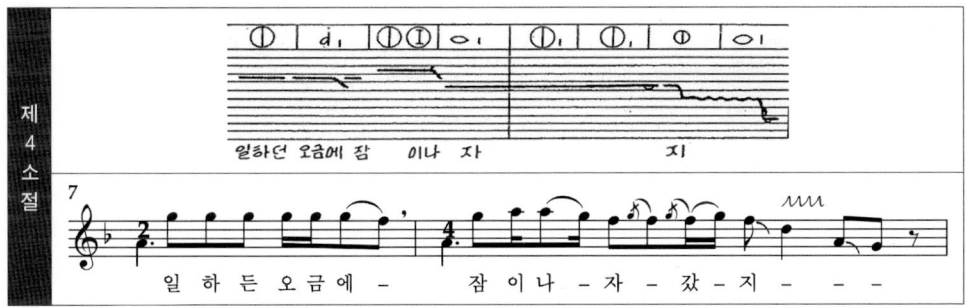

  〈자진아리〉 제5소절의 가사는 '재 넘어 털털 뭘 하래 왔음나' 부분인데, 5소절에는 A10-25, C2-12, A11-26이 각각 쓰이고 있는데, 먼저 A10-25번은 '천천히 눌러 얼르다가 잠깐 머물렀다. (즉, 잠시라도 세청을 올리는데 받침) 한음 높이 또 높이 잠깐 세청으로 쳐다보는 듯이 내었다가 원음으로 다시 곱게 떤다.'라고 하는 설명이 있고, 약칭은 '눌러 얼르다가 높이 세청 내고 원음으로 내려 떠는 목'이고 부호는 ～～ 이다. C2-12는 '떨어나가다가 반음으로 잠시 머물렀다가 잡아뜨려서 목을 꺾어 내려 놓는다.'이고, A11-26은 '올라가듯 깊이 떨다가 반음을 내여 조금 줄여가지고 아래로 힘차게 잡아다니듯 내가지고 반음을 내다가 꺾어 휘잡아 반음으로 내려놓는다.'이다. C2-12는 '떨다가 반음올리고 내려와 꺽는 목'으로 줄여서 쓰고, A11-26은 '올라가듯 떨다가 힘차게 내려 반음으로 내려놓는 목'으로 약칭할 수 있다. 부호는 각각 ～～, ～～ 이다.

〈표〉 재 넘어 털털 뭘 하래 왔음나

〈표〉 '로구나', '잤구나', '왔음나' 동일 부분 악보

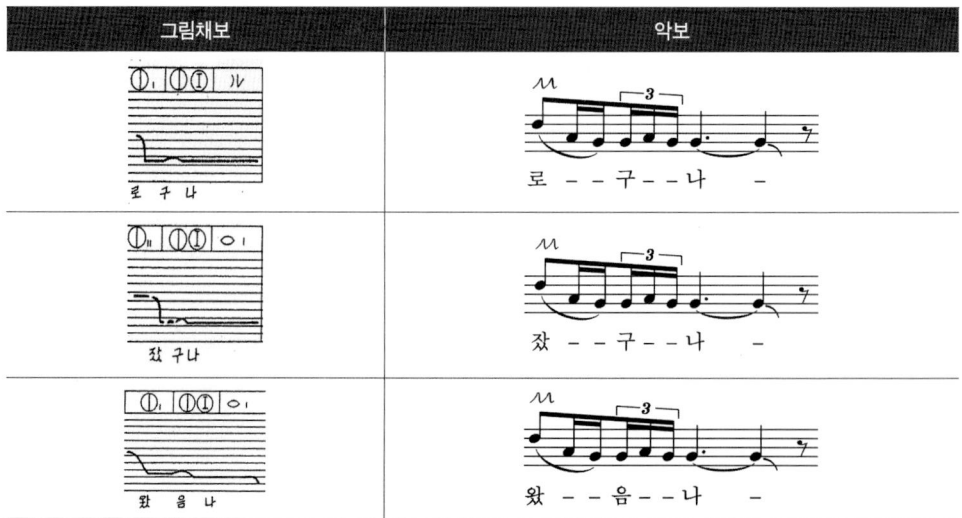

12번(C-2)과 26번(A-11)은 악보상에서는 그 시김새가 유사한 것으로 확인이 되었다. 오복녀의 기법 42종이 각각의 고유 시김새가 아닌, 중복된 형태도 발견되는 부분임을 알 수 있다.

<표> 42기법 중 A11-26번과 C2-12번

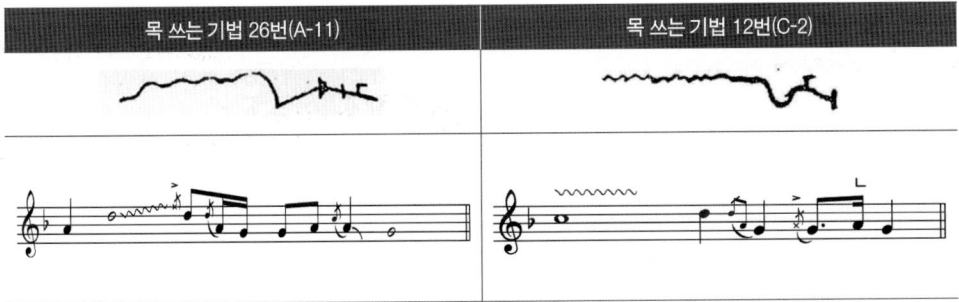

<자진아리>를 살펴보면, A형과 C형이 출현하며 세부적으로는 A-10, A-11, C-2로 총 3가지 유형을 찾을 수 있었다. <자진아리>의 경우, 동일한 시김새가 반복적으로 출현하는데, '성화로구나', '문 걸고 잤구나', '뭘 하래 왔음나'의 경우, 악보상으로는 꺾는 음인 12번(C-2)에 해당되지만, 기법의 음원은 26번(A-11)에 해당된다.

<표 13> <자진아리>의 시김새 사용 종합

	유형	42종	그림	설명	빈도
1	A10	25		눌러 얼르다가 높이 세청 내고 원음으로 내려 떠는 목	3
2	A11	26		올라가듯 떨다가 힘차게 내려 반음으로 내려 놓는 목	3
3	C2	12		떨다가 반음올리고 내려와 꺾는 목	3

5. 〈산염불〉의 '목 쓰는 기법'

산염불은 서도소리를 대표하는 곡 중 하나로, 선율이 주로 반음으로 나타나며 미분음적인 흐름이 특색이다. 앞서 연구방법에서 제시한 그림형 시김새 〈A형〉, 〈B형〉, 〈C형〉 시김새의 형태를 정한 바 있다. 〈A형〉은 기본적인 요성의 형태, 〈B형〉은 요성과 또 다른 표현, 즉 방울목이나 끼는 목 그리고 〈C형〉은 콕 찌르는 목과 꺾는 목의 형태 등 그림형 시김새를 제시한 바와 같이 이 〈산염불〉에서는 다양한 표현 기법들이 많이 출현하고 있다.

〈악보 22〉 〈산염불〉의 제1~2소절

〈산염불〉의 제1소절은 '에 헤- 에- 어미'이고, 제2소절은 '타- 어야 불이로다'이다. 먼저 제1소절에는 B11-28, 제2소절에는 C2-12, C1-9, B7-21, A13-31이 쓰였다. 제1소절 B11-28은 '쭉 나가다가 힘있게 받쳐가지고 원을 반가량 뒤집듯 돌려서 곱게 떠는 목'으로, 줄여서 쓰면, '쭉 나가다가 받쳐서 내리고 돌려 떠는 목' 이고, 부호는 ⎯⎯⌇이다. 제2소절 C2-12는 '떨어나가다가 반음으로 잠시 머물렀다가 잡아뜨려서 목을 꺾어 내려놓는다.'라는 설명이 있고, 줄여서 '떨다가 반음올리고 내려와 꺾는 목' 이라고 쓰고, 기호는 ⎯⎯⌇이다.

C1-9은 '콕 찌르는 목'이고 부호는 ⎯⎯•이다. B7-21은 '떨다가 반음 올려 콕 찌르

고 내려와 떠는 목'이고 부호는 ～～～이다. A13-31은 '내려 얼르다가 목을 끼고 찌르고 감아내려오는 목 - 애원성'이고, 부호는 ～～～이다.

〈표〉 에 헤- 에- 어미

〈표〉 제2소절의 그림형 시김새를 보면 위의 그림형을 보면 꺽어내는 목 C-2와 감정을 내는 C-1의 목 시김새가 분명하게 대입되어 나타나고 있다. 꺽는 목 C-2의 표기법은 산염불 그림형 악보에서는 ▭ 평범하게 나타나 목 쓰는 기법에서의 표현과 다르게 표기됨을 알 수 있다. '불이로다' 중 '다'음은 목 쓰는 기법 A-13을 인용하였는데 거의 유사한 것을 그대로 시김새에 대입하였다.

〈표〉 타- 어야 불이로다

〈악보 23〉〈산염불〉의 제3~4소절

〈표〉 산에 올라 옥을 캐니

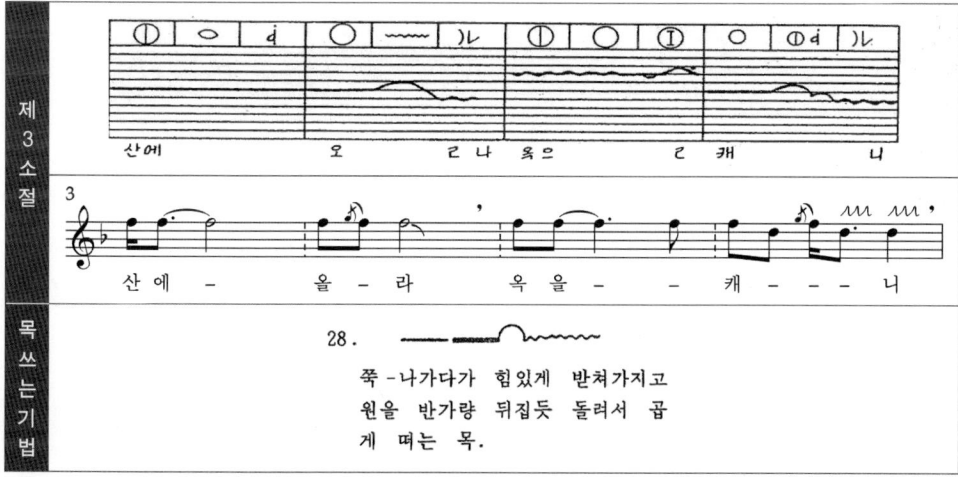

위의 그림형 악보 시김새와 목쓰는 기법에서의 표기법을 대입해보면 약간의 차이는 있으나 거의 흡사하게 닮아있음을 알 수 있고, 근접한 B-11로 맞춰보았다.

〈표〉 이름이 좋아서 산옥이냐

9.	21.
눌러 평으로 떨다가 목을 끼고 반음색 두번을 꺾어 올렸다가 다시 잠깐 반음으로 내리고 살짝 콕 찌르는 목 (수심가에는 이 대목이 즉 생명이라 할 것이다)	목을끼고 떨다가 반음으로 역시 끼고 잠깐올리고 다시 콕 찌르고 반음으로 다시 내려서 끼고 떨어뜨려 나간다.

위의 시김새는 앞서 확인한 것처럼 꺽는 목 역시 C-2의 표기법을 다르게 되어있으며, '산옥이냐'의 '이'는 C-1으로 정확하게 표기되어있음을 알 수 있다. '냐'의 음을 내자마자 바로 곡선을 주며 요성을 주는 시김새는 A-13의 형태에서 끝부분과 닮아 A-13으로 정리하게 되었다.

〈악보 24〉 〈산염불〉의 제5~6소절

〈악보 25〉 〈산염불〉의 제7~8소절

제6소절에 '쓰자' 부분에서 A14-32가 나오고, 7소절에 C2-12, 8소절에 다시 A14-32가 나온다. A14-32는 '낸 목에서 반음으로 나가다가 반쯤 원을 돌려 내리 듯 하다가 다시 반음으로 올려 밀었다 당겨가지고 한음 높이 힘없이 쳐다보는 양으로 잠시 뽑아 반음으로 내려 흔든다.'라고 설명이 되어있다. C2-12는 '떨다가 반음 올리고 내려와 꺽는목'으로 〈산염불〉에 총 4회 나온다. 부호는 ～～～～이다.

〈표〉 아헤야 연수처라

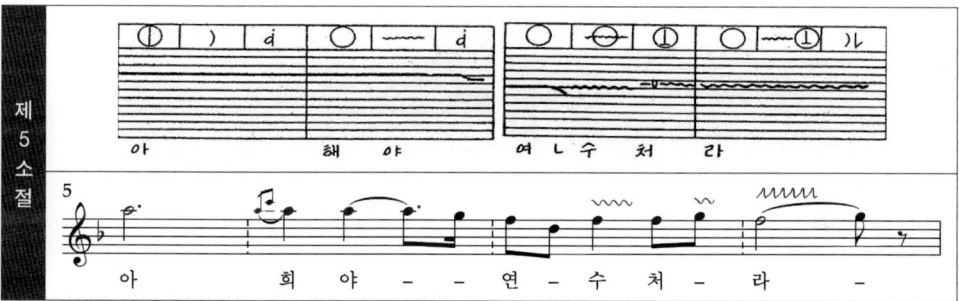

〈표〉 님에게로 편지쓰자

〈표〉 검은 먹 흰 종이는

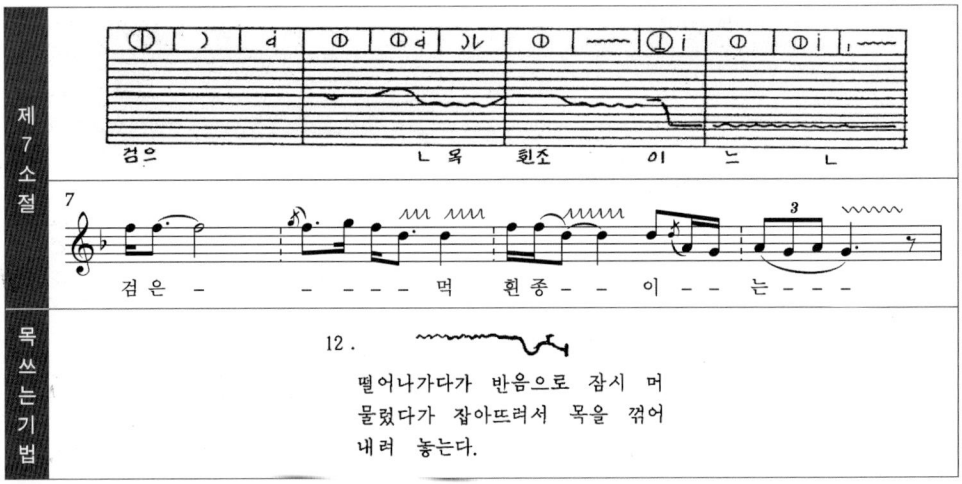

〈표〉 님의 옥안을 보련마는

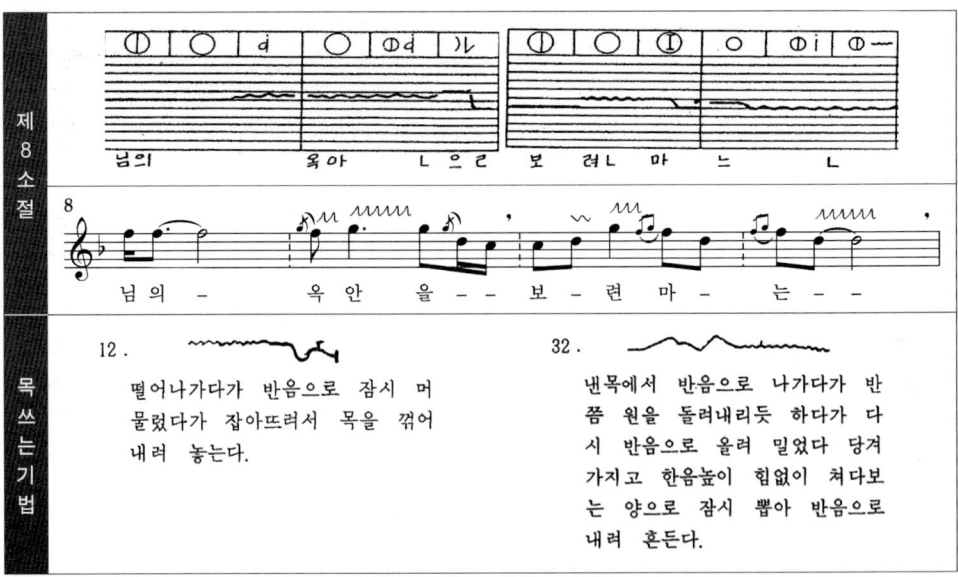

〈악보 26〉 〈산염불〉의 제9~10소절

9소절에 B11-28, 10소절에 B11-28, C2-12, C1-9, B7-21, A13-31이 나온다.

B11-28은 '쭉 나가다가 받쳐서 내리고 돌려 떠는 목'이고, C2-12는 '떨다가 반음올리고 내려와 꺽는 목'이다. C1-9은 '눌러 평으로 떨다가 목을 끼고 반음씩 두 번을 꺾어 올렸다가 다시 잠깐 반음으로 내리고 살짝 콕 찌르는 목. (수심가에는 이 대목이 즉 생명이라 할 것이다)'라는 설명이 있다. B7-21은 '떨다가 반음 올려 콕 찌르고 내려와 떠는 목'이고, A13-31은 '내려 얼르다가 목을 끼고 찌르고 감아내려오는 목 - 애원성'이다.

〈표〉 저 붓대 그리고 못보니

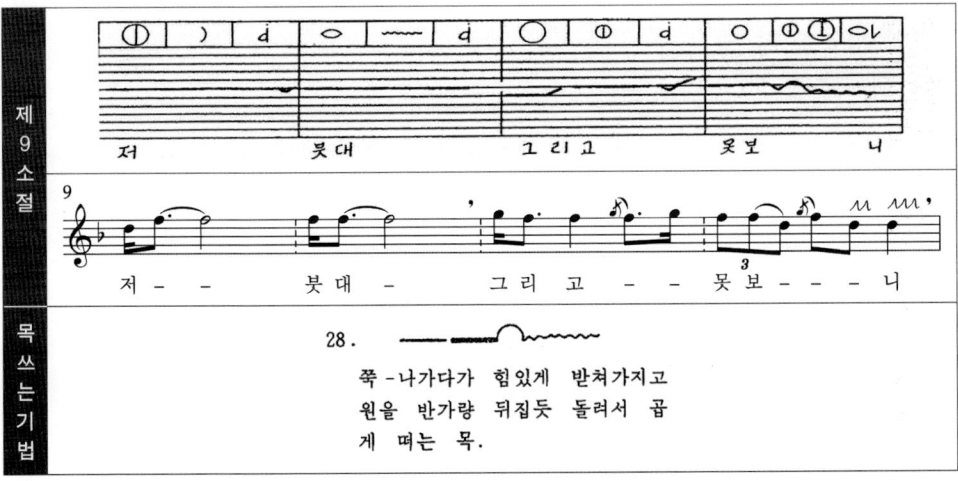

〈표〉 네나 내나 일반이라

<악보 27> 산염불 유형표시 악보

〈산염불〉에 나타난 그림형 시김새의 '목 쓰는 기법'에서는 주로 A형, B형, C형이 출현한다. 이를 세부적으로 살펴보면 A-2, A-13, A-14, B-7, B-11, C-1, C-2 등등, 총 7종의 유형을 찾을 수 있었다. 또한, 〈산염불〉 후렴구의 뒷부분을 보면, '타하- - 어 야--- 불이로--다' 중 '야--'의 경우 12번(C-2)의 일부분과 그림채보의 형태가 유사하게 대입해 놓아서 전반적으로 꺾는 목의 형태가 다음과 같이 나타나고 있음을 알 수 있었다.

〈표〉 42종 기법 중 12번 시김새

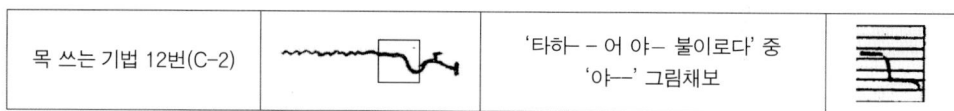

상기 기법에서 나타난 '불이로—다' 부분은 〈수심가〉 중 21번(B-7)의 앞부분과 9번(C-1)의 형태가 동일하게 나타났다.

〈표 14〉 〈산염불〉의 시김새 사용 종합

	유형	42종	그림	42종 설명	빈도
1	A2	2		밀어 올려 떨어주는 요성	
2	A13	31		내려 얼르다가 목을 끼고 찌르고 감아내려오는 목 – 애원성	3
3	A14	32		반음으로 나가다가 반음으로 올려밀고 반음으로 내려 떠는 목	2
4	B7	21		떨다가 반음 올려 콕 찌르고 내려와 떠는 목	2
5	B11	28		쭉 나가다가 받쳐서 내리고 돌려 떠는 목	4
6	C1	9		콕 찌르는 목	3
7	C2	12		떨다가 반음올리고 내려와 꺾는 목	4

6. 〈자진염불〉의 '목 쓰는 기법'

자진 염불은 긴 염불에 이어 부르며, 굿거리장단으로 진행된다. 가사는 불교와 관련된 내용을 담고 있으며, 이를 통해 염불곡의 의미를 전달하고 있다.

〈악보 28〉 자진염불 유형표시 악보

〈자진염불〉에 나오고 있는 '목쓰는 기법'은 A형, B형, C형이 출현하고 있는데, A-13, B-11, C-1, C-2로 총 4종의 유형을 찾을 수 있었다. 애원의 느낌이 짙은 28번(B-11)과 꺾는 목인 12번(C-2), 그리고 콕 찌르며 감정을 극대화 시키는 9번(C-1)의 형태는 자진염불에서 찾아볼 수 있는 서도소리의 대표적인 시김새들이다. 오 명창의 표현으로는 특히 9번(C-1)의 예를 자진염불의 대표적인 시김새라고 전해준 바 있다.

민요의 경우 규칙적이고 반복적인 선율로 이루어져 목 쓰는 기법의 적용이 매우 용이하였다. 이러한 규칙적인 기법의 출현들은 서도 지방의 각각의 소리 끝을 깔끔하게 정리하는 형태를 띄고 있어서 민요를 학습할 때 훨씬 가깝게 다가갈 수 있는 동기가 될 것이다.

〈악보 29〉〈자진염불〉의 제1~2소절

〈자진염불〉제1소절의 가사는 '에 헤 에헤 어미 타불'이고, 이 부분에는 C2-12, 쓰였고, 제2소절에는 C1-9, A13-31이 보인다. 먼저 C2-12는 '떨다가 반음 올리고 내려와 꺽는목'으로 〈자진염불〉에 총 3회 나온다. 부호는 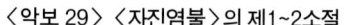이다. 제2소절 C1-9는 '눌러 평으로 떨다가 목을 끼고 반음씩 두 번을 꺾어 올렸다가 다시 잠깐 반음으로 내리고 살짝 콕 찌르는 목. (수심가에는 이 대목이 즉 생명이라 할 것이다)'라는 설명이 있다. 줄여서 '콕 찌르는 목' 이고 부호는 ～ 이다. A13-31은 '내려 얼르다가 목을 끼고 찌르고 감아 내려오는 목 - 애원성'으로 부호는 ～ 이다.

〈표〉 에 헤 에헤 어미 타불

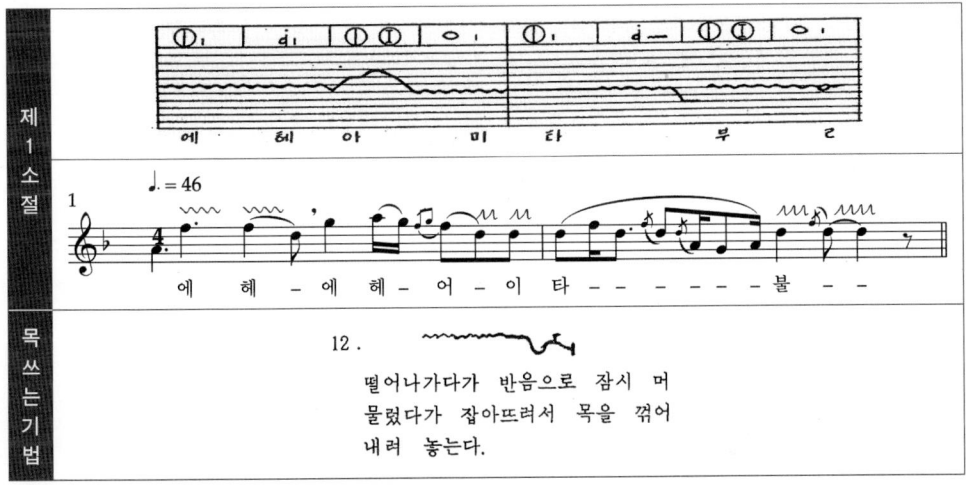

〈표〉 긴 염불은 다 그만두고 잦은 염불로 넘어간다

〈악보 30〉〈자진염불〉의 제3~5소절

〈자진염불〉제3소절의 가사는 '이제 가면은 언제와요 오만날이나 일러주오'이고, 이 부분에는 B11-28, C2-12, C1-9, A13-31이 쓰였고, 제4소절에는 B11-28 보인다. 제5소절에는 C2-12, C1-9, A13-31이 나오는데, 제1소절 B11-28은 42종 기법 28번으로 '쭉 나가다가 힘있게 받쳐가지고 원을 반가량 뒤집듯 돌려서 곱게 떠는 목'으로 B 유형 방울목과 끼는목의 결합 형태이다. 줄여서 '쭉 나가다가 받쳐서 내리고 돌려 떠는 목'이고 부호는 ⌒〰️이다.

C2-12는 '떨다가 반음 올리고 내려와 꺽는목'으로 〈자진염불〉에 총 3회 나온다. 부호는 〰️⌒이다. C1-9는 '눌러 평으로 떨다가 목을 끼고 반음씩 두 번을 꺾어 올렸다가 다시 잠깐 반음으로 내리고 살짝 콕 찌르는 목.(수심가에는 이 대목이 즉 생명이라 할 것이다)'라는 설명이 있다. 줄여서 '콕 찌르는 목' 이고 부호는 〰️⌒이다. A13-31은 '내려 얼르다가 목을 끼고 찌르고 감아내려오는 목 - 애원성'으로 부호는 〰️이다.

〈표〉 이제 가면은 언제와요 오만날이나 일러주오

〈표〉 석가 여래가 원불인데 석가 여래가 원불인데

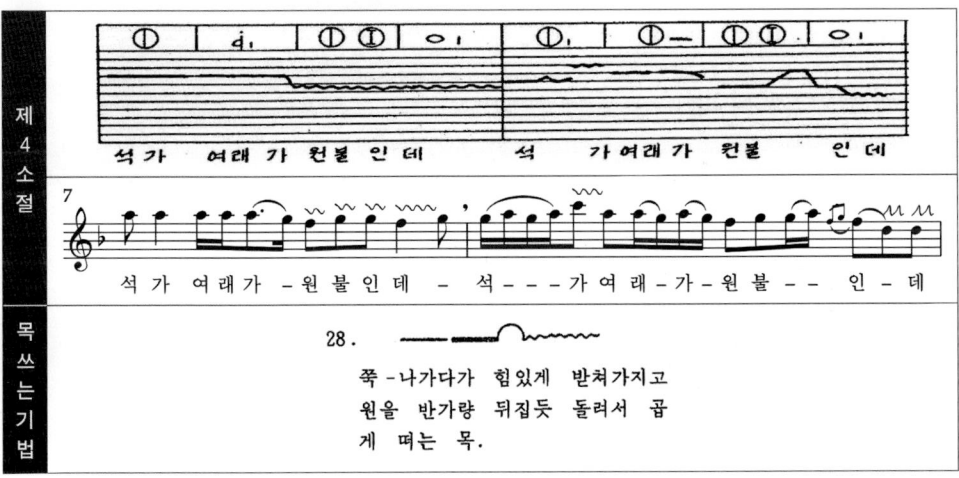

제4장 오복녀 전창 서도소리의 '목 쓰는 기법'고찰

<표> 갈산지옥을 면합소사

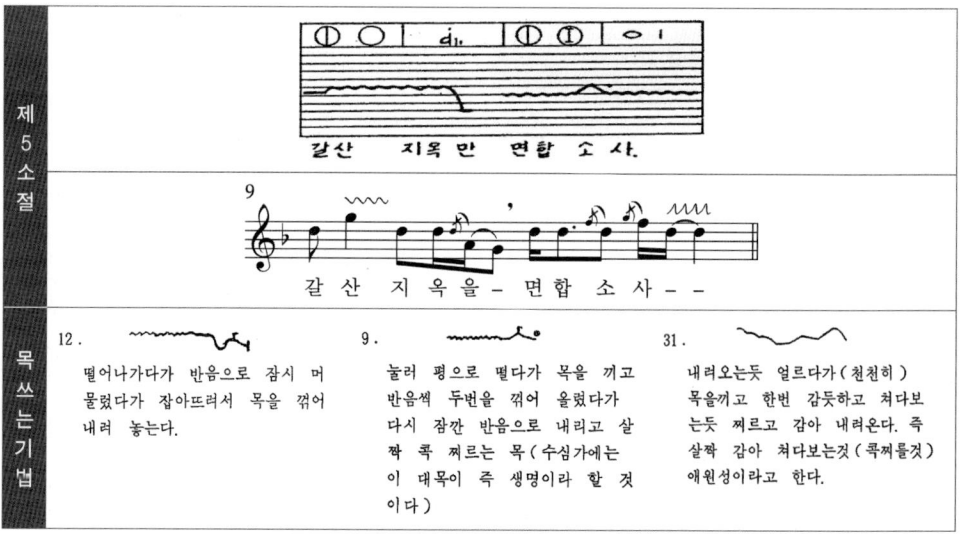

<자진염불>에 나오고 있는 '목쓰는 기법'은 A형, B형, C형이 출현하고 있는데, A-13, B-11, C-1, C-2로 총 4종의 유형을 찾을 수 있었다. 애원의 느낌이 짙은 28번(B-11)과 꺾는 목인 12번(C-2), 그리고 콕 찌르며 감정을 극대화 시키는 9번(C-1)의 형태는 자진염불에서 찾아볼 수 있는 서도소리의 대표적인 시김새들이다. 오 명창의 표현으로는 특히 9번(C-1)의 예를 자진염불의 대표적인 시김새라고 전해준 바 있다.

<표 15> <자진 염불>의 시김새 사용 종합

	유형	42종	그림	42종 설명	빈도
1	A13	31		내려 얼르다가 목을 끼고 찌르고 감아내려오는 목 – 애원성	3
2	B11	28		쭉 나가다가 받쳐서 내리고 돌려 떠는 목	2
3	C1	9		콕 찌르는 목	3
4	C2	12		떨다가 반음올리고 내려와 꺾는 목	3

7. 〈안주애원성〉의 '목 쓰는 기법'

〈악보 31〉 안주애원성 유형표시 악보

〈표〉 42종 기법 중 B1-28

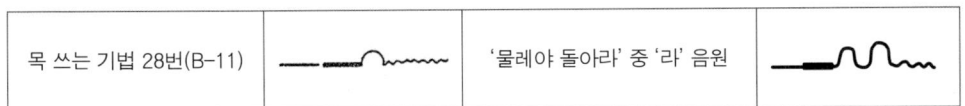

| 목 쓰는 기법 28번(B-11) | | '물레야 돌아라' 중 '라' 음원 | |

〈표〉 물레야 돌아라 가락아 돌아라

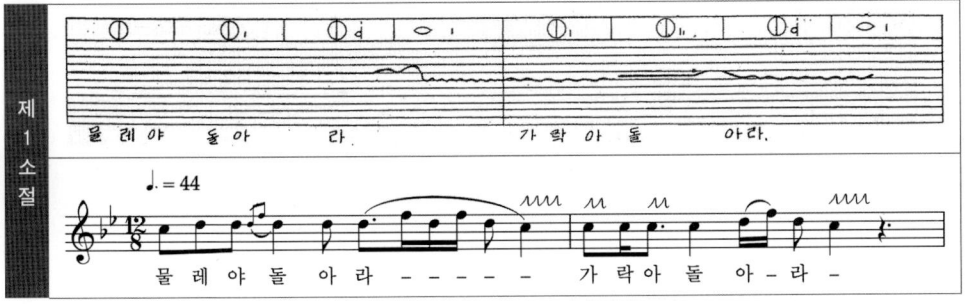

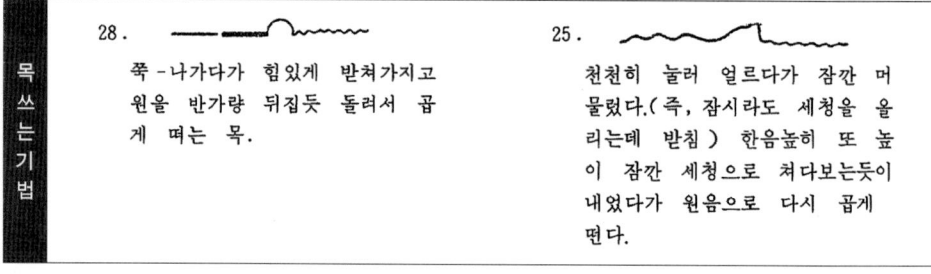

<표> 졸고 보며는 매맞갔구나

<표> 아이고 아이고 생성화 났세나

　〈안주 애원성〉은 물레타령으로도 알려져 있으며, 시집살이에서 겪는 애닯픔과 고단한 삶의 애환을 잘 표현하고 있는 평안도 박천 지방의 민요이다.

　〈안주 애원성〉에 나타난 기법은 A형, B형이다. 〈안주애원성〉의 경우 그림채보와 '목 쓰는 기법', 목 쓰는 기법 음원이 상호 간에 가장 유사한 형태를 찾아 대입하였다. '물레야 돌아라' 중 '라'의 경우 28번(B-11)이 가장 유사하여 대입해놓았으나 목 쓰는 기법의 음원을 표현해보면 아래와 같음을 알 수 있었다. '물레야 돌아라' 중 '라' 음원의 그림형이 같은 시김새를 반복해서 부르는 형태를 띄며, 이 반복은 감정을 더 강조하는 효과를 주게되어 서도소리 시김새의 멋을 준다.

<표 16> <안주 애원성>의 시김새 사용 종합

	유형	42종	그림	42종 설명	빈도
1	A10	25		눌러 얼르다가 높이 세청 내고 원음으로 내려 떠는 목	3
2	B1	6		길게 뻗어나가다 방울 목 후 눌러 떨어주는 목	1
3	B11	28		쭉 나가다가 받쳐서 내리고 돌려 떠는 목	2

8. <영변가>의 '목 쓰는 기법'

<영변가>는 서도 좌창座唱으로, 불규칙한 장단을 특징으로 하는 다른 긴소리에 비해 세마치 장단이 나타나며, 박자가 정확하게 이루어진다.

<악보 32> <영변가> 유형표시 악보

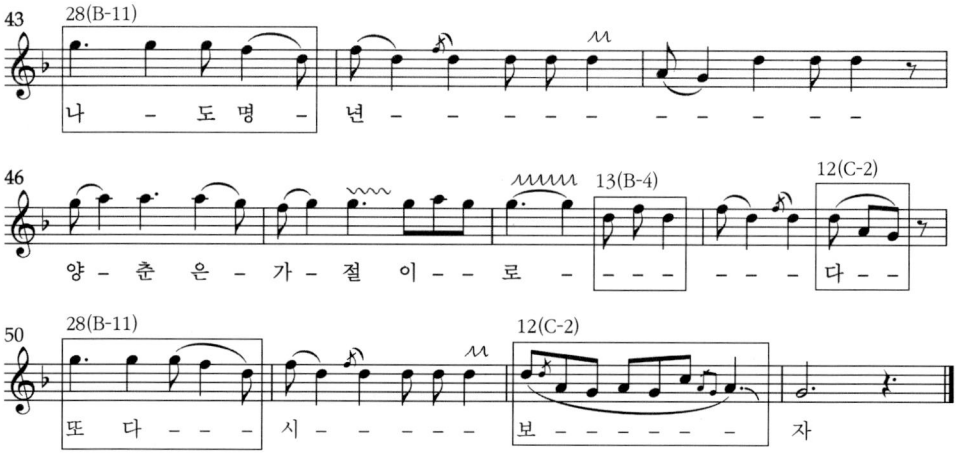

제1소절 B1-6은 '길게 뽑아 나가다가 방울 목을 치면서 눌러 떠는 목'으로 방울목이라고 한다. 그 부호는 ⎯⎳⎳⎳ 이고 그 예를 보면 다음 〈악보 33〉과 같다.

〈악보 33〉 〈영변가〉 제1소절 '헤' B1-6 방울목 부분

〈표〉 '노자에' 방울목

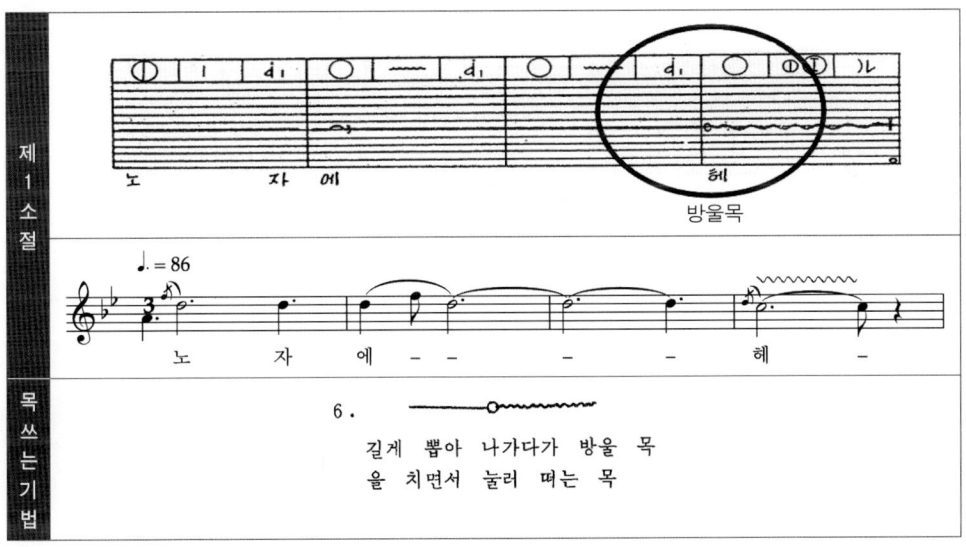

〈악보 34〉 〈영변가〉 제3소절 '젊어서' E1-33 변조 부분

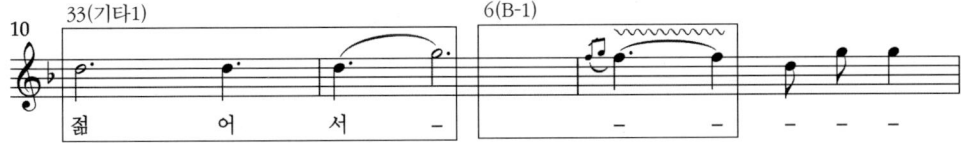

〈표〉 '젊어서' 부분의 변조 시김새

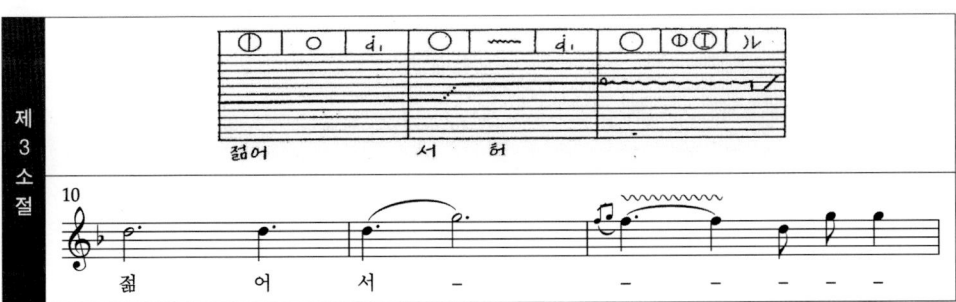

제3소절 33번(E1-33)은 '원조로 나가다가 다른 음을 내게 되면 (한 박 눌러 머무를 수 있고 반박으로 머물러 살짝) 눌러가지고 변조로 나간다.'라고 설명하고 있다. 기타로 분류되기도 한다. 줄여서 '원조로 나가다가 눌러 변조로 나가는 목'이려고 쓰고 부호는 ━━━━ 이다.

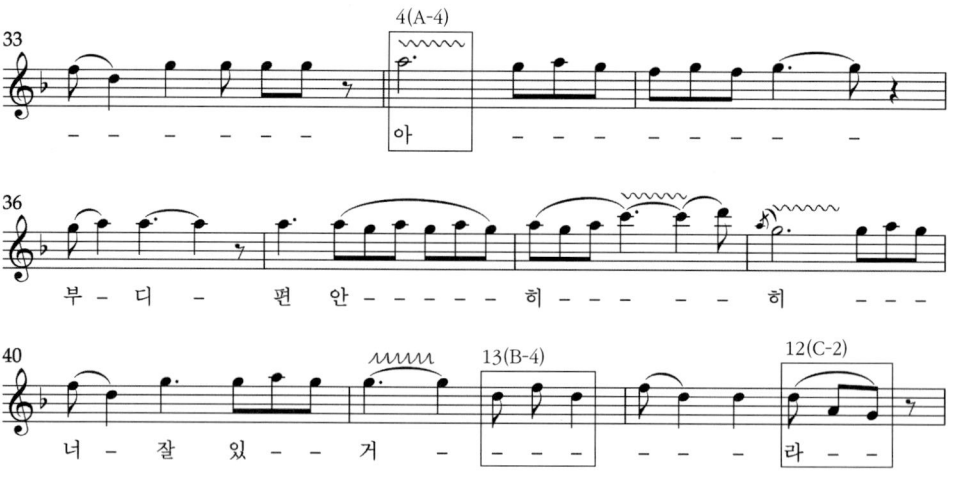

〈악보 35〉〈영변가〉 제10~12소절 A4-4, B4-13 기법 부분

〈표〉 아

〈표〉 부디 편안히

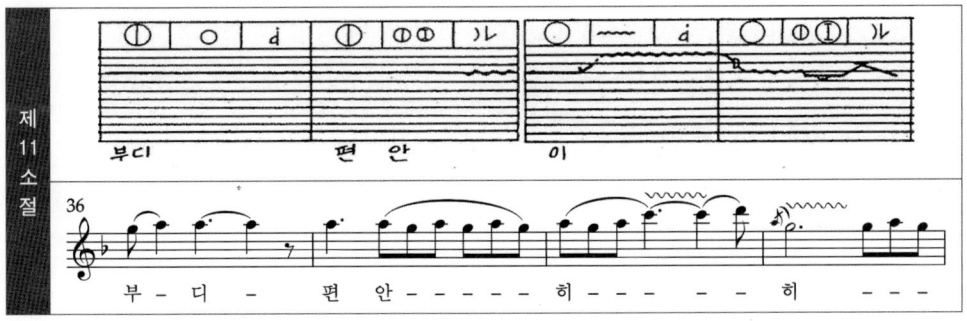

　〈영변가〉 제10-12소절 A4-4, B4-13 기법 부분이 나오는데, 먼저 A4-4는 '"2"와 같이 누르는 목 올라가는 듯 하다가 자주 깊이 떠는 목'으로 줄여서 '올리다가 끝을 잘게 떨어주는 요성'이라 부르고, 부호는 〰〰 이다. B4-13은 '잠깐 낸 목에서 한음 높이 가볍게 떨다가 한음 내려 자리를 잡아 가지고 뒤집었다 꺾어 끊는다. 여기까지 목만 쓰게 되면 수심가는 보통 잘 될 것이다.'라고 설명되어있고 줄여서 '약간 올라가는 듯 떨며 음을 내려 꺾는 목'이라고 하며, 부호는 〰〰 이다.

〈표〉 너 잘있거라

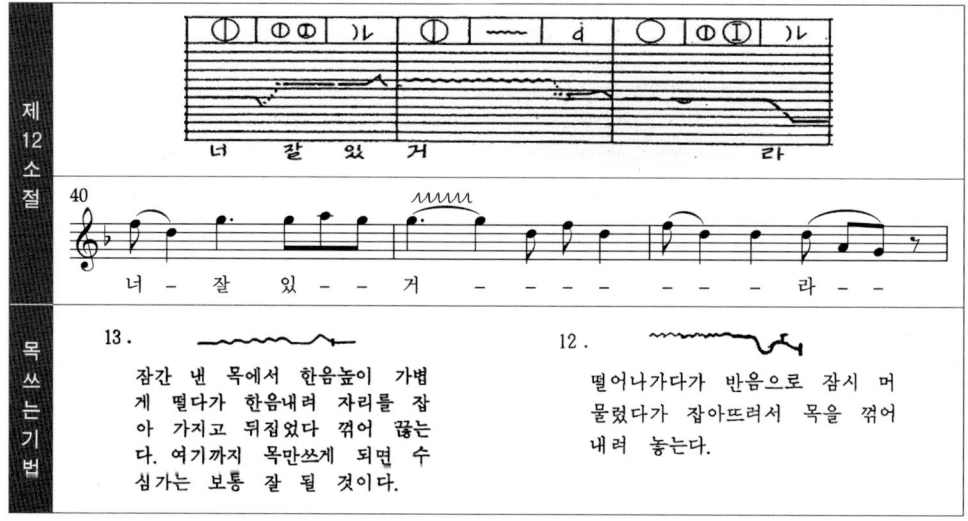

　〈영변가〉의 그림형 악보에서 찾아낸 오복녀 '목쓰는 기법'에 쓰인 시김새는 A형, B형, C형, 기타(E형)가 출현하고, 세부적으로는 1(A-1), 4(A-4), 6(B-1), 13(B-4), 28(B-11), 12(C-2), 33(기타1)으로 총 7종의 유형을 찾아볼 수 있었으며, 1(A-1)은 2회, 4(A-4)은 1회, 6(B-1)은 3회, 13(B-4)은 2회, 28(B-11)은 5회, 12(C-2)은 6회, 33(기타1)은 1회 출현한다. 22번(기타1)은 오복녀의 '목 쓰는 기법' 음원 중 〈영변가〉의 '젊어서 노잔다' 중 '젊어'에 해당된다고 언급이 되어있어 적용하는데 있어서 어려움은 없었으나, '양춘은 가절이로다' 중 '로---'의 경우 '목 쓰는 기법' 3번(B-4)과 유사한 형태를 띠고 있다.

〈표〉 42종 기법 중 B4-3 기법

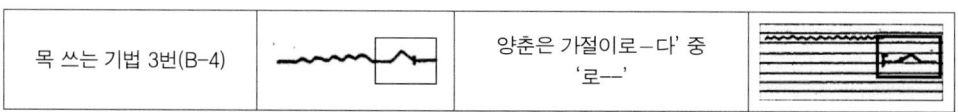

〈영변가〉의 경우 33번(E1-33), 6번(B1-6)의 경우 그림채보와 '목 쓰는 기법'이 동일하게 나타나지만, 그 외에 13번(B-4)이나 28번(B-11) 등의 경우, '목 쓰는 기법'의 일부분이 유사한 형태를 대입시켜 놓은 것에 아쉬움이 남는다.

〈표 17〉 〈영변가〉의 시김새 사용 종합

	유형	42종	그림	42종 설명	빈도
1	A1	1		굵은목으로 누르고 떠는목(요성)	2
2	A4	4		올리다가 끝을 잘게 떨어주는 요성	1
3	B1	6		길게 뻗어나가다 방울 목 후 눌러 떨어주는 목	3
4	B4	13		약간 올라가는 듯 떨며 음을 내려 꺽는 목	2
5	B11	28		쭉 나가다가 받쳐서 내리고 돌려 떠는 목	5
6	C2	12		떨다가 반음올리고 내려와 꺽는 목	6
7	E1	33		원조로 나가다가 눌러 변조로 나가는 목	1

9. 〈공명가〉의 '목 쓰는 기법'

〈공명가〉는 적벽대전을 앞둔 긴박한 순간을 긴장감 있게 음악적으로 표현하여 초한가와 함께 대표적인 서도 좌창으로 꼽힌다. 장단이 불규칙 하며 수심가로 맺는 전형적인 서도 좌창의 특징을 가지고 가사 내용에 따라 적절한 창조를 구사해 가며 극적인 진행이 다소 어려운 곡이다. 서도 5좌창(초한가, 공명가, 영변가, 제전, 배따라기) 중 가장 어려운 곡으로 알려져 있다. 이 곡은 2박과 3박의 혼합형으로 불규칙적이다.

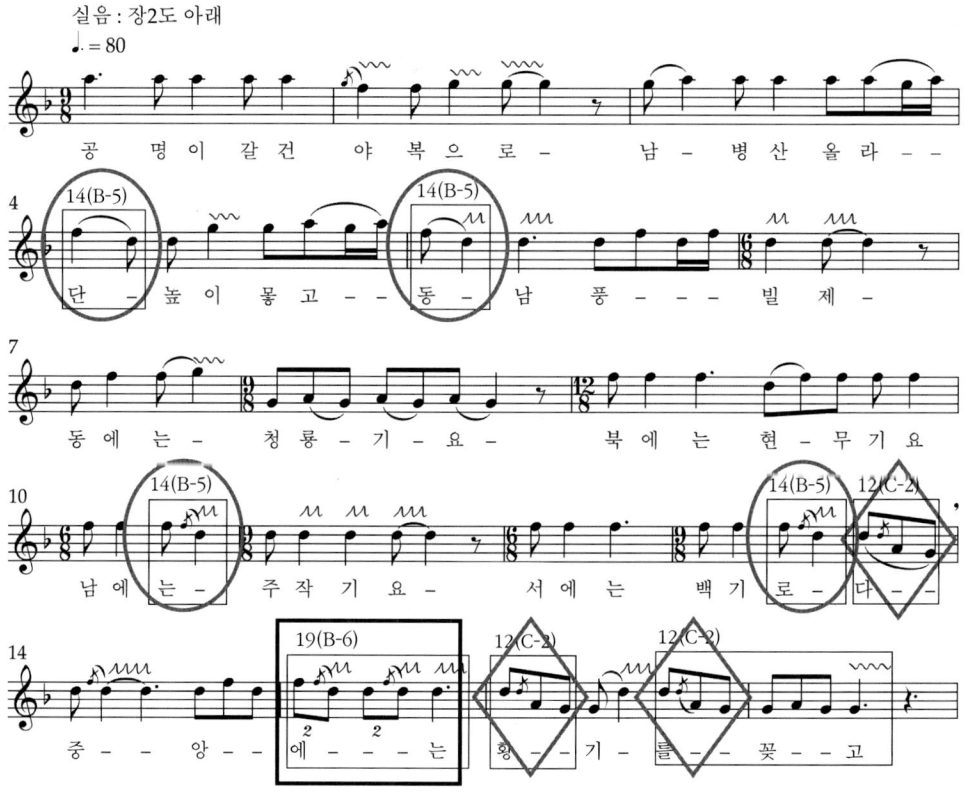

〈악보 36〉 〈공명가〉 제1~5소절 42종 기법 B5-14, B6-9, C2-12

 〈공명가〉의 그림형 악보에는 1(A-1), 14(B-5), 19(B-6), 21(B-7), 9(C-1), 12(C-2)로 총 6종의 목 쓰는 기법이 나타난다. 1(A-1)는 1회, 14(B-5)는 36회, 19(B-6)은 14회, 21(B-7)은 4회, 9(C-1)은 4회, 12(C-2)은 83회 출현한다. 〈공명가〉를 분석했을 때 14(B-5), 12(C-2), 19(B-6)가 공통적으로 많은 횟수로 나타나고 있는 것을 확인할 수 있다. 악보에 표시된 기호를 보면 동그라미(○) B5-14와 다이아몬드(◇) C2-12가 전체 곡에서 대부분을 차지하고 네모(□) B6-9가 2-3회 보인다. 〈공명가〉 총 356마디에서 12(C-2), 14(B-5), 19(B-6)가 지배하고 있음을 알 수 있다.

〈표〉 단 높이 몽고 동남풍 빌 제

〈표〉 남에는 주작기요 서에는 백기로다

<표> 중앙에는 황기를 꽂고

〈악보 37〉 〈공명가〉 제6~9소절 42종 기법 B5-14, B6-9, C2-12

〈표〉 오방기치를 동서사방으로 좌르르르르

〈표〉 버리워 꽂고 발 벗고 머리풀고

<표> 학창 혁대 띠고 단에 올라 동남풍 빌은 후에

<악보 38> 단하를 굽어보니 강산에 둥

앞서 비교한 곡들의 분석에서도 언급한 바 있듯이 오복녀의 '목 쓰는 기법'이 정확하게 일치하는 경우도 있지만, 그렇지 않은 경우에는 가장 유사한 부분을 대입시켰다. 곡선의 형태로 모든 음을 이어나가는 것은 서도소리 특징 중 하나이며 오 명창은 이를 반음이라고 표현했는데, 이 반음은 모든 서도소리에 출연하나 따로 '목 쓰는 기법'으로 분류하지 않고, 그림채보에서만 일부분 표기되어 있다.

그렇기에 곡선 형태의 시김새를 대입할 때는 14번(B-5)을 유사형태로 자주 적용하였으며 <공명가>의 경우 '남병산 올라 단 높이 뫃고' 중 '단'을 기법의 일부분이 동일한 형태를 띠고 있어 14번(B-5)으로 적용하였다.

<표> '남병산 올라 단 높이 몽고' 중 '단' 부분 '목 쓰는 기법'(14번, B5) 악보

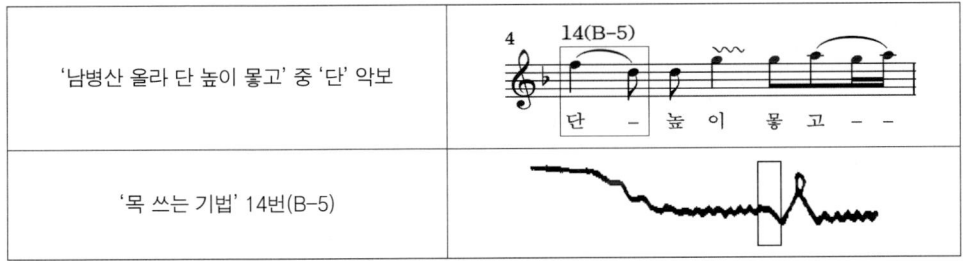

'남병산 올라 단 높이 몽고' 중 '단' 악보	
'목 쓰는 기법' 14번(B-5)	

　　<공명가>를 분석했을 때 14(B-5), 12(C-2), 19(B-6)가 공통적으로 많은 횟수로 나타나고 있는 것을 확인할 수 있다. <공명가> 대부분 악보에 표시된 기호를 보면 동그라미(○) B5-14와 다이아몬드(◇) C2-12가 전체 곡에서 대부분을 차지하고 네모(□) B6-9가 2-3회 보인다. <공명가> 총 356마디에서 12(C-2), 14(B-5), 19(B-6)가 지배하고 있음을 알 수 있다. 제1-18 소절 까지에 나타난 기법을 도형 3가지로 표시해서 보면 얼마만큼 <공명가>에서 14(B-5), 12(C-2), 19(B-6)가 공통적으로 많은 횟수로 나타나고 있는지 확인할 수 있다.

〈악보 40〉〈공명가〉제345마디 '한종실-'부분 42종 기법 시김새 유형표시 악보

그러나 속도가 느려지는 <공명가>의 마지막 345마디 '한종설-' 부분에서의 시김새 기법 사용을 보면, 앞에서와 같이 14(B-5), 12(C-2)가 악보의 오른쪽에서 확인되는 반면 왼쪽 즉, 각 소절의 앞부분에서는 A1-1, C1-9, B7-21의 등장이 특징을 보이고 있는데, 종결악장 전체 8소절 중 4소절에서 C1-9, B7-21의 조합이 나타나는 것이 확인된다.

<공명가>의 그림형 악보에서 '목 쓰는 기법'이 어떻게 적용되는지 확인해본 결과 A형, B형, C형이 출현하고 세부적으로는 1(A-1), 14(B-5), 19(B-6), 21(B-7), 9(C-1), 12(C-2)로 총 6종의 목 쓰는 기법이 나타나며, 1(A-1)는 1회, 14(B-5)는 36회, 19(B-6)은 14회, 21(B-7)은 4회, 9(C-1)은 4회, 12(C-2)은 83회 출현한다.

<표 18> <공명가>의 시김새 사용 종합

	유형	42종	그림	도형	42종 설명	빈도
1	A1	1	～～～	□	굵은목으로 누르고 떠는목(요성)	1
2	B5	14	～	○	내려오는 듯 떨다가 두음 내려 떠는 목	36
3	B6	19	～┼～	□	뻗다가 목을 끼고 뻗다가 방울목을 끼고 떠는 목	14
4	B7	21	～～～	□	떨다가 반음 올려 콕 찌르고 내려와 떠는 목	4
5	C1	9	～～●	□	콕 찌르는 목	4
6	C2	12	～～	◇	떨다가 반음올리고 내려와 꺽는 목	83

10. <초한가>, <제전>, <배따라기>의 '목 쓰는 기법'

다음은 <공명가>에 나타난 유형들을 토대로 오복녀의 목 쓰기 기법이 다른 좌창곡에서는 어떻게 나타나고 있는가 하는 점을 <초한가>, <제전>, <배따라기>를 통해 알아보겠다.

<악보 41> <초한가> 42종 기법 시김새 유형표시 악보

<악보 42> <제전>[1] 42종 기법 시김새 유형표시 악보

---

1 제전(祭奠): 이 노래는 한식날 돌아간 남편을 찾아가서 제를 올리고 자기 신세를 자탄하면서 저승간 님을 그리며 슬퍼하는 내용임.

〈악보 43〉〈배따라기〉42종 기법 시김새 유형표시 악보

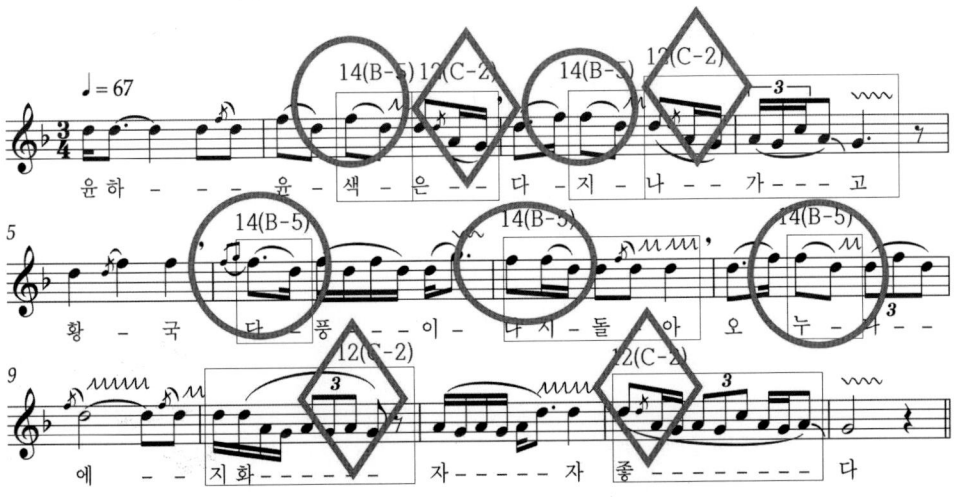

〈표 19〉〈초한가〉〈제전〉〈배따라기〉의 시김새 사용 종합

번호	곡명	유형	42종	그림	설명	빈도
1	초한가	B5	14		내려오는 듯 떨다가 두음 내려 떠는 목	1
		B6	19		뻗다가 목을 끼고 뻗다가 방울목을 끼고 떠는 목	1
		C2	12		떨다가 반음올리고 내려와 꺽는 목	2
2	제전	B5	14		내려오는 듯 떨다가 두음 내려 떠는 목	1
		B6	19		뻗다가 목을 끼고 뻗다가 방울목을 끼고 떠는 목	0
		C2	12		떨다가 반음올리고 내려와 꺽는 목	7
3	배따라기	B5	14		내려오는 듯 떨다가 두음 내려 떠는 목	5
		B6	19		뻗다가 목을 끼고 뻗다가 방울목을 끼고 떠는 목	0
		C2	12		떨다가 반음올리고 내려와 꺽는 목	4

좌창은 민요보다 시김새가 훨씬 적고 화려하지 않아 오히려 15분가량의 분량인 〈공명가〉를 6종의 기법으로 정리할 수 있었다. 이 소리에서는 14번(B-5)와 12번(C-2)의 시김새를 제대로 구사할 수 있다면 그 특징을 제대로 표현했다고 할 수 있다고 본다.

11. 소결

이상 오복녀 명창이 정리한 '목 쓰는 기법' 42가지를 민요에 어떻게 적용되고 있는지 확인해보았다. 음원 분석을 통해 서도소리에서 나오는 시김새들이 '목 쓰는 기법' 42종에 그림형 시김새로 주요 표기되었음을 알 수 있었다. 그림형 시김새를 악보로 옮겨 각 노래에 대입해본 결과, 똑같은 목 쓰임이 민요 속에서 달리 표현되고 있는 부분이 많음을 알 수 있었다. 그리고 그림형 시김새를 세분해서 소리 속에 표현해 본 결과 서도소리의 전형적인 시김새임을 확인하였다.

오복녀 전창 서도소리 〈수심가〉, 〈관산융마〉, 〈긴아리〉, 〈자진아리〉, 〈산염불〉, 〈자진염불〉, 〈안주애원성〉, 〈영변가〉, 〈공명가〉 이상 총 9곡의 '목 쓰는 기법'고찰 내용을 종합해보면 다음 〈표 21〉, 〈표 22〉와 같다. 오복녀 '목 쓰는 기법' 5개 유형 분류를 참조해서 전체적인 결과를 이해하면 한다.

〈표 20〉 오복녀 '목 쓰는 기법' 5개 유형 분류

유형	시김새 형태	해당 번호	수량
A	기본적인 요성 형태	(1, 2, 3, 4, 5, 8, 11, 15, 16, 25, 26, 27, 31, 32, 36, 39, 40, 42)	18
B	방울목과 끼는목의 결합 형태	(6, 7, 10, 13, 14, 19, 21, 22, 23, 24, 28, 29, 30, 34, 37, 41)	16
C	콕 찌르는 목과 꺽는 목의 형태	(9, 12)	2
D	끼는 목이 등장하며 마무리 되는 형태	(17, 18, 20)	3
E	선율로 이루어져 있는 형태	(33, 35, 38)	3

〈표 21〉 오복녀 전창 서도소리의 '목 쓰는 기법' 시김새 사용 현황

유형		42종	그림	수	관	긴	자아	산	자염	안	영	공	초	제	배	계
A (8)	A1	1		○	○						○	○				4
	A2	2			○	○		○								3
	A4	4										○				1
	A8	15			○											1
	A10	25					○			○						2
	A11	26					○									1
	A13	31						○	○							2
	A14	32						○								1
B (11)	B1	6			○					○	○					3
	B4	13									○					1
	B5	14		○	○							○	○	○	○	6
	B6	19										○	○			2
	B7	21		○				○				○				3
	B8	22				○										1
	B9	23				○										1
	B11	28			○	○		○	○	○						6
	B14	34			○											1
	B15	37			○											1
	B16	41			○											1
C (2)	C1	9		○			○				○					4
	C2	12		○		○	○			○	○	○		○	○	10
E (1)	E1	33								○						1
22				5	9	5	3	7	4	3	7	6	3	2	2	56

〈표 22〉 오복녀 전창 서도소리의 '목 쓰는 기법' 빈도 및 순위

유형	42종	그림	설명	빈도	순위
C2	12		떨다가 반음올리고 내려와 꺽는 목	10	1
B5	14		내려오는 듯 떨다가 두음 내려 떠는 목	6	2
B11	28		쭉 나가다가 받쳐서 내리고 돌려 떠는 목	6	2
A1	1		굵은목으로 누르고 떠는목(요성)	4	3
C1	9		콕 찌르는 목	4	3
A2	2		밀어 올려 떨어주는 요성	3	4
B1	6		길게 뻗어나가다 방울 목 후 눌러 떨어주는 목	3	4
B7	21		떨다가 반음 올려 콕 찌르고 내려와 떠는 목	3	4
A10	25		눌러 얼르다가 높이 세청 내고 원음으로 내려 떠는 목	2	5
A13	31		내려 얼르다가 목을 끼고 찌르고 감아내려오는 목 – 애원성	2	5
B6	19		뻗다가 목을 끼고 뻗다가 방울목을 끼고 떠는 목	2	5
A4	4		올리다가 끝을 잘게 떨어주는 요성	1	6
A8	15		올려 떨다가 반음 뒤집는 목	1	6
A11	26		올라가듯 떨다가 힘차게 내려 반음으로 내려 놓는 목	1	6
A14	32		반음으로 나가다가 반음으로 올려밀고 반음으로 내려 떠는 목	1	6
B4	13		약간 올라가는 듯 떨며 음을 내려 꺽는 목	1	6
B8	22		세청 내고 한음 높은 세청하고 내려 올린후 떠는 목	1	6
B9	23		흔들다가 세청 내고 다시 세청하고 내린 후 끼고 감는 목	1	6
B14	34		눌러 떨다가 반음치고 내려 눌러 떠는 목	1	6
B15	37		뻗쳤다가 눌러 나가다가 한번 살짝치며 세청으로 올리는 목	1	6
B16	41		뽑아가지고 감다가 원음내고 잡아내려 흔든다 – 세청	1	6
E1	33		원조로 나가다가 눌러 변조로 나가는 목	1	6

끝으로 본 연구자는 다음과 같은 제언을 하고자 한다. 오복녀 명창이 제시하고 있는 42종의 유형들은 구체적이어서 분석연구에 많은 도움이 되고 있음은 분명하다. 그러나 일부는 중복된 부분도 없지 않고 또한 경우에 따라서는 지나치게 세분화 되어 있어서 혼란을 주는 부분도 없지 않았다. 이에, 본 연구자는 상기 42종의 다양한 그림형 시김새 중에서, 상호 유사한 표현법들은 조정하여 10종으로 압축하는 방안을 제시하여 배우는 초심자들에게 도움이 되고자 한다. 그 형태를 제시하면 아래와 같다. 이렇게 공통적으로 통용되는 시김새 이외에도 각 좌창이나 민요 중 에는 독특한 표현법을 요구하는 시김새가 있다. 이러한 부분은 그 특징을 이해하고 연습해서 익히는 방법이 가장 일반적이다.

<표 23> 유지숙 정리 서도소리 시김새 10개 유형

유형	목 이름	부호	42기법	설명
1	①	요성(搖聲)	∧∧∧∧∧	1	기본적으로 떠는 목
2	②	졸음목	∧∧∧∧∧∧	10	촉급하게 깊이 자주자주 떠는 목
3	③	상행요성		2	밀어 올리면서 떠는 목
4	④	하행요성		3	흘려내리면서 떠는 목
5	⑤	반음기법		28	음과 음 사이를 반음으로 흘려 내리는 목
6	⑥	꺾는목	ㄴ	12	힘을 주어 꺾어 내는 목
7	⑦	방울목	O	6	목소리를 뒤집어 둥굴게 내는 목
8	⑧	끼는목	T	17외	힘을 주어 해당음을 강조하는 목
9	⑨	어르는목	—·—O∼	19	어르며 요성을 주는 목
10	⑩	종지목		없음	노래를 마무리하는 목.

〈악보 44〉 유지숙 정리 서도소리 시김새 10개 유형 표시 〈수심가〉 악보

수심가

노래: 유지숙
채보: 박세라

제5장

결론

제5장

결론

　이상의 논의에서 오복녀가 기록한 서도소리의 '목 쓰는 기법' 42종에는 어떠한 형태의 시김새가 있으며, 이들 시김새는 서도소리의 실제 악곡에서 어떻게 활용되고 있는가? 하는 점을 중점적으로 분석해 보았다. 이 책에서 분석 대상으로 선정한 서도 소리들은 서도 민요의 〈수심가〉, 시창詩唱인 〈관산융마〉, 〈긴아리〉, 〈자진아리〉, 〈산염불〉, 〈자진염불〉, 〈안주 애원성〉(일명 물레타령), 좌창의 〈영변가〉, 〈공명가〉 이상 총 9곡을 대상으로 분석하였다. 이 악곡들의 음원은 오복녀 명창이 40여 년 전, 실창實唱으로 전해 준 자료이며 본 연구자가 소장하고 있는 유일한 카세트 테잎이다. 앞에서 분석한 내용들을 요약하면 다음과 같다.

　첫째, 오복녀의 '목 쓰는 기법' 42종의 시김새는 그림형으로 제시되고 있는데, 이 기법들이 나타나 있는 각 악곡의 해당 부분을 구체적으로 살펴보면, 주로 〈관산융마〉, 〈수심가〉, 〈산염불〉, 〈긴아리〉 등 4곡에 집중적으로 나타나고 있음을 확인하였다. 그러므로 오복녀가 예시해 준, '목 쓰는 기법'들을 제대로 이해하고 또한 정확하게 표현한다면 서도소리의 전반적인 시김새 구사가 가능하다고 하겠다.

　둘째, 서도의 대표적인 민요로 널리 불리고 있는 〈수심가〉는 위의 A형, B형의 기법이외에도, '콕 찌르는' 목이라든가, 또는 '꺽는' 목의 C형 기법이 자주 쓰이고 있다. 이러한 표현들은 <수심가>의 생명이라 불릴 정도로 매우 독특한 시김새이며, <산염불>에도 이와 유사한 기법들이 나타나고 있다. 추가로 <긴아리>에는 떨어나가다가 치는 B형, 그리고 꺽는 목의 C형 기법이 출현하는데, 해당 기법의 형태가 비교적 규칙적인 점이 주목을 끌고 있다.

셋째, <관산융마>의 '목 쓰는 기법'으로는 요성搖聲, 즉 떠는 형태(A형)가 중심을 이루고 있다. 또 다른 형태는 떨어 나가다가 치는목이나 끼는목과 같은 여러 기법들이 복합되어 있는 형태도 나타난다. 이러한 유형은 B형으로 구별하였는데, 총 9종이 보이고 있다.

넷째, <공명가> 분석에서는 서도소리의 특징 중, 곡선의 형태를 띠고 있는 '반음'의 표현은 거의 공통적으로 출현하고 있는 유형임에도 불구하고 그림으로만 일부분이 소개되어 있다. 또한 <공명가>에 나오는 표현들은 <초한가>, <제전>, <배따라기> 등과 같은 좌창곡에도 나타나고 있음을 확인하였다. 또한 서도소리에 공통적으로 활용되고 있는 시김새의 양상들을 악보상에 나타내거나, 노래에 적용하는 작업은 한계가 있었다. 이러한 분석 연구는 표현법들의 충분한 이해와 과학적인 접근으로 정리되어야 할 것이다.

다섯째, 서도소리의 전승자들의 입장에서 이러한 그림형 시김새를 익히는 것은 매우 유익한 과정이 될 것이다. 아울러 미묘한 표현이 전편에 나타나는 구전심수口傳心授의 방법도 중요한 과정임을 참고할 필요가 있다. 본고에서 살펴 본 바와 같이 오복녀 명창의 목 쓰는 기법들을 실제 악곡에 적용해 본 결과, 대부분은 그가 제시한 그림형 시김새와 일치하고 있었으나, 부분적으로는 상이한 부분도 발견되고 있었다. 또한 그림형 시김새의 용어 설명이 다소 장황하고 긴 편이어서 이해하기 어려운 부분도 있었다. 진성眞聲이나 가성假聲, 또는 퇴성退聲이나 추성推聲, 요성搖聲이나 전성轉聲 등으로 단순화하여 설명을 보다 쉽게 정리해야 전승자들에게 접근이 용이하다고 본다.

지금까지 서도소리에 나타나는 다양한 시김새의 양상은 오복녀 전승 녹음자료실제의 음원을 기초로 하여 오선보로 역보하고 비교가 용이하도록 자료화하였다. 이를 통해 그림형 시김새의 악보화 작업과 '목 쓰는 기법'을 중심으로 40여 년 이상 서도소리를 공부해 온 창자로서 시김새의 중요성을 충분히 이해할 수 있는 기회가 되었다. 앞으로 연구자에게 서도소리를 전승해준 오복녀의 '목 쓰는 기법' 42종을 좀 더 단순화하고, 서도소리 전 장르에 등장하는 공통적인 시김새를 더더욱 연구하여 이해하기 쉽도록 체계화하는 과정이 요구된다고 하겠다. '악보라는 존재는 아주 불충분한 약속에 지나지 않는다'라는 논리가 우리의 서도소리에도 통하리라 생각하고 있기 때문이다.

끝으로 오복녀가 제시하고 있는 42종의 유형들은 구체적이어서 분석연구에 많은 도움이 되고 있음은 분명하다. 그러나 일부 내용은 중복 부분도 없지 않고, 또한 경우에 따라서는 지나치게 세분화되어 있어서 혼란을 주는 부분도 있다. 따라서 본 연구자는 어렵게 전승되어 온 서도소리가 전승자들은 물론이고, 애호가들이 더 쉽게 이해할 수 있도록 상기 42종의 다양한 그림형 시김새 중에서 상호 유사한 표현법들을 정리하여 총 10종으로 축약하는 방안을 제안한다.

부록

오복녀의 '목쓰는 기법'
유지숙 정리 서도소리 시김새 10개 유형
오복녀 '목 쓰는 기법' 42종 해독 내용 정리표
오복녀 전창 서도소리 악보

부록1

오복녀의 '목쓰는 기법'

녹음: 1997년 3월 6일 제작
교재: 오복녀, 『서도西道소리』, 광진문화사, 1978.

Ⅲ. 목 쓰는 기법

1. ～～～～ 서도창 목 쓰는데 대하여 주로 배에 힘을 주어 굵은 목 누르는 것.	2. ～～／ "1"과 같이 눌러 떠는데 위로 올라가는듯 하게	3. ＼～～ "2"와 반대로 내려 오는듯 하게 떨며 누르는 목
4. ／～～ "2"와 같이 누르는 목 올라 가듯하다가 자주 깊이 떠는 목	5. ～＼～ "3"과 같이 내려오는 듯한 음정으로 눌러 나가다가 자주 깊이 떠는 목	6. ───○～ 길게 뽑아 나가다가 방울 목을 치면서 눌러 떠는 목
7. ～ｏ～ 올라가는듯하게 깊이 떨다가 그 자리에서 조금 머물러 가지고 방울목을 치며 동시에 살짝꺾어 가지고 자주 깊이 떠는 목	8. ～／～ 뽑다가 꺾어 눌러 받쳤다가 올라가듯하게 얼러 잡는 목 (천천히)	9. ～～･ 눌러 평으로 떨다가 목을끼고 반음색 두번을 꺾어 울렸다가 다시 잠깐 반음으로 내리고 살짝 목 찌르는 목 (수심가에는 이대목이 즉 생명이라 할 것이다)
10. ～＾～ 올라가듯하게 깊이 자주 떨어나 가다가 꼭 찌르고 반음을 끼고 내려오다가 잠깐 꺾어 잡아 다녔다가 놓아 주면서 눌러 떠는 목	11. ～～～ 반음으로 잠깐 내가지고 원음으로 흔들어 눌르다가 다시 반음으로 내었다가 꺾으면서 눌러 떠는 목	12. ～＾＼ 떨어나가다가 반음으로 잠시 머물렀다가 잡아드려서 목을 꺾어 내려 놓는다.

13. 잠간 낸 목에서 한음높이 가볍게 떨다가 한음내려 자리를 잡아 가지고 뒤집었다 꺾어 굽는다. 여기까지 목만쓰게 되면 수심가는 보통 잘 될 것이다.	14. 음을 내다가 내려오는듯하게 천천히 감는듯 말듯. 자주 깊이 떨어 벌려 가지고 반음으로 잠깐받쳐 한음높이 가볍게 잠깐 울렸다가 금방 두음내려 눌러 떠는 목.	15. 아래배에서 점점 가슴으로 울려 힘을주어 떨다가 살짝 반음으로 뒤집었다가 나오는 목.
16. 내뿜다가 중간에 더 배에 힘을 주어 굵게 나가다가 방울 목으로 치면서 꺾어서 금방 눌러 떤다.	17. 나가다가 위로 올라가듯 조르다가 살짝 꺾는 목.	18. 눌러 떨어 올라가다가 자주 깊이 떨다 좀 깊이 꺾는 목.
19. 뽑다가 굵게 굽었다가 다시 이어나가 굵게 떠는목.	20. 나아가다가 배에 힘을 주어 목을 굵게나가 자주 깊히 올라가는듯 떨다 끝으로 살짝 꺾어준다.	21. 목을끼고 떨다가 반음으로 역시끼고 잠깐올리고 다시 콕 찌르고 반음으로 다시 내려서 끼고 떨어드려 나간다
22. 나가다가 치면서 깊이 보통 떨다가 살짝잡았다. 세청으로 놓아주었다가 다시 잡아당겨 한음높은 세청으로 놓아 살짝 치면서 끌어내려 끼는 목으로 잠간 한음낮게 잠간 한음높이 울려가지고 흔들어 떤다.	23. 흔들어 나가다가 한음높이 잠간 세청으로 들었다가 다시내리고 거듭 또 한음 세청에 올려치면서 내려트려 가지고 조금 병으로 끌어가지고 흔들어 나가다가 끼고 감아 놓는다.	24. 깊이 힘차게 굵게 떨다가 잡아 다녔다가 역시끼는 목으로 반음 올려 금방내려 받쳐 가지고 한음 높이 꼭 찌르고 반음으로 살짝 내려 금방 굽어가지고 그음으로 떨어 감아 꺾어가지고 원음조로 떨어 나간다.
25. 천천히 눌러 얼르다가 잠깐 머물렀다. (즉, 잠시라도 세청을 울리는데 받침) 한음높히 도 높이 잠깐 세청으로 쳐다 보는듯이 내었다가 원음으로 다시 곱게 떤다.	26. 올라가듯 깊이 떨다가 반음을 내어 조금 줄여가지고 아래로 힘차게 잡아다니듯 내가지고 반음을 내다가 꺾어 휘잡아 반음으로 내려 놓는다.	27. 내었다가 아래로 내려오는 듯 두번정도 얼러 가지고 반음내려 잠깐 내가지고 곧 한음 높였다가 반음으로 내린다.
28. 죽-나가다가 힘있게 받쳐 가지고 원을 반가량 뒤집듯 둘러서 곱게 떠는 목.	29. 음을 내가지고 반음으로 잠간 내렸다가 원음으로 힘있게 받쳐 세청으로 음을 높여 (세움정도) 곱게 자주 떤다.	30. 반으로 내여 금방 올라가는듯 깊이 떨다가 반음으로 받쳐 한음 높히 쳐다보는듯 하고 반음으로 다시 거듭 다시 한음 높히 울려 찌르고 내려트려 흔들어 떤다.
31. 내려오는듯 얼르다가 (천천히) 목을끼고 한번 감듯하고 쳐다 보는듯 찌르고 감아 내려온다. 즉 살짝 감아 쳐다보는것 (꼭 찌를것) 애원성이라고 한다.	32. 반목에서 반음으로 나가다가 반쯤 원을 둘러내리듯 하다가 다시 반음으로 올려 밀었다 당겨가지고 한음높이 힘없이 쳐다보는 양으로 잠시 뽑아 반음으로 내려 흔든다.	33. 원조로 나가다가 다른음을 내게 되면 (한박 눌러 머물을수도 있고 반박으로 머물러 살짝) 눌러 가지고 변조로 나간다.

부록 185

34. ～～⌒～	35. ―――■―――	36. ～⌒～
눌러 자주 떨다가 반음 높여 금방 치면서 내려놓아 가지고 눌러 떤다.	높은곳에 올라갈적에 밑에서 받쳐주고 내려올적에 위에서 붙들어 주어야 실수가 없는 거와 같이 걸청에서 세청으로 올릴적에 살짝 꺾어 힘차게 받쳐 올려야 되고 세청에서 걸청으로 내려올적에도 살짝 머물러 붙들어 주는듯 해야한다. 걸청으로만 올리고 내릴적에도 마치 한가지다.	깊이·자주 떨다가 잠시 잡아다녔다가 반음으로 올려 내려 흔들어 떠는 목.
37. ～～～⌒○⌒	38. ――――――	39. ～～⌒⌒
뻗쳤다가 두번가량 힘차게 천천히 눌러나가다가 자주 떨다 한번은 치고 또 한번 살짝 치며 동시 세청으로 올리는 목인데 그냥 뽑기도 하고 천천히 감어 흔들기도 하고 자주 흔들기도 하고 오르는듯 하며 흔들기도 하고 내려오는 듯이 흔들기도 한다.	세청을 뽑을적에는 처음에는 배에 힘을 주지말고 은실같이 곱게 나가다가 조금 배에 힘을주어 굵게 내민다. 「세청」	처음부터 곱게 자주감다가 반음으로 일단 줄여가지고 다시 또 반음정도 올려 곧장 뽑는다. 「세청」
40. ⌒～⌒～	41. ⌒～～○～	42. ～⌒～～
뽑아가지고 내려오는듯 (천천히) 감다가 자주 감아 나가다가 뺙 돌리는듯 끊는다. 「세청」	곱게 뽑아 가지고 살짝 업고 자조감아 나가다가 원음으로 내서 전줄는 격 으로 하다가 치는 동시에 잡아내려 흔든다. 「세청」	죽-나가다가 원을 한음 높이 반을 도는격으로 돌아 내려와서 금방 다시 한음 높음으로 처다보는듯 찌르는듯하고 내려 흔들어 떨다가 내린다. (한음높이 기전에 반음으로 잠간내려 받들어 주는 양으로)

> 부록2

유지숙 정리 서도소리 시김새 10개 유형

제1형 요성搖聲의 기법 - 기본적으로 떠는 목

시김새 기호	악보

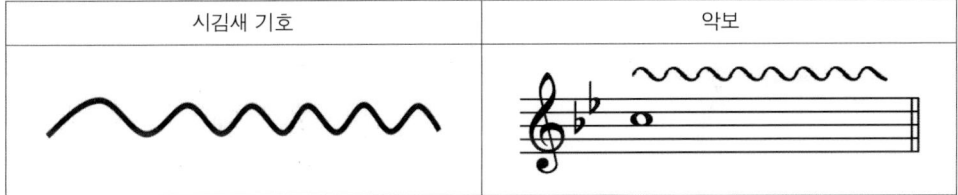

제2형 졸음목의 기법 - 촉급하게 깊이 자주자주 떠는 목

시김새 기호	악보

제3형 상행요성의 기법 - 밀어올리면서 떠는 목

시김새 기호	악보

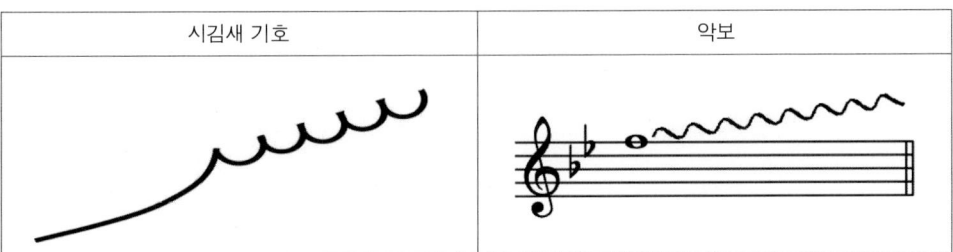

제4형 하행요성의 기법 - 흘려내리면서 떠는 목

시김새 기호	악보

제5형 반음♯♭의 기법 - 음과 음 사이를 반음으로 흘려 내리는 목

시김새 기호	악보

제6형 꺾는목의 기법 - 힘을 주어 꺾어 내는 목

시김새 기호	악보

제7형 방울목의 기법 - 목소리를 뒤집어 둥글게 내는 목

시김새 기호	악보

제8형 끼는목의 기법 - 힘을 주어 해당음을 강조하는 목

시김새 기호	악보
T	

제9형 어르는목의 기법 - 어르며 요성을 주는 목

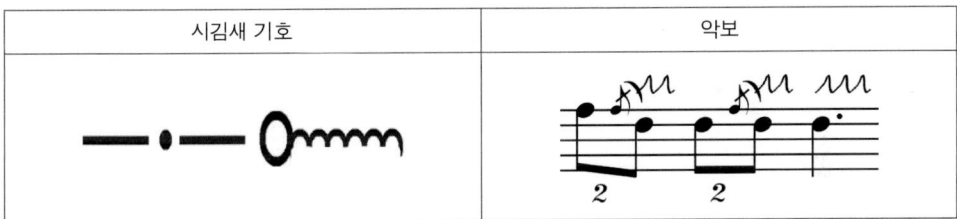

제10형 종지목(종지)의 기법 - 세번 정도 요성을 주며 마무리하는 목

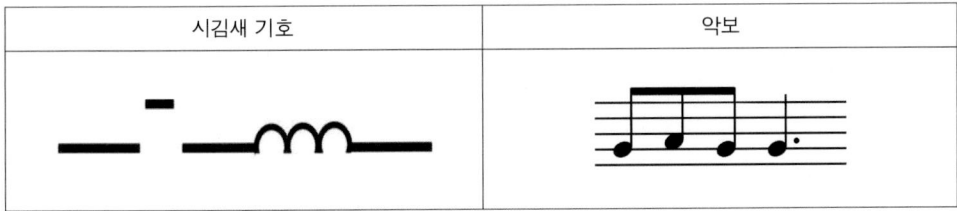

부록3

오복녀 '목 쓰는 기법' 42종 해독 내용 정리표

1. 수심가

〈표 1-1〉 약사 몽혼으로

<표 1-2> 행유적이면 문전석로가

<표 1-3> 반성사로구나

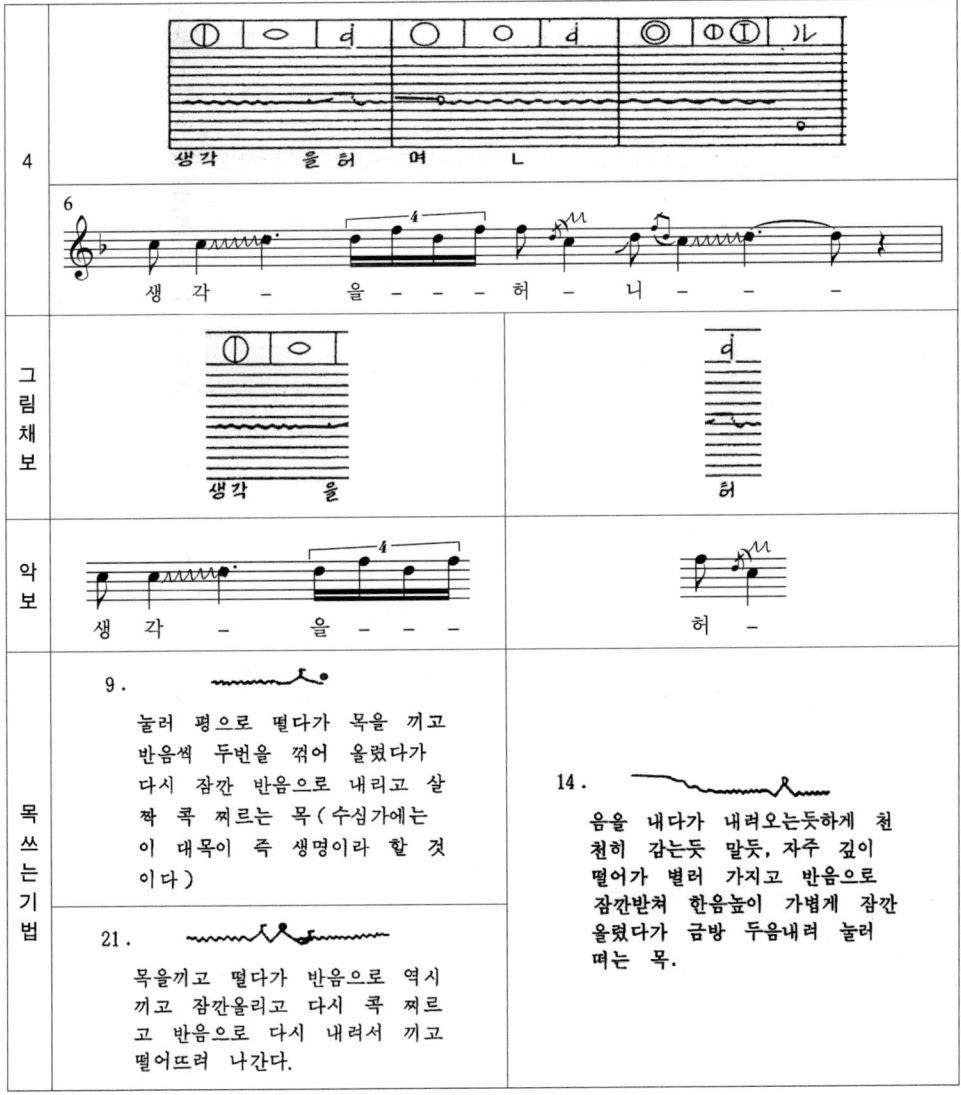

〈표 1-4〉 생각을 허니

<표 1-5> 임의 화용이 그리워

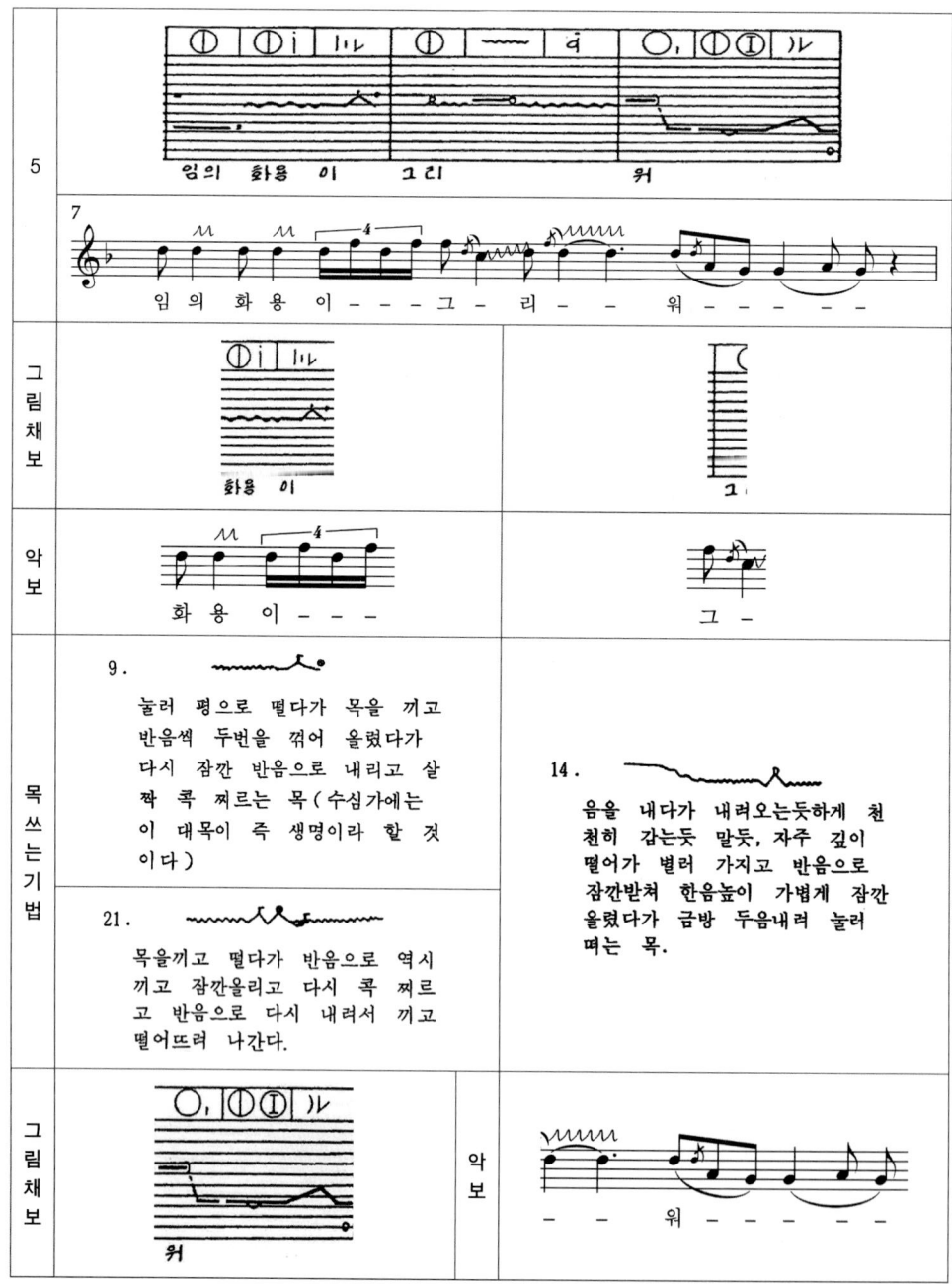

목쓰는기법	12. 떨어나가다가 반음으로 잠시 머물렀다가 잡아뜨려서 목을 꺾어 내려 놓는다.

〈표 1-6〉 나 어이 할까요

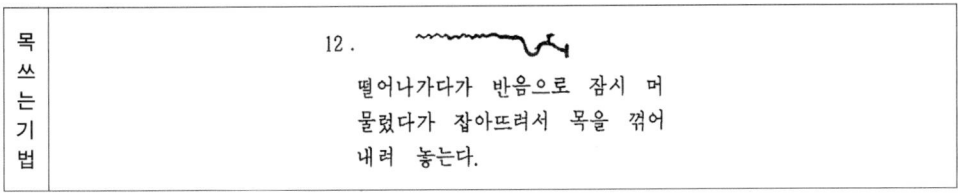

그림채보	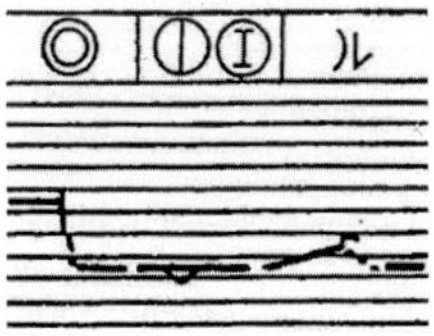	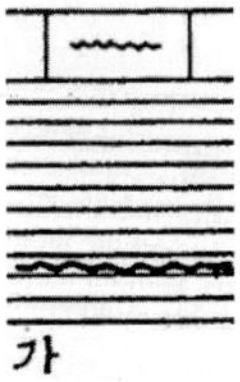
악보	 이 — — — — — —	 까 —
목쓰는기법	12. 떨어나가다가 반음으로 잠시 머물렀다가 잡아뜨려서 목을 꺾어 내려 놓는다.	1.  서도창 목 쓰는데 대하여 주로 배에 힘을 주어 굵은 목 누르는 것.

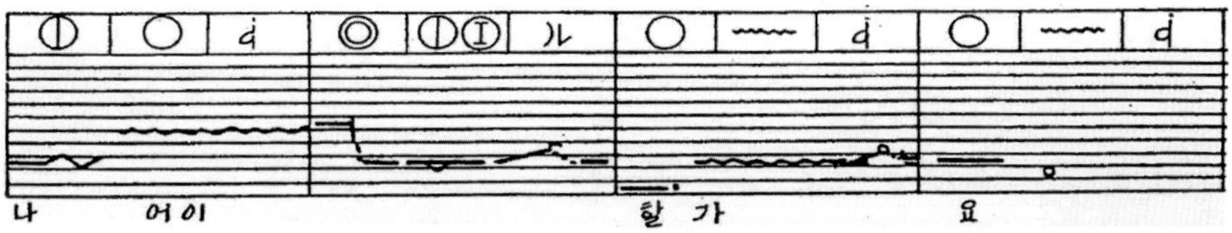

2. 관산융마

⟨표 2-1⟩ 추강이-

〈표 2-2〉 이-

부록 197

<표 2-3> 적마

3	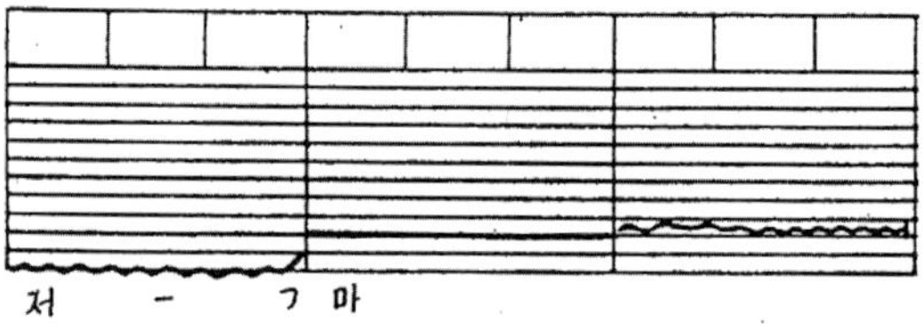 저 ─ ㄱ 마
	(악보: 적 ─ 마 ─ ─ ─)
그림채보	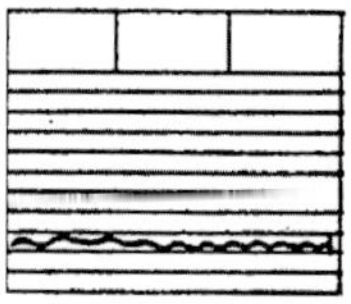 (그림) / 악보 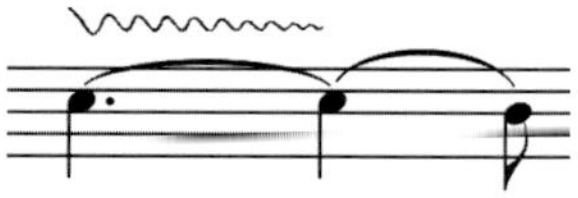
목쓰는기법	1. 〰️ 서도창 목 쓰는데 대하여 주로 배에 힘을 주어 굵은 목 누르는 것.

<표 2-4> 악

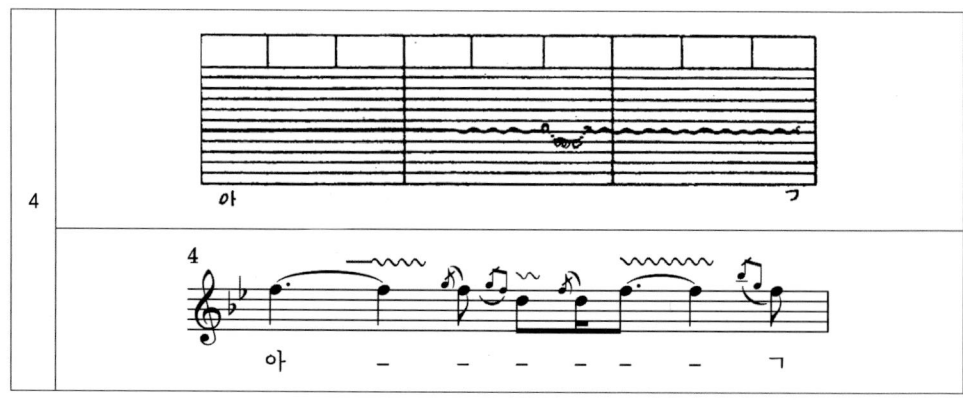

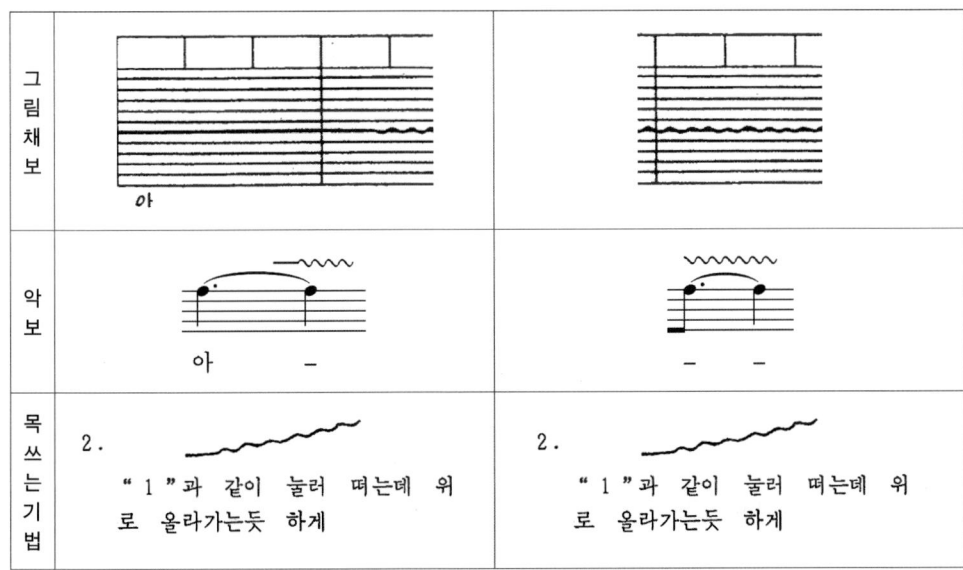

〈표 2-5〉어룡

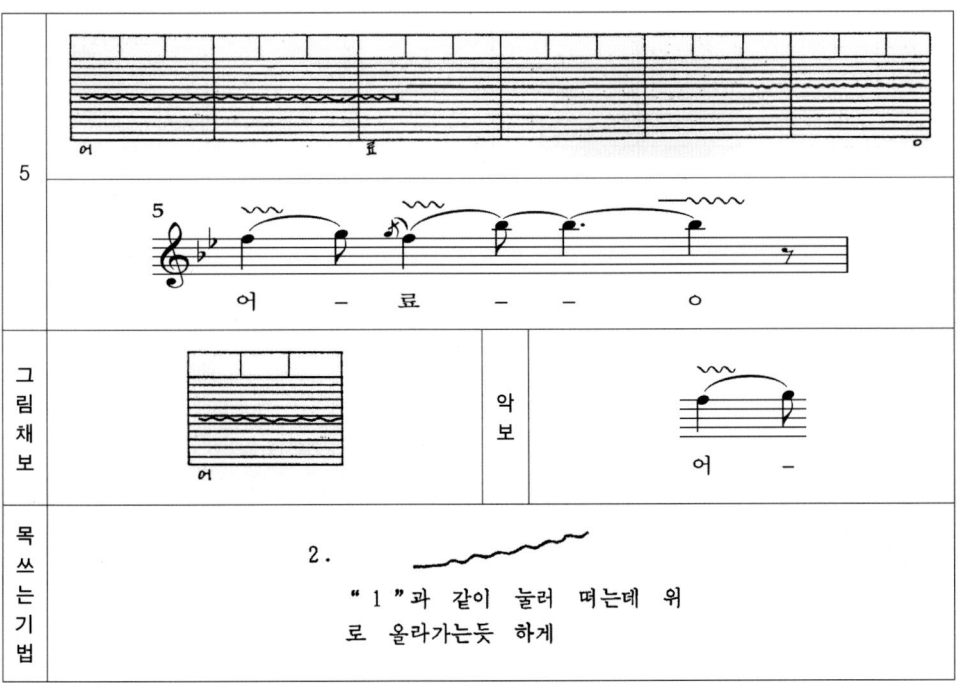

부록 199

〈표 2-6〉냉

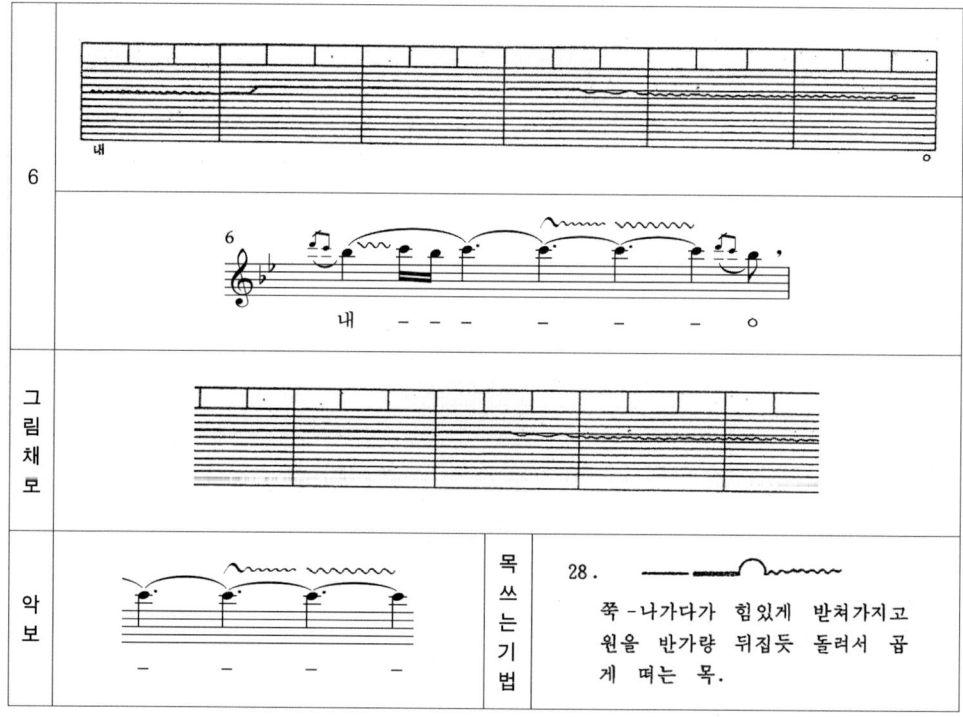

〈표 2-7〉허니-

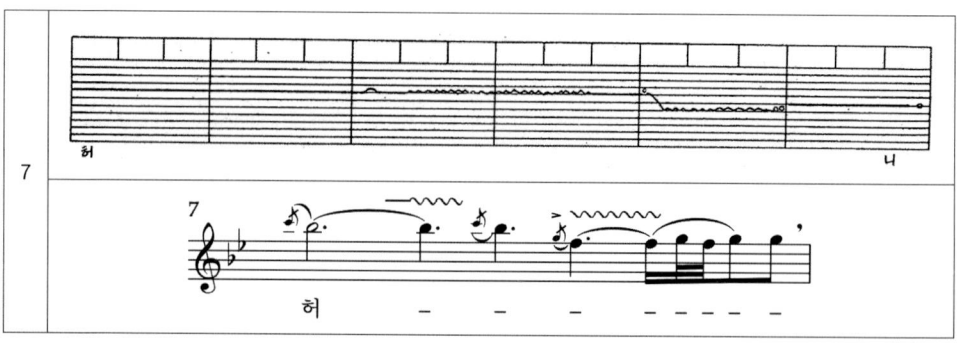

그림채보	![그림채보 내용]
악보	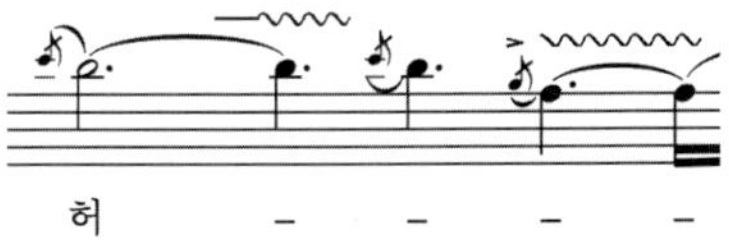 허 - - - -
목쓰는기법	41. 곱게 뽑아 가지고 살짝업고 자조감아 나가다가 원음으로 내서 전줄는 격으로 하다가 치는 동시에 잡아내려 흔든다. 「세청」

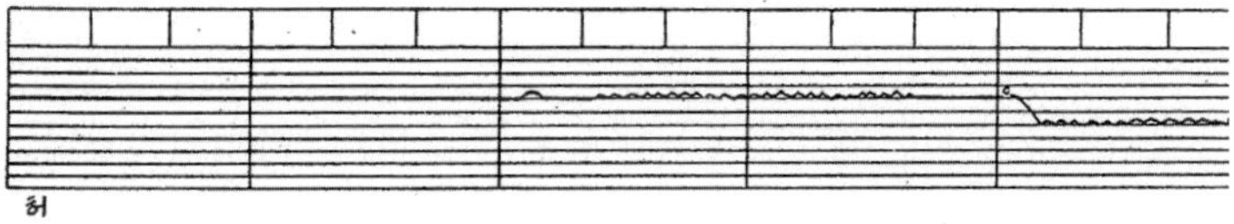

〈표 2-8〉 아-

8	(그림채보)
	 8 니 - - - - -
그림채보	아
악보	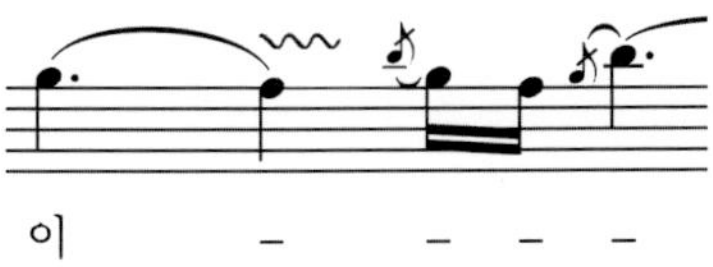 이 - - - -
목쓰는기법	37. 뻗쳤다가 두번가량 힘차게 천천히 눌러나가다가 자주 떨다 한번은 치고 또 한번 살짝치며 동시 세청으로 올리는 목인데 그냥 뽑기도 하고 천천히 감어 흔들기도 하고 자주 흔들기도 하고 오르는듯 하며 흔들기도 하고 내려오는듯이 흔들기도 한다.

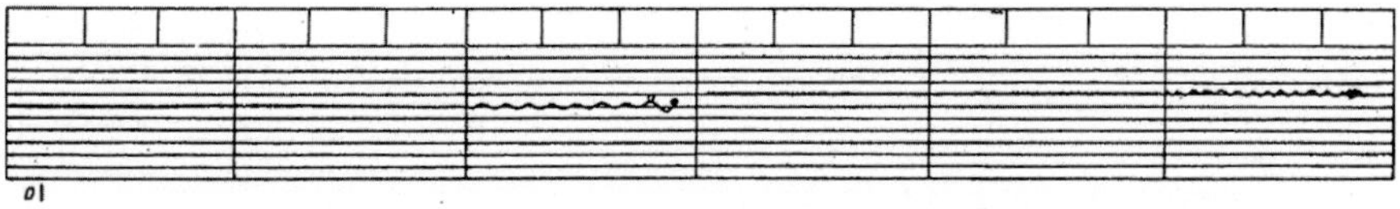

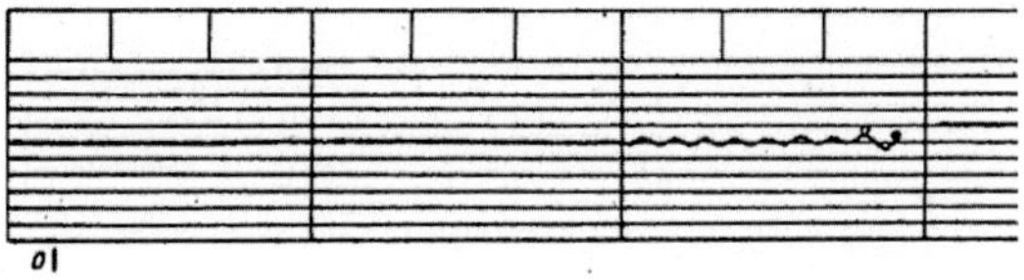

부록 201

<표 2-9> 이- 인제

〈표 2-10〉 에- 이-

| 목 쓰 는 기 법 | 37. 뻗쳤다가 두번가량 힘차게 천천히 눌러나가다가 자주 떨다 한번은 치고 또 한번 살짝치며 동시 세청으로 올리는 목인데 그냥 뽑기도 하고 천천히 감어 흔들기도 하고 자주 흔들기도 하고 오르는듯 하며 흔들기도 하고 내려오는듯이 흔들기도 한다. |

〈표 2-11〉 이-

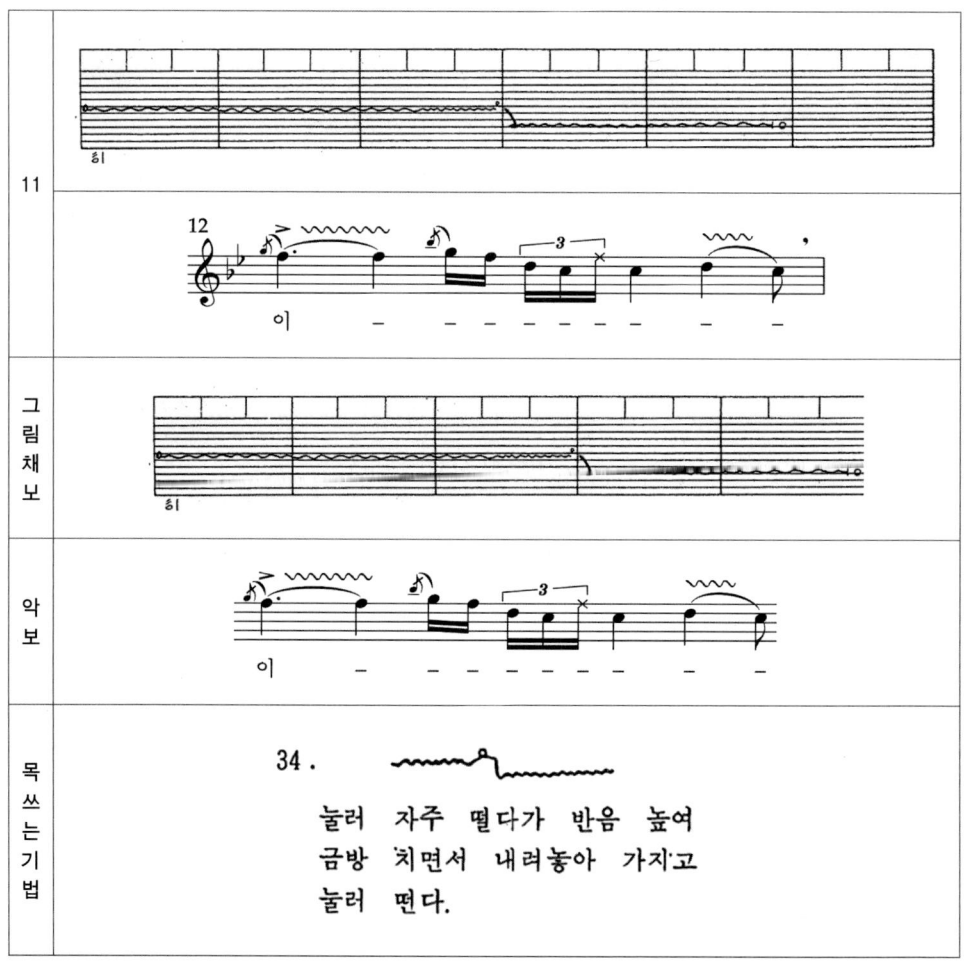

〈표 2-12〉 서- 푸-

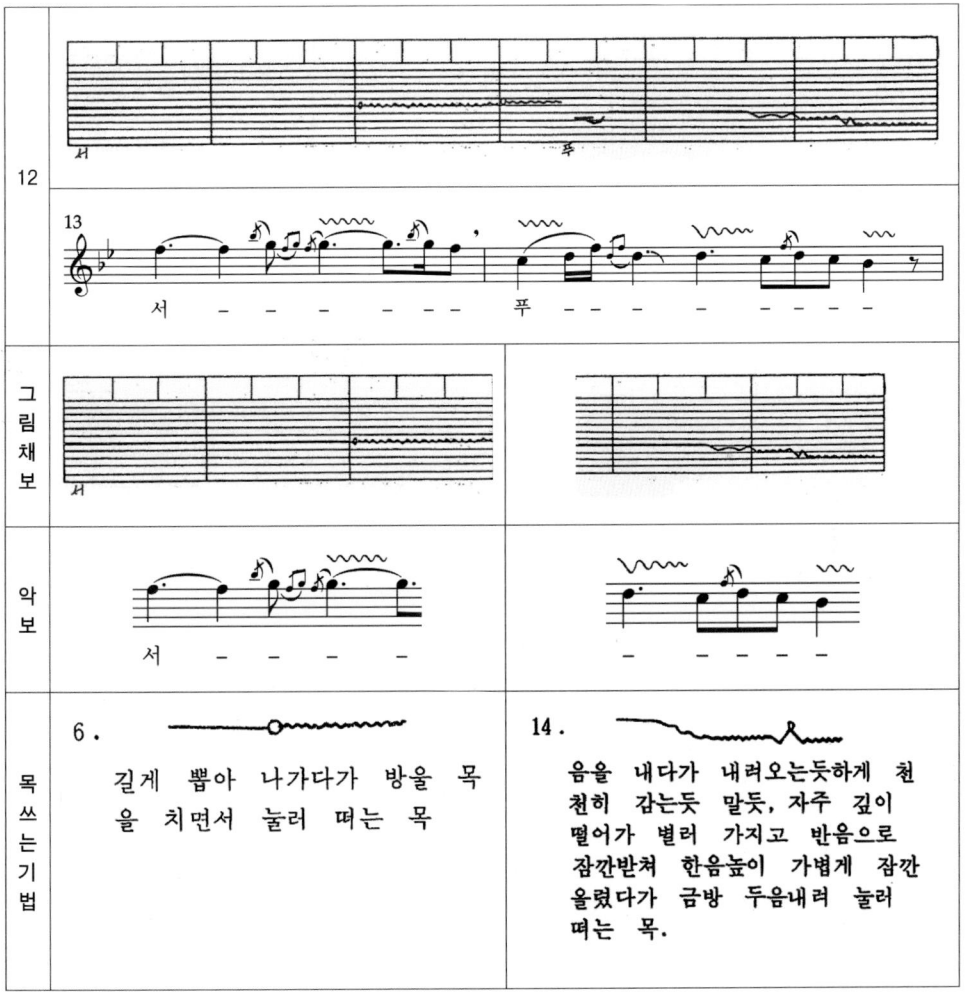

〈표 2-13〉 우-

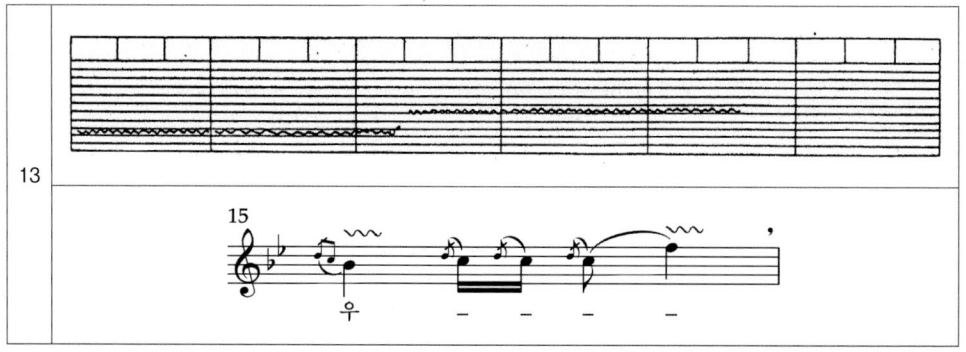

〈표 2-14〉 웅

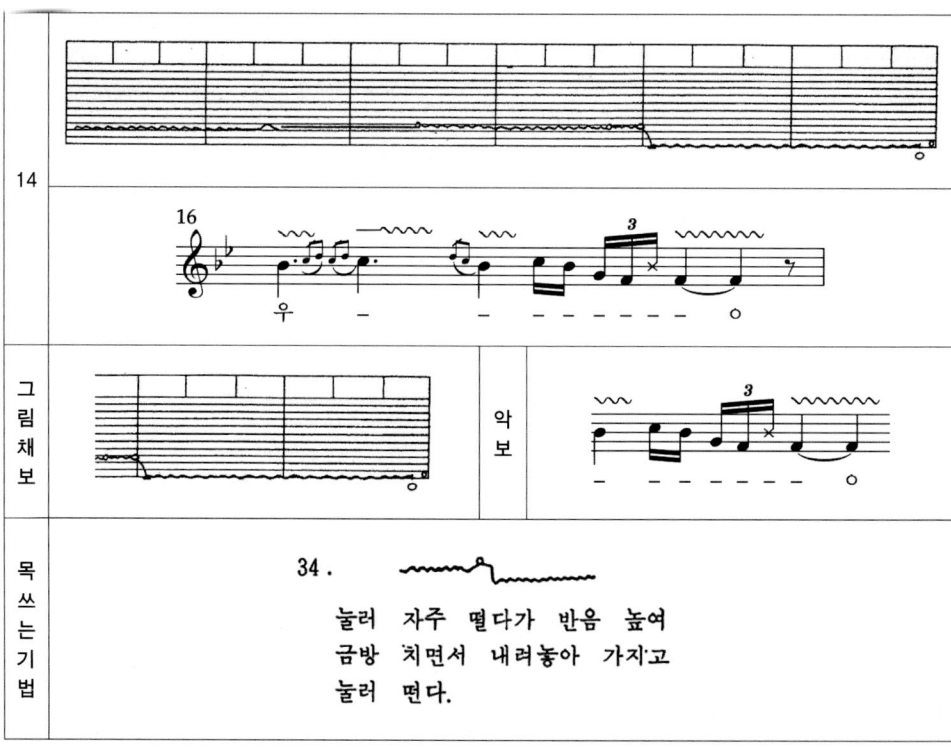

〈표 2-15〉 중선루를

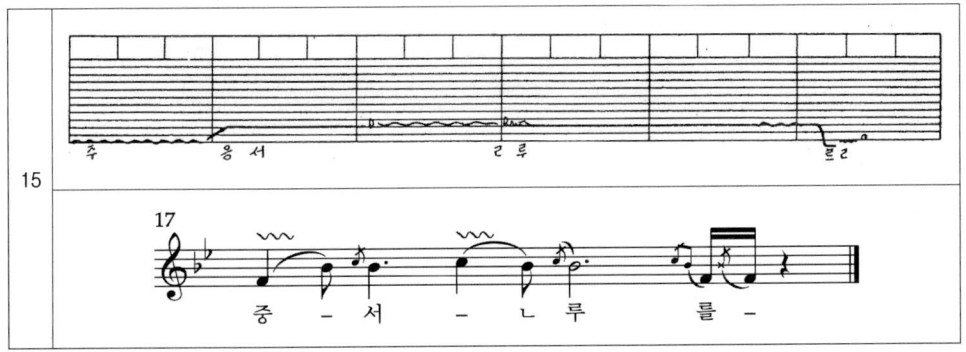

〈표 3-1〉 야- 조개는 잡아

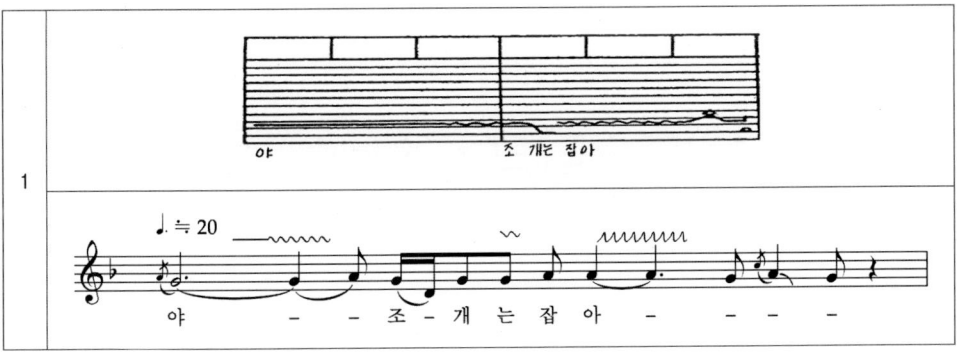

〈표 3-2〉 아 서-

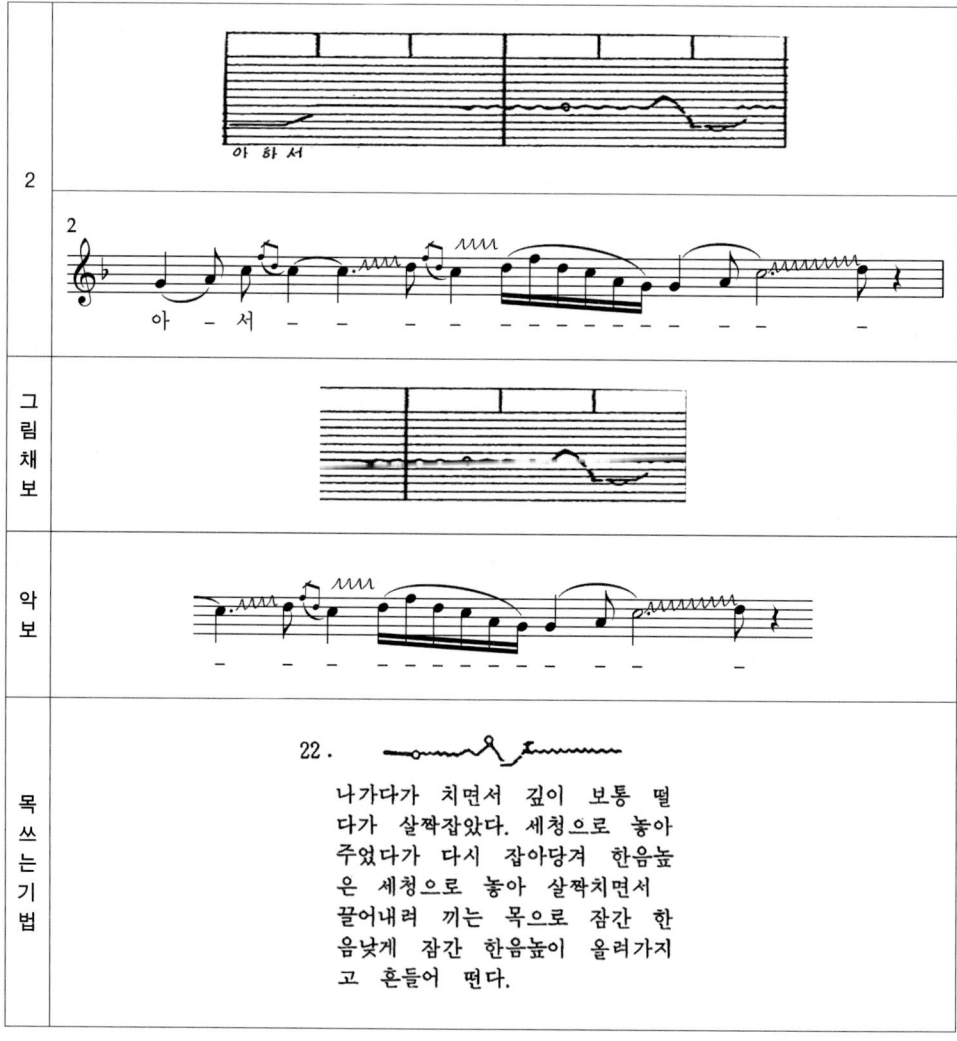

<표 3-3> 야젓 절

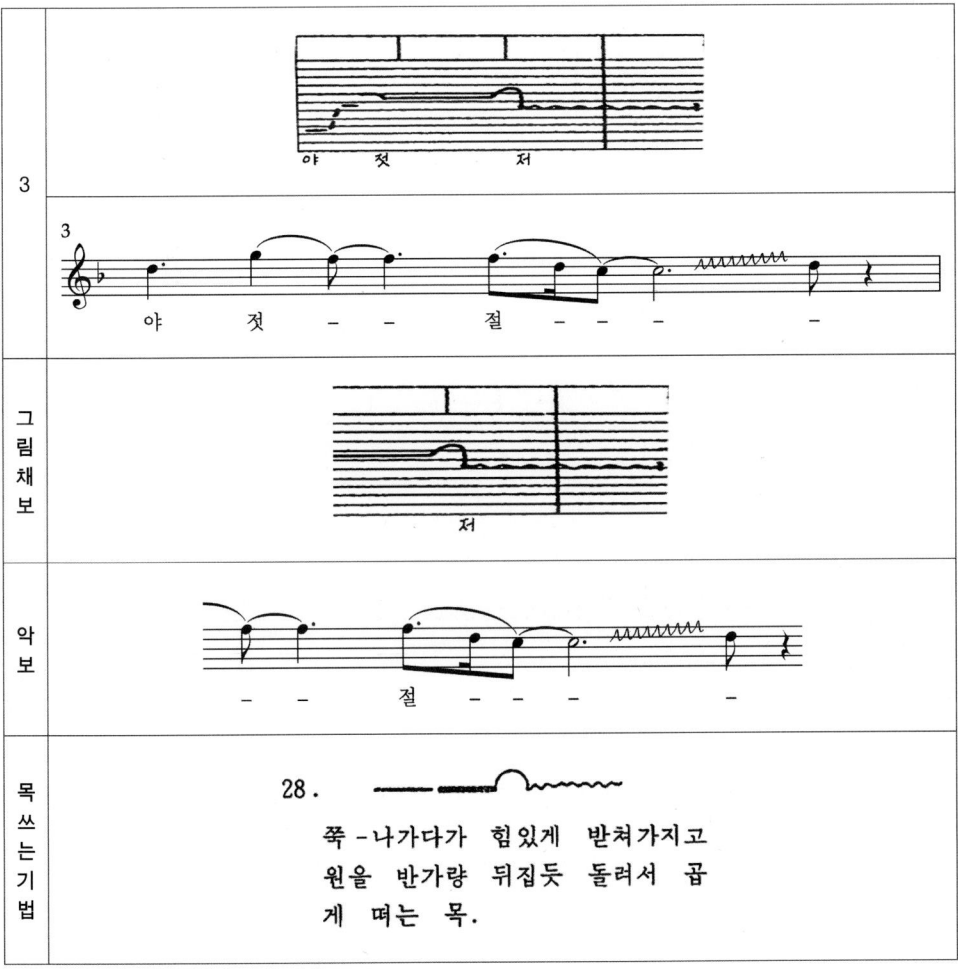

부록 209

<표 3-4> 이- 구

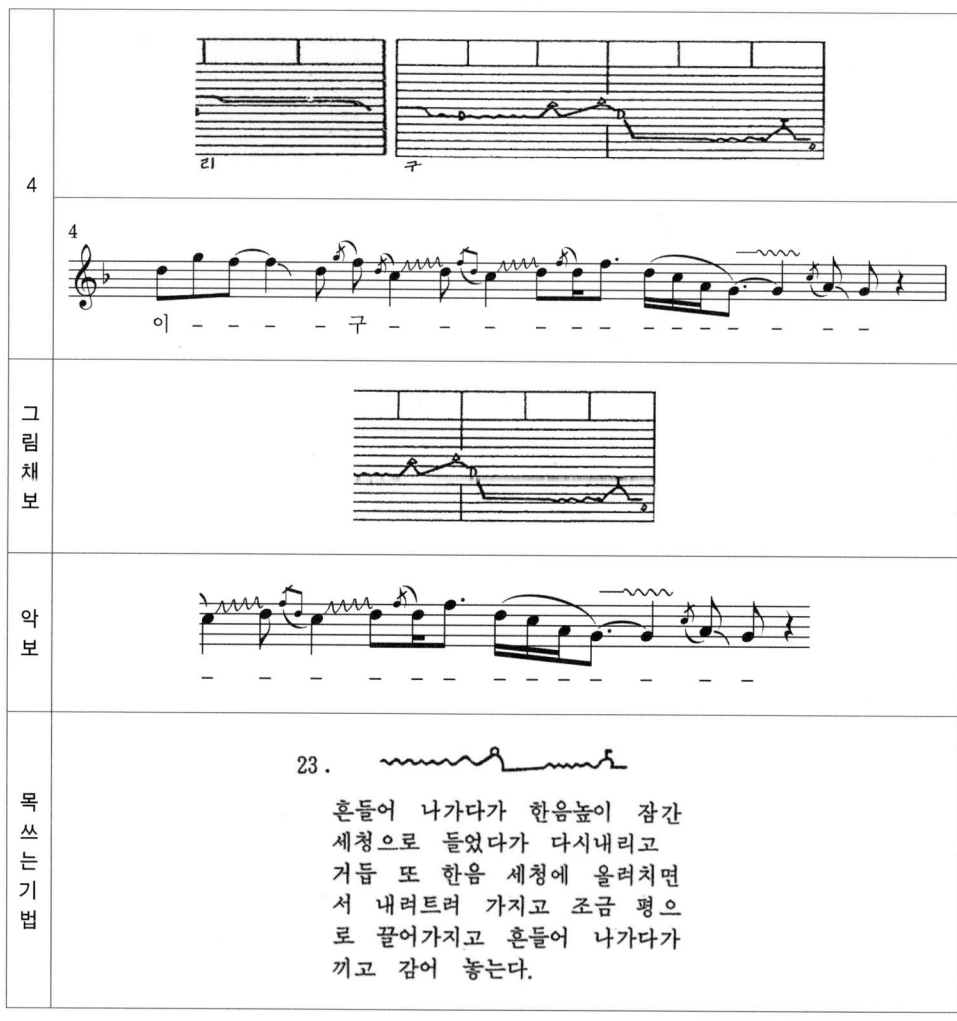

<표 3-5> 가는 님 잡아

| 5 | 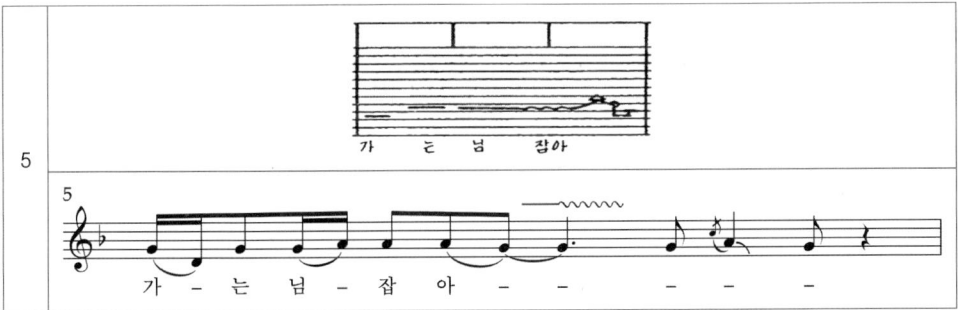 |

<표 3-6> 아 서

6	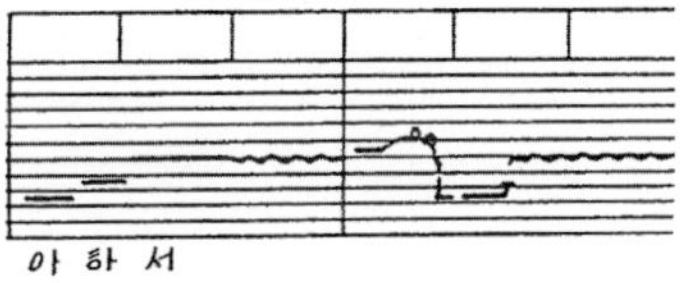 (악보)
그림채보	(그림채보)
악보	(악보)
목쓰는기법	22.  나가다가 치면서 깊이 보통 떨다가 살짝잡았다. 세청으로 놓아주었다가 다시 잡아당겨 한음높은 세청으로 놓아 살짝치면서 끌어내려 끼는 목으로 잠간 한음낮게 잠간 한음높이 올라가지고 흔들어 떤다.

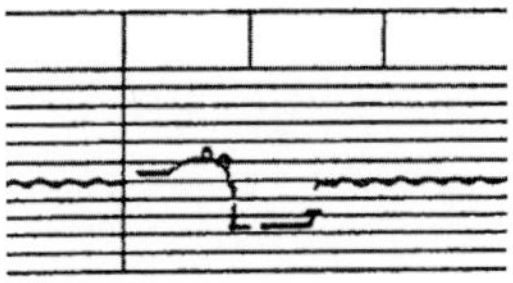

부록 211

<표 3-7> 정들이자

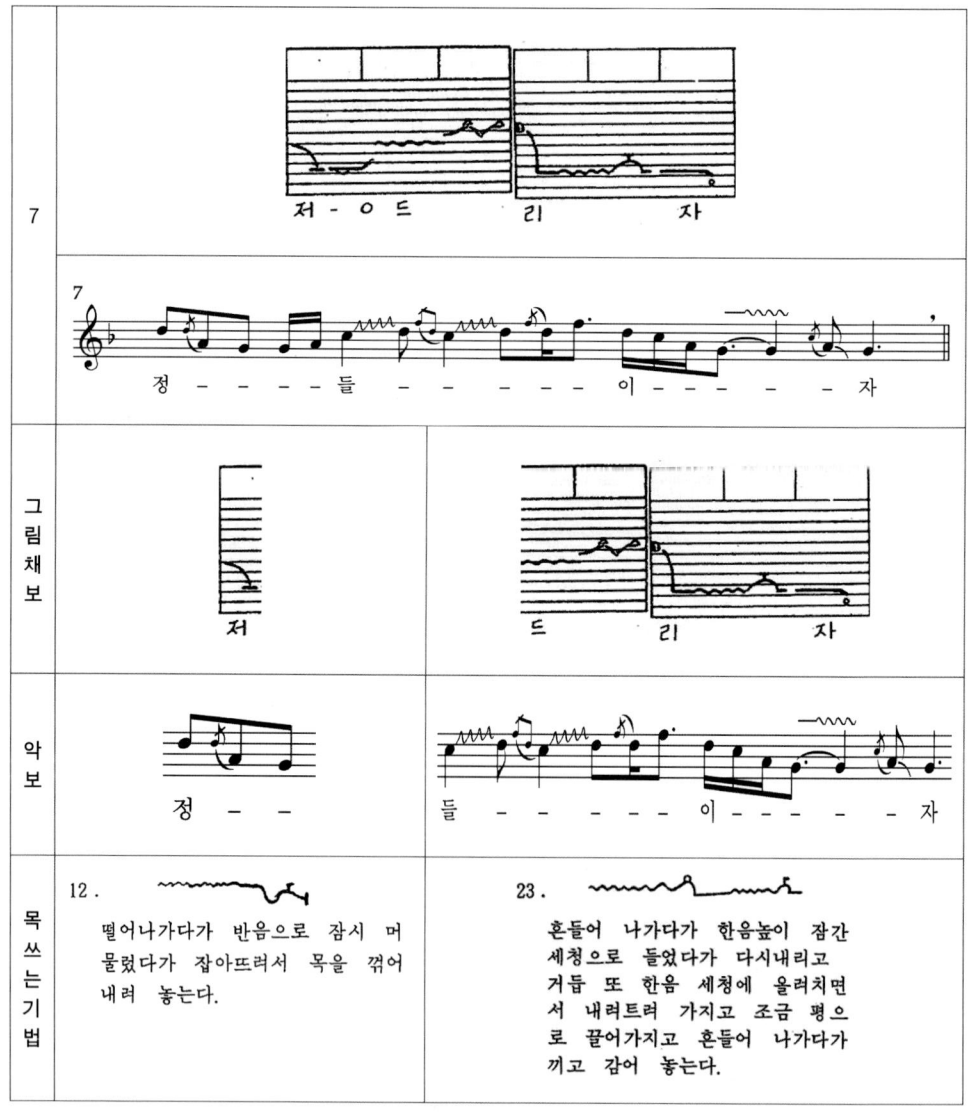

<표 3-8> 쓰고달고야- 아

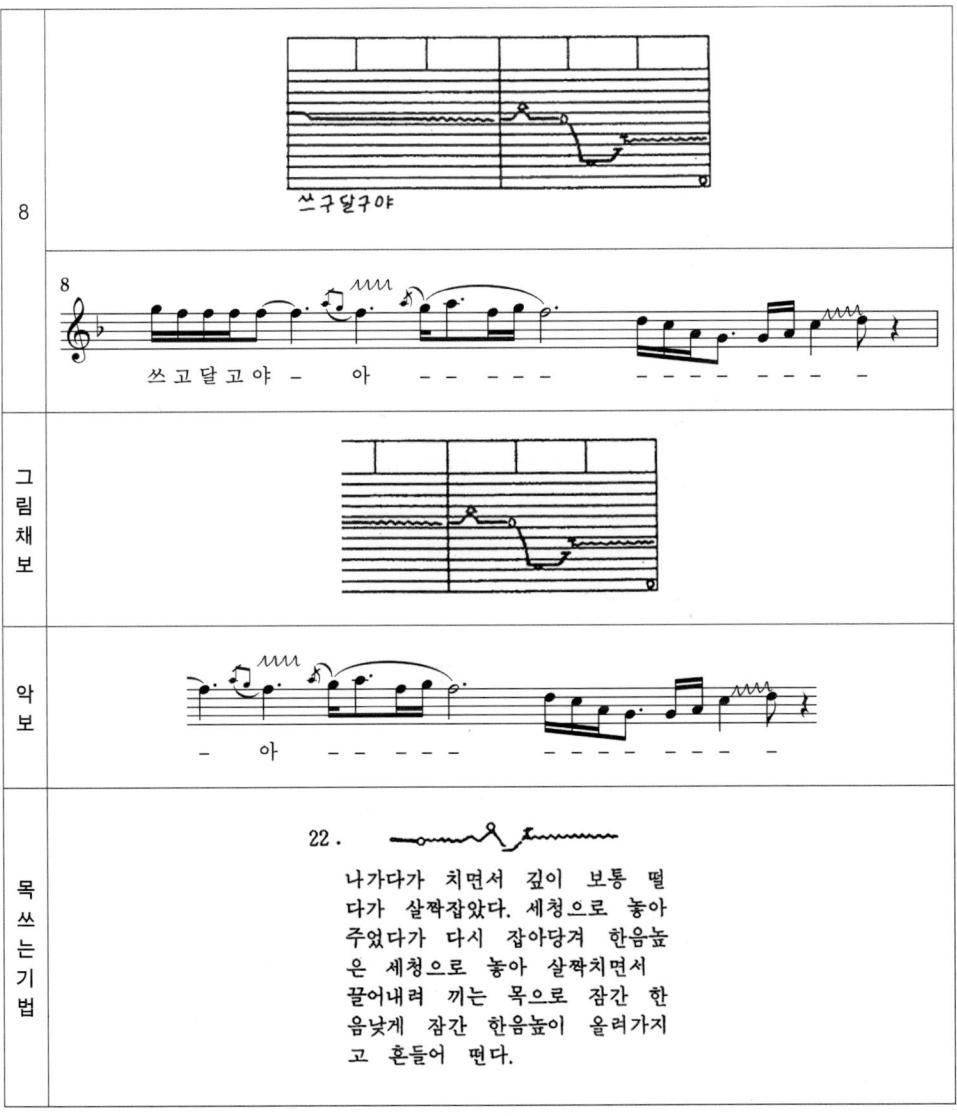

8	
그림채보	
악보	
목쓰는기법	22. 나가다가 치면서 깊이 보통 떨다가 살짝잡았다. 세청으로 놓아 주었다가 다시 잡아당겨 한음높은 세청으로 놓아 살짝치면서 끌어내려 끼는 목으로 잠간 한음낮게 잠간 한음높이 올라가지고 흔들어 떤다.

〈표 3-9〉 야 된장

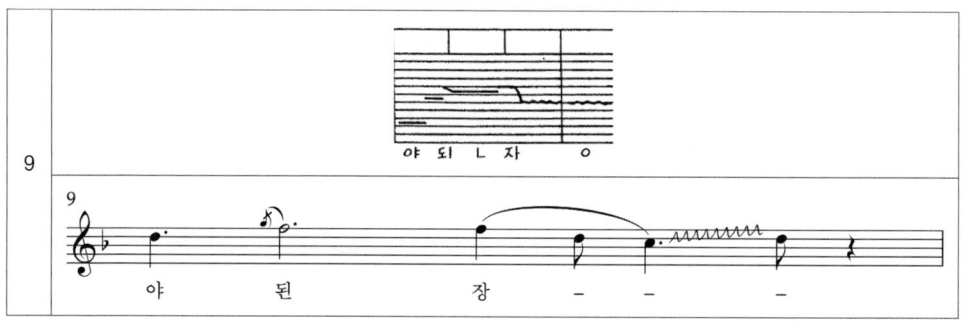

〈표 3-10〉 먹디

10	그림채보 악보

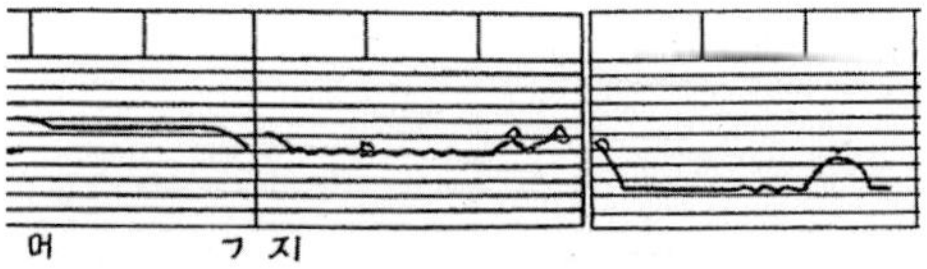

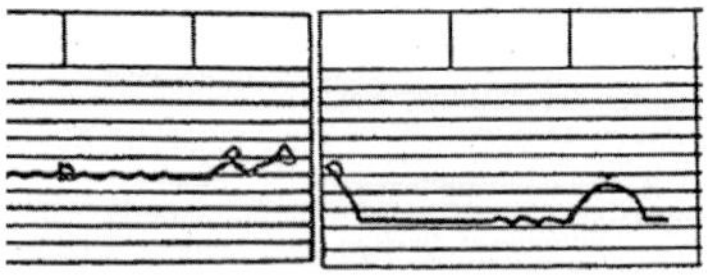

목쓰는기법

23.
흔들어 나가다가 한음높이 잠간
세청으로 들었다가 다시내리고
거듭 또 한음 세청에 올리치면
서 내려트러 가지고 조금 평으
로 끌어가지고 흔들어 나가다가
끼고 감어 놓는다.

<표 3-11> 갈 거이 새낭-

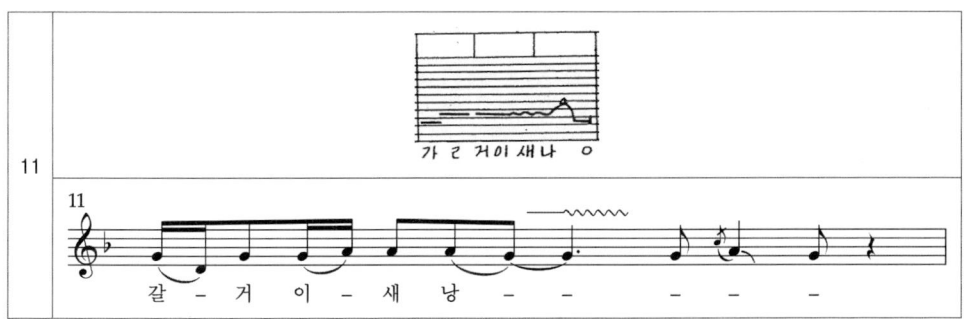

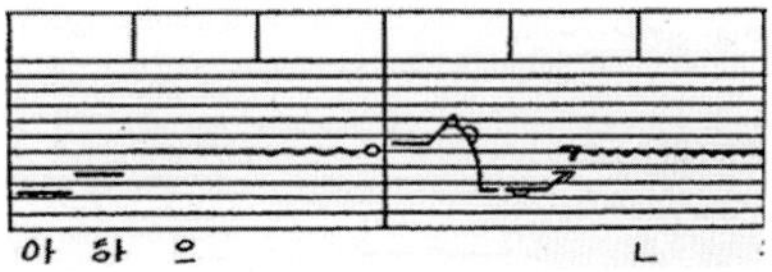

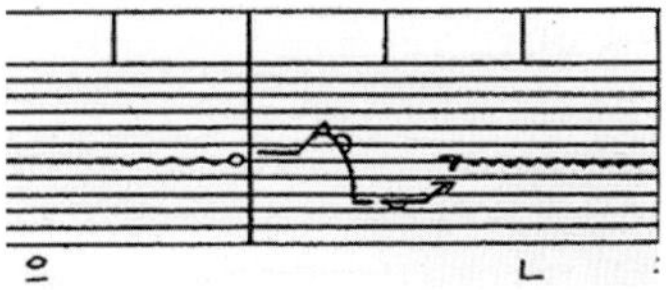

<표 3-12> 앙- 은

<표 3-13> 뭘 하래 왔음나

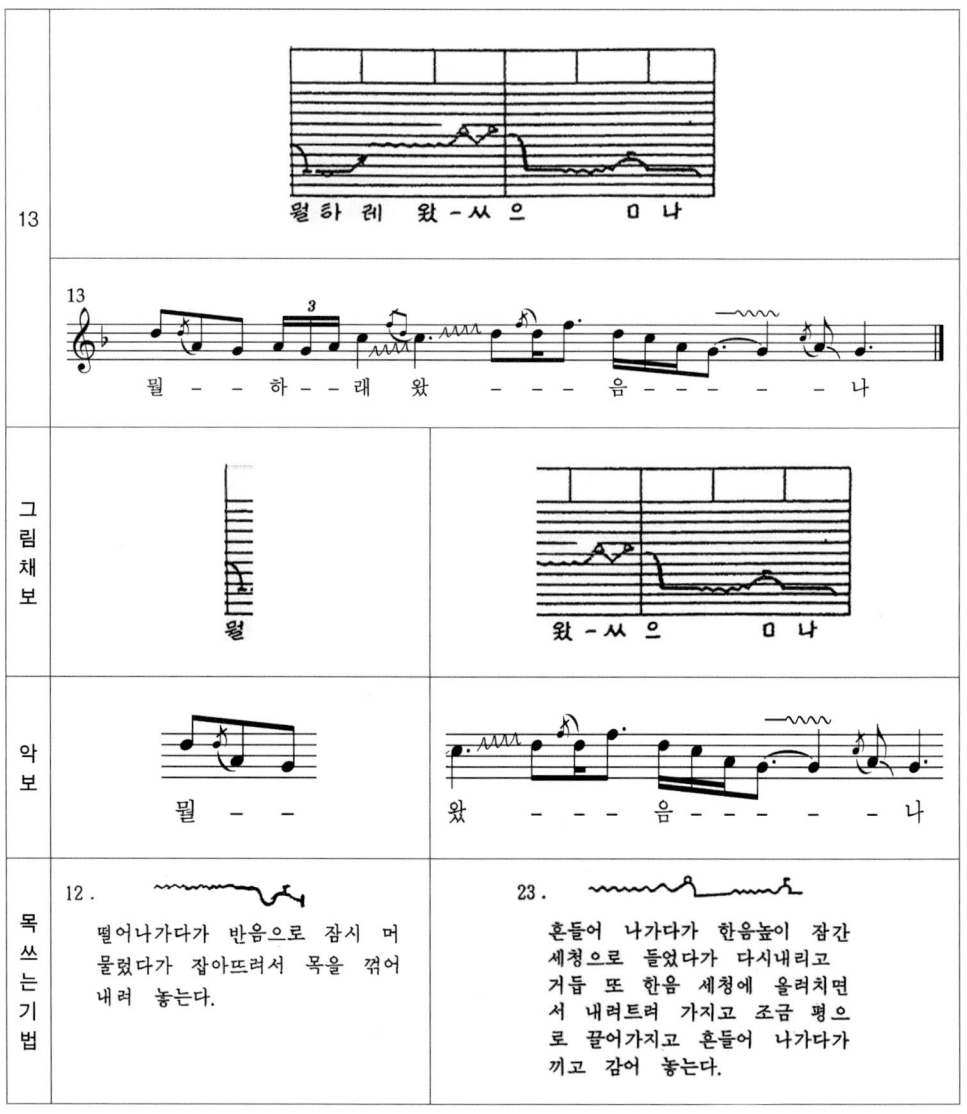

3. 긴아리

〈표 3-1〉 제1-2소절 야- 조개는 잡아-서-

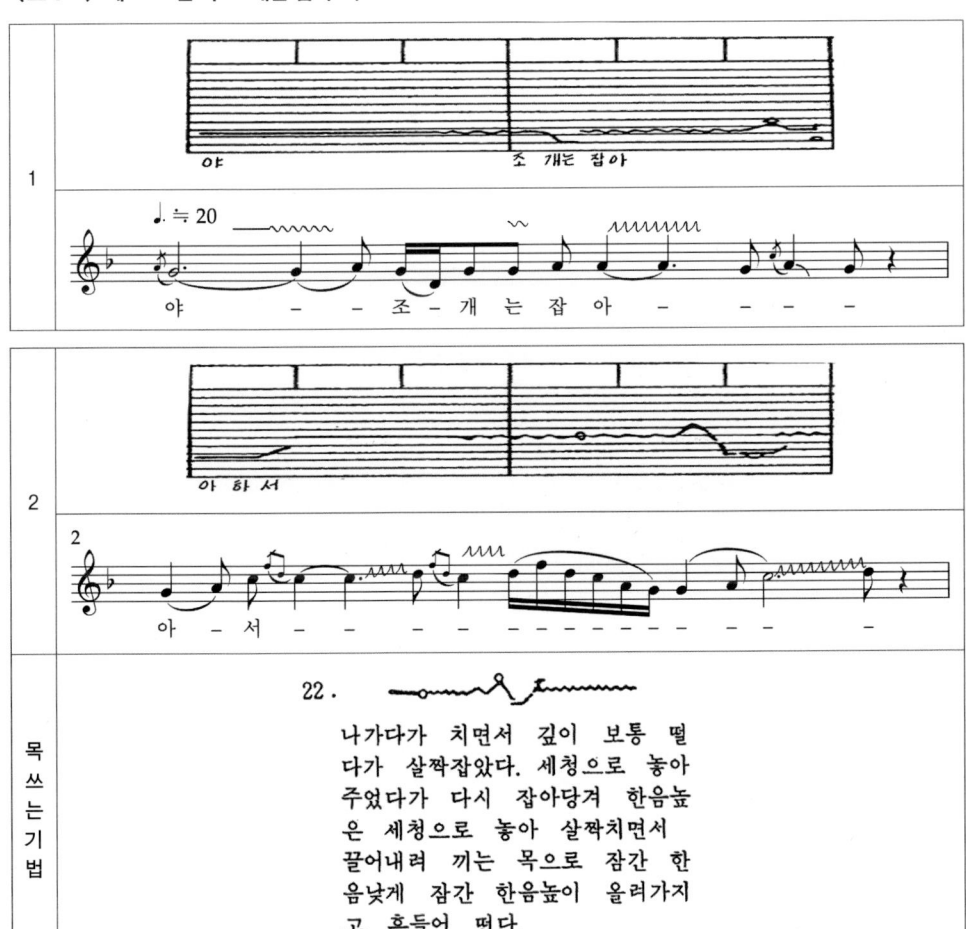

〈표 3-3〉 제3-4소절 야 젓 절이구

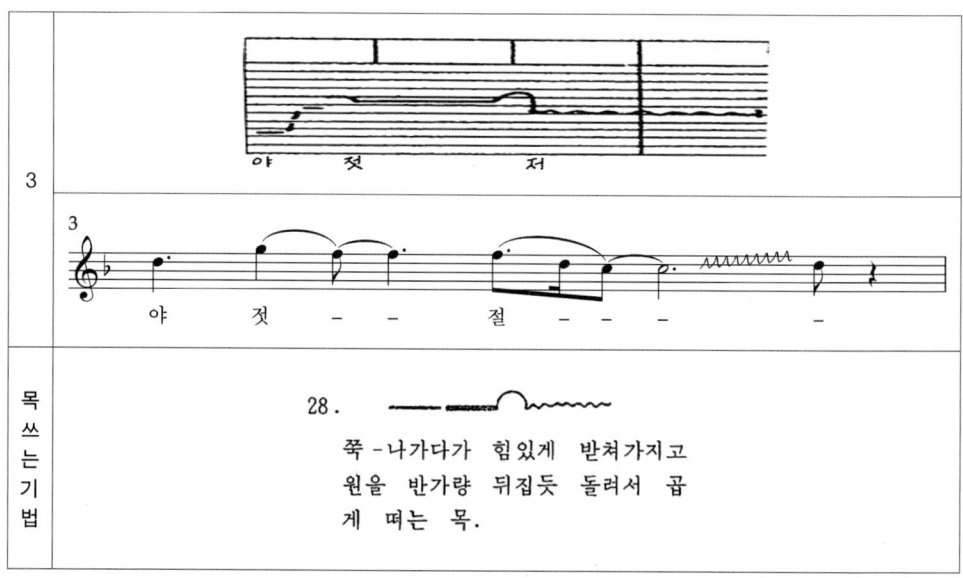

〈표 3-5〉 제5-6소절 가는 님 잡아-아서

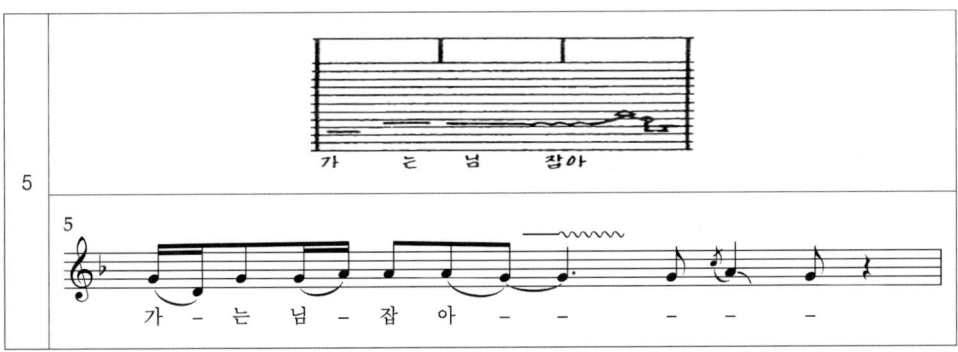

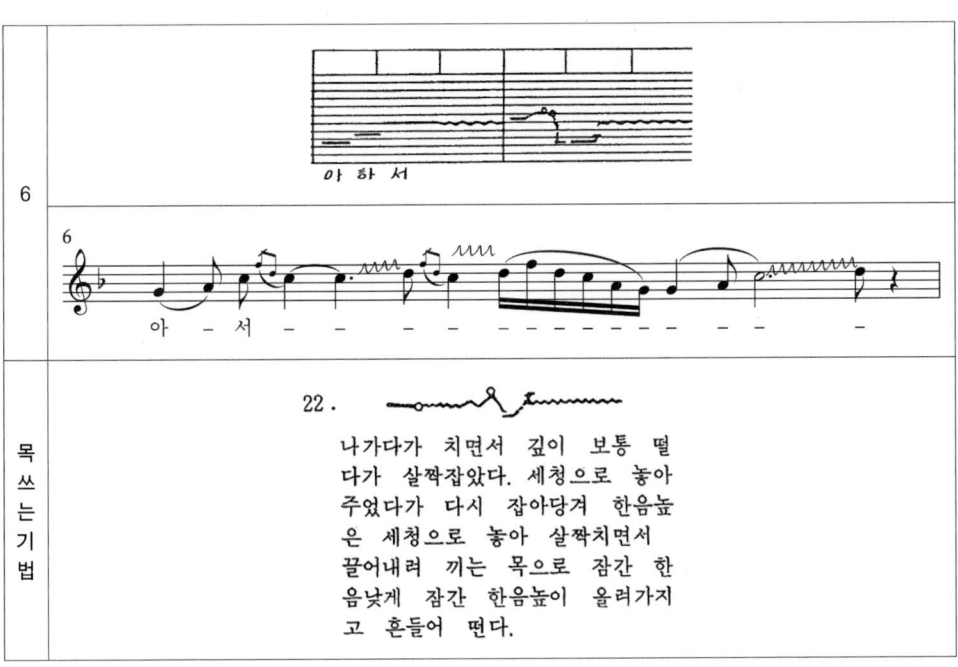

22. 나가다가 치면서 깊이 보통 떨다가 살짝잡았다. 세청으로 놓아 주었다가 다시 잡아당겨 한음높은 세청으로 놓아 살짝치면서 끌어내려 끼는 목으로 잠간 한음낮게 잠간 한음높이 올라가고 흔들어 떤다.

〈표 3-7〉 제7-9소절 정들이자 쓰고달고야- 야 된장-

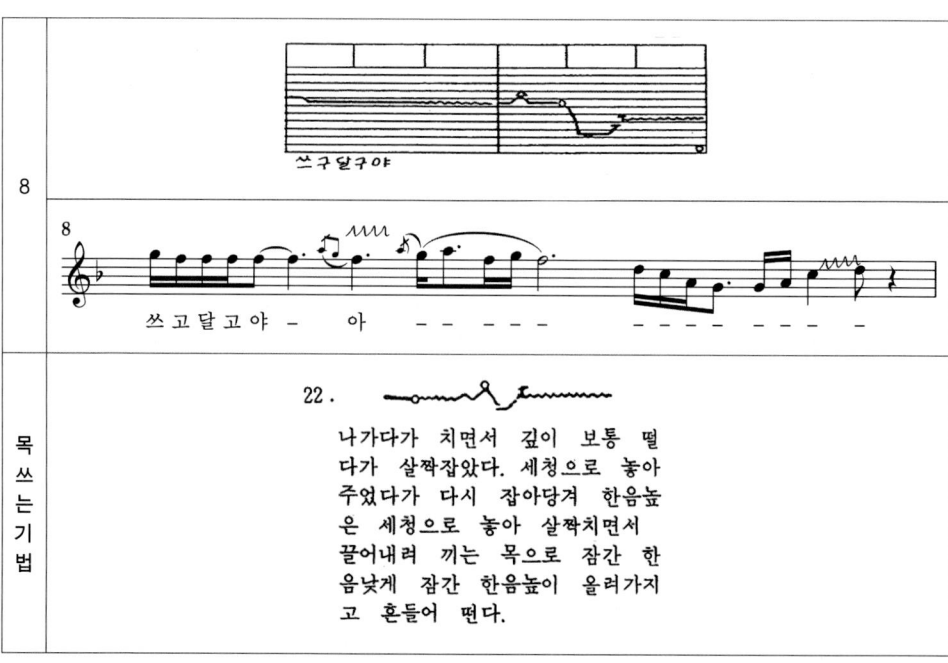

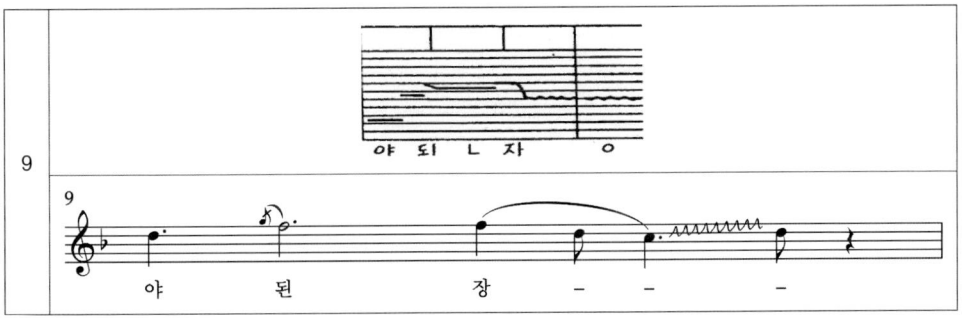

<표 3-10> 제10-12 소절 먹디 갈 거이 새낭-앙- 은

목 쓰 는 기 법	23. 흔들어 나가다가 한음높이 잠간 세청으로 들었다가 다시내리고 거듭 또 한음 세청에 울려치면 서 내려트려 가지고 조금 평으 로 끌어가지고 흔들어 나가다가 끼고 감어 놓는다.

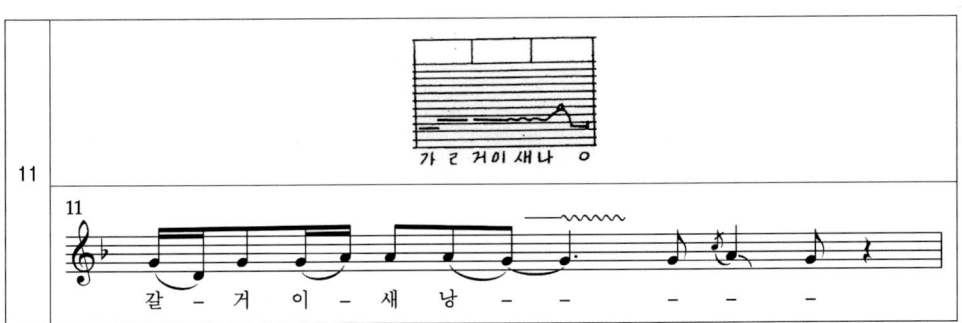

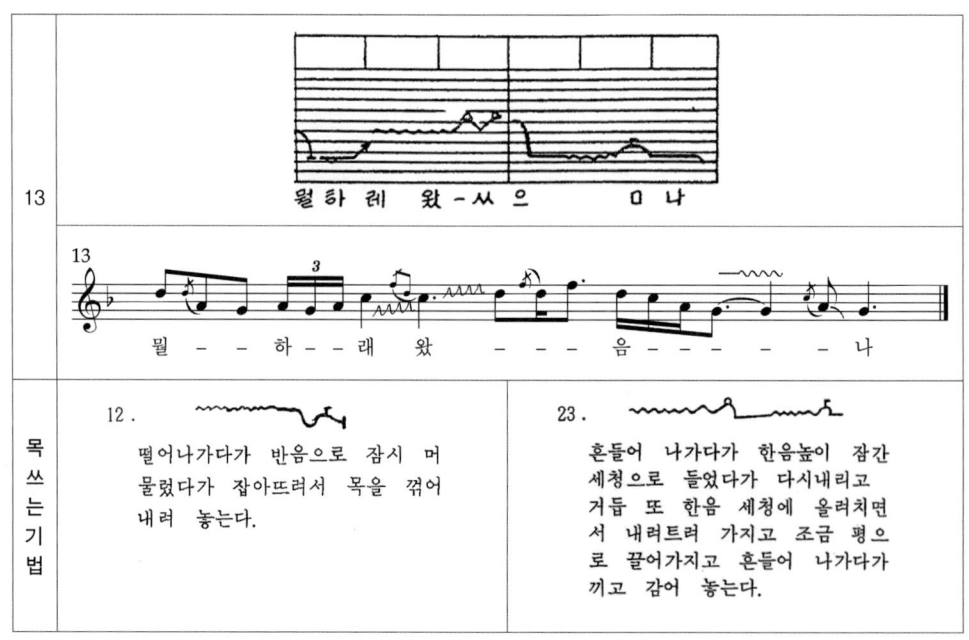

〈표 3-13〉 제13소절 뭘 하래 왔음나

4. 자진아리

〈표 4-1〉 아이고 아이고 성화로구나

〈표 4-2〉 요놈에 종자야 네 올 줄 알고

<table>
<tr><td rowspan="2">2</td><td colspan="2">
</td></tr>
<tr><td colspan="2">
</td></tr>
</table>

〈표 4-3〉 썩은 새끼로 문 걸고 잤구나

<table>
<tr><td rowspan="2">3</td><td colspan="2">
</td></tr>
<tr><td colspan="2">
</td></tr>
<tr><td>그림채보</td><td> </td><td>
</td></tr>
<tr><td>악보</td><td>
</td><td>
</td></tr>
</table>

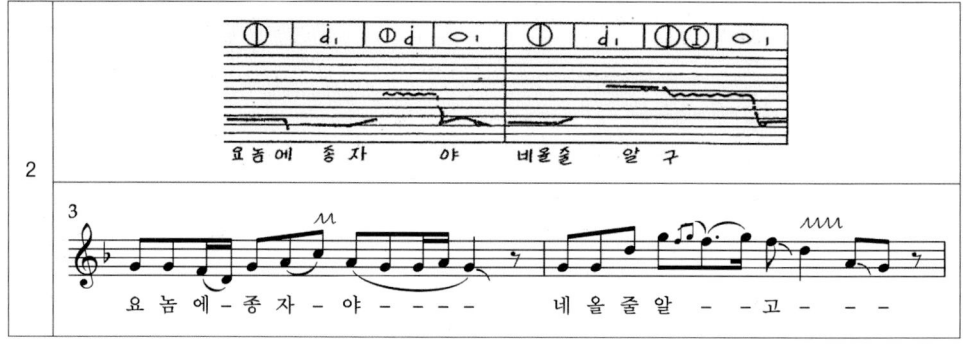

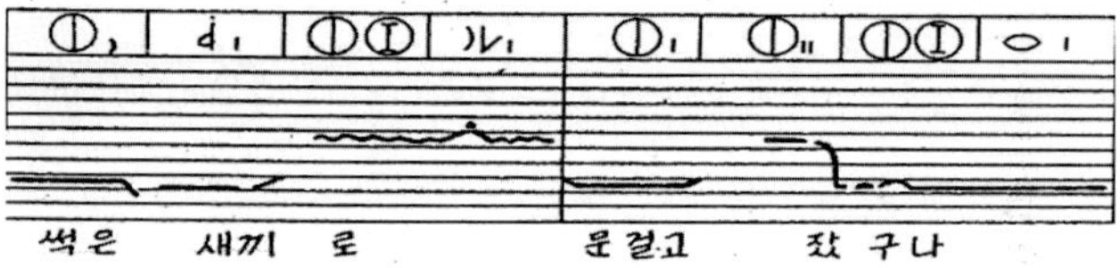

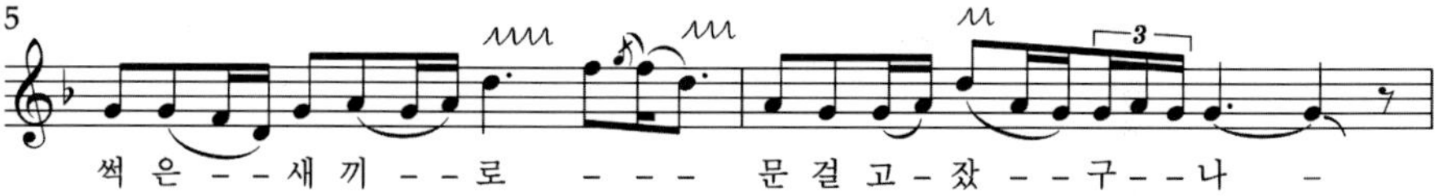

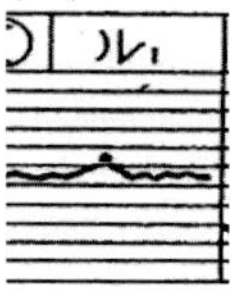

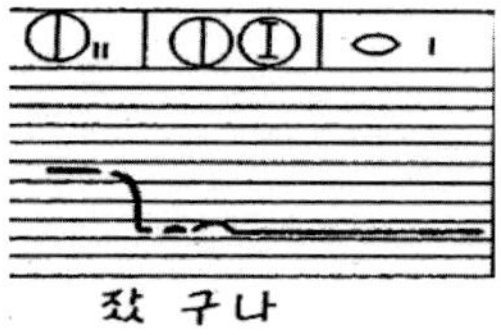

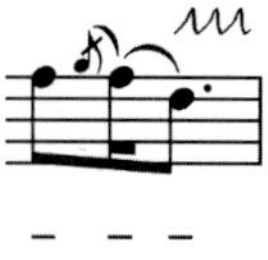

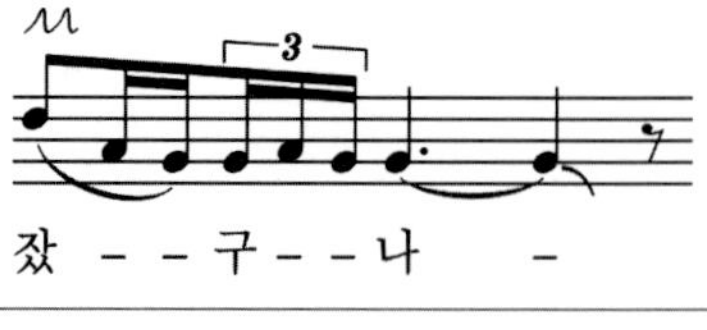

목쓰는기법	25. 천천히 눌러 얼르다가 잠깐 머물렀다.(즉, 잠시라도 세청을 올리는데 받침) 한음높이 또 높이 잠깐 세청으로 쳐다보는듯이 내었다가 원음으로 다시 곱게 떤다.	26. 올라가듯 깊이 떨다가 반음을 내여 조금 줄여가지고 아래로 힘차게 잡아다니듯 내가지고 반음을 내다가 꺾어 휘잡아 반음으로 내려놓는다. 12. 떨어나가다가 반음으로 잠시 머물렀다가 잡아뜨려서 목을 꺾어 내려 놓는다.

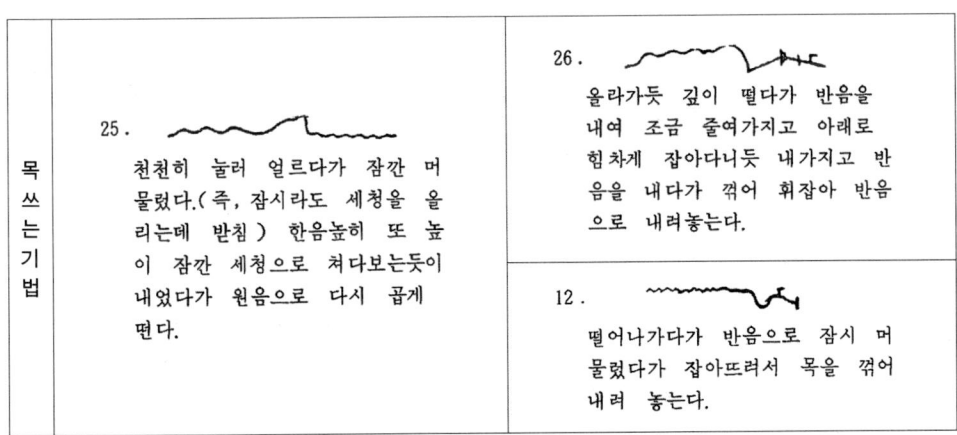

〈표 4-4〉 일하든 오금에 잠이나 자갔지

〈표 4-5〉 재 넘어 털털 뭘 하래 왔음나

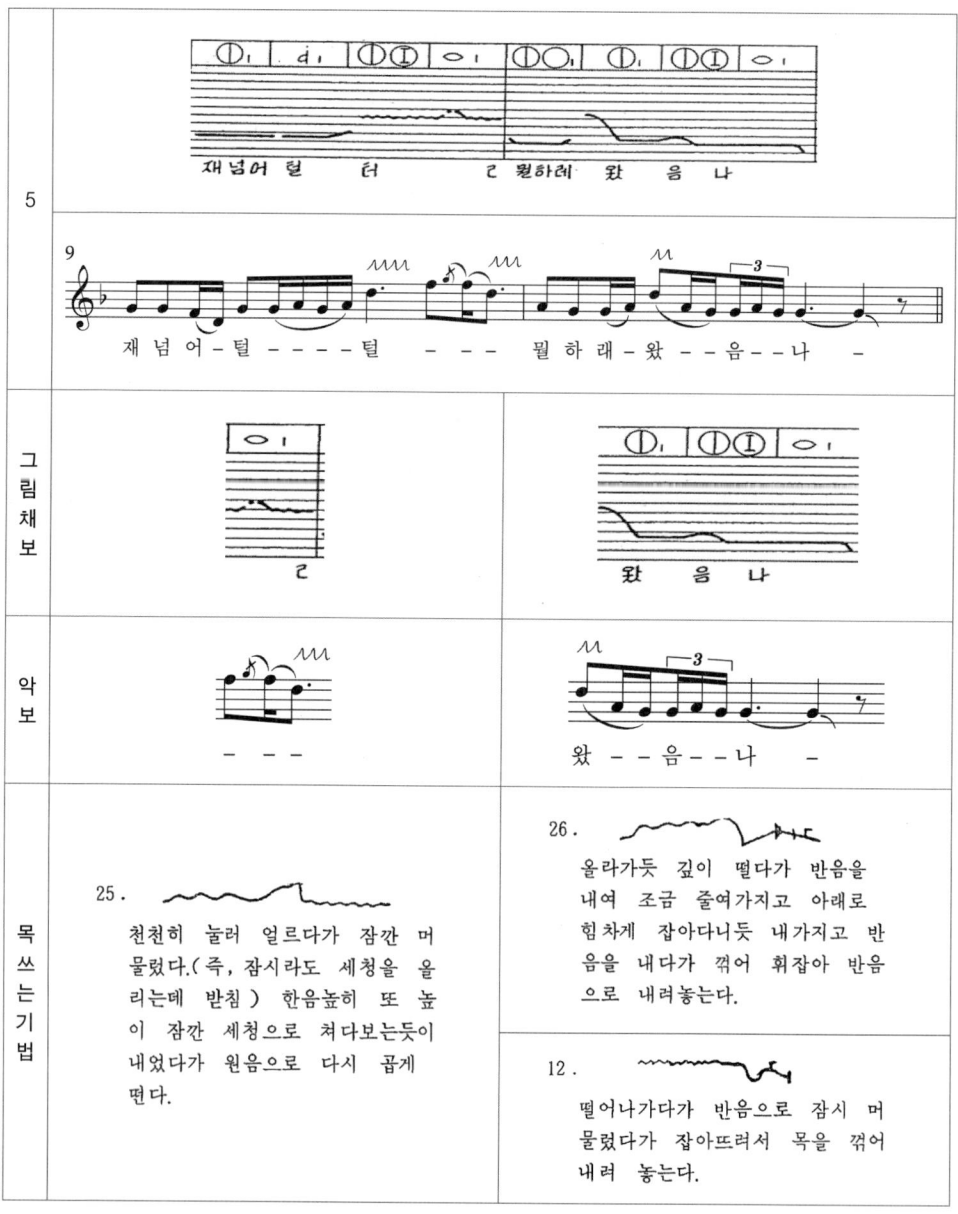

5. 산염불

<표 5-1> 에 헤- 에- 어미

〈표 5-2〉 타 어야 불이로다

〈표 5-3〉 산에 올라 옥을 캐니

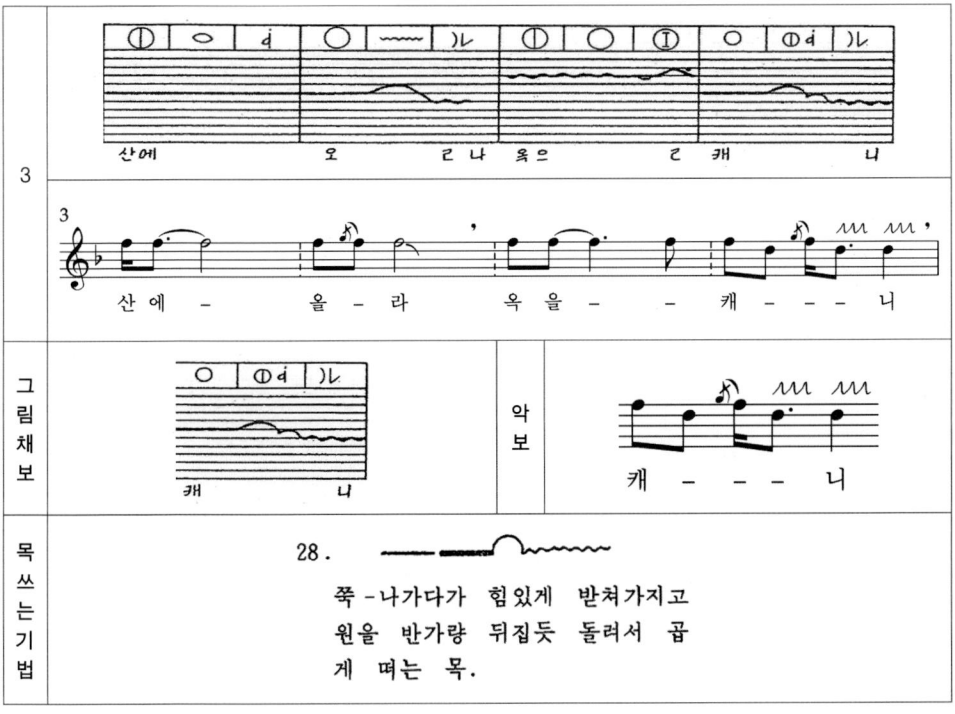

부록 229

<표 5-4> 이름이 좋아서 산옥이냐

〈표 5-5〉 아헤야 연수처라

<table>
<tr><td rowspan="2">5</td><td>
</td></tr>
<tr><td>
</td></tr>
</table>

〈표 5-6〉 님에게로 편지쓰자

<table>
<tr><td rowspan="2">6</td><td colspan="3">
</td></tr>
<tr><td colspan="3">
</td></tr>
<tr><td>그림채보</td><td>
</td><td>악보</td><td>
</td></tr>
<tr><td>목쓰는 기법</td><td colspan="3">32.
낸목에서 반음으로 나가다가 반쯤 원을 돌려내리듯 하다가 다시 반음으로 올려 밀었다 당겨가지고 한음높이 힘없이 쳐다보는 양으로 잠시 뽑아 반음으로 내려 흔든다.</td></tr>
</table>

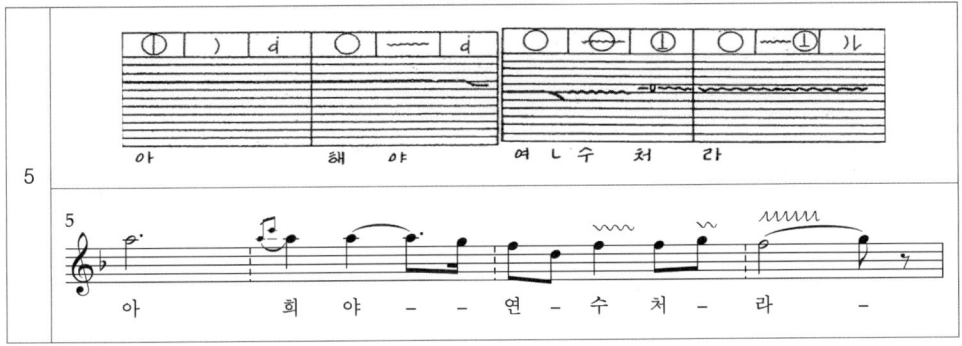

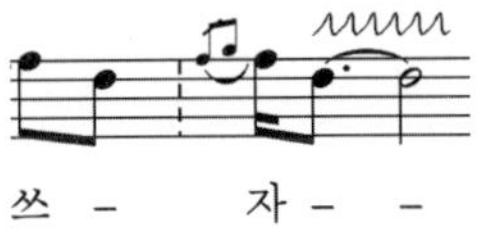

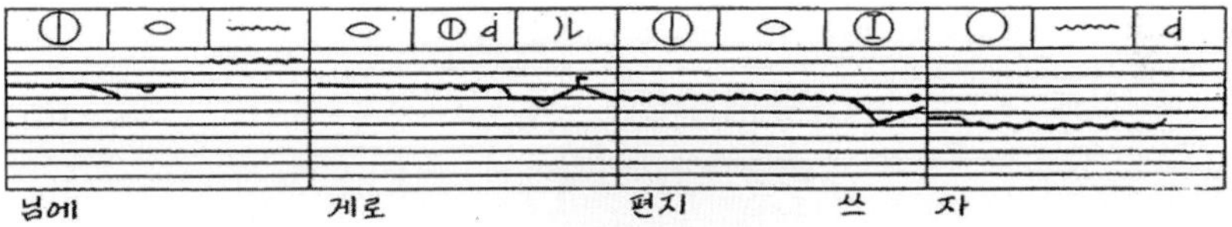

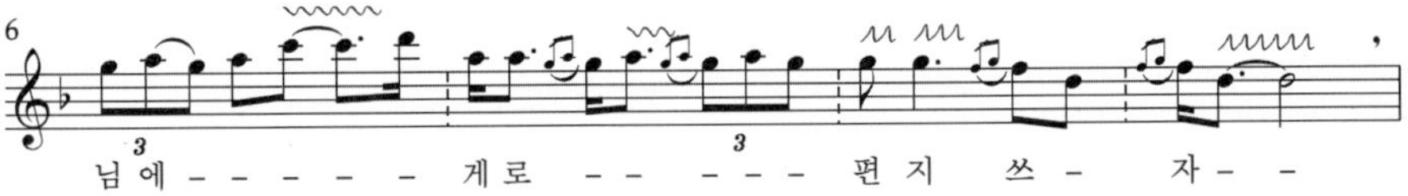

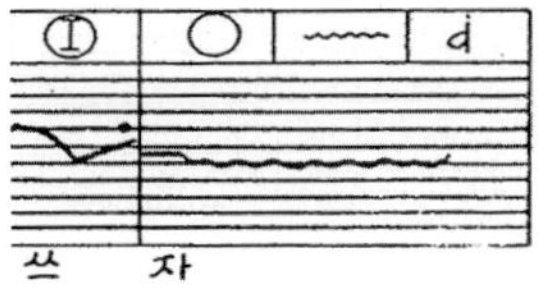

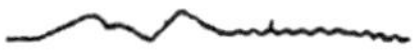

<표 5-7> 검은 먹 흰 종이는

<표 5-8> 님의 옥안을 보련마는

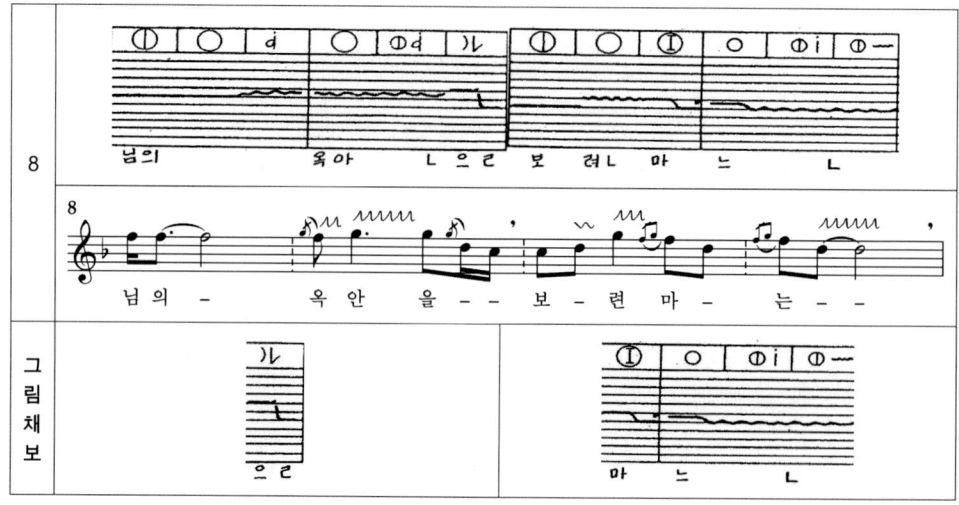

악보	(악보) 을 - -	(악보) 마 - 는 - -
목쓰는기법	12. 〰️ 떨어나가다가 반음으로 잠시 머물렀다가 잡아뜨려서 목을 꺾어 내려 놓는다.	32. 〰️ 낸목에서 반음으로 나가다가 반쯤 원을 돌려내리듯 하다가 다시 반음으로 올려 밀었다 당겨 가지고 한음높이 힘없이 쳐다보는 양으로 잠시 뽑아 반음으로 내려 흔든다.

〈표 5-9〉 저 붓대 그리고 못보니

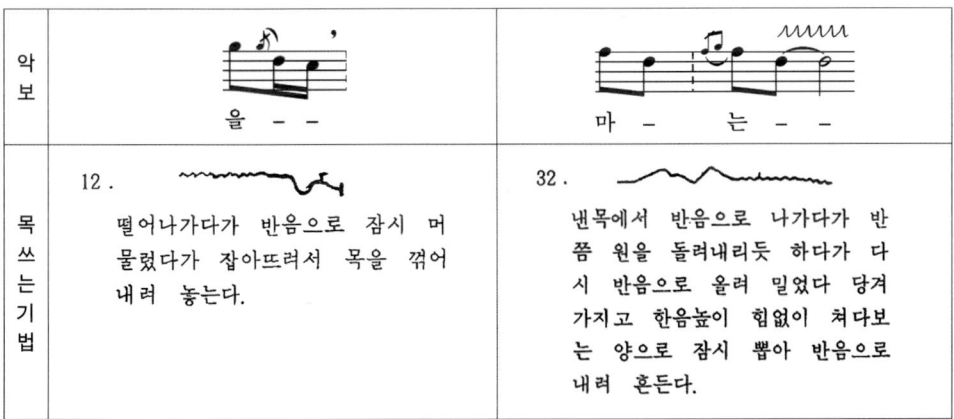

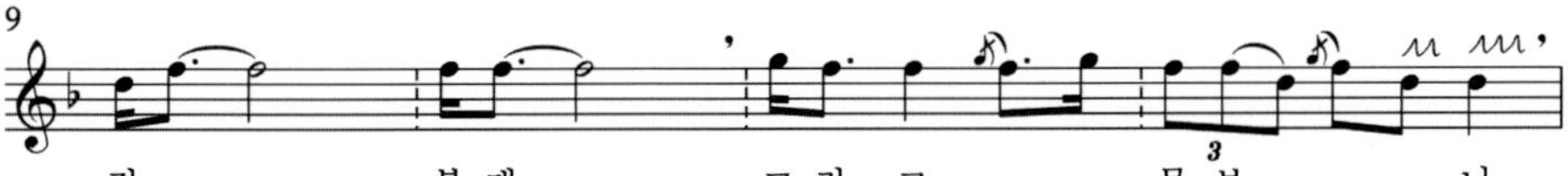

그림채보	9	 (그림채보) 저 붓대 그리고 못보니 / 9 저 - - 붓대 - 그리고 - - 못보 - - - 니
		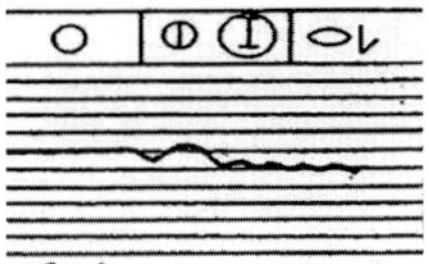  못보 니 악보 못보 - - - 니
목쓰는기법		28.  〰️ 쭉 - 나가다가 힘있게 받쳐가지고 원을 반가량 뒤집듯 돌려서 곱게 떠는 목.

부록 233

<표 5-10> 네나 내나 일반이라

목 쓰 는 기 법	9. ～～～• 눌러 펑으로 떨다가 목을 끼고 반음섹 두번을 꺾어 올렸다가 다시 잠깐 반음으로 내리고 살짝 콕 찌르는 목 (수심가에는 이 대목이 즉 생명이라 할 것 이다)	31. ～～～ 내려오는듯 얼르다가 (천천히) 목을끼고 한번 감듯하고 쳐다보는듯 찌르고 감아 내려온다. 즉 살짝 감아 쳐다보는것 (콕찌를것) 애원성이라고 한다. 21. ～～～ʎ～～ 목을끼고 떨다가 반음으로 역시 끼고 잠깐올리고 다시 콕 찌르고 반음으로 다시 내려서 끼고 떨어뜨려 나간다.

6. 자진염불

⟨표 6-1⟩ 에 헤 에헤 어미 타불

〈표 6-2〉 긴 염불은 다 그만두고 잦은 염불로 넘어간다

〈표 6-3〉 이제 가면은 언제와요 오만날이나 일러주오

〈표 6-4〉 석가 여래가 원불인데 석가 여래가 원불인데

부록 239

<표 6-5> 갈산지옥을 면합소사

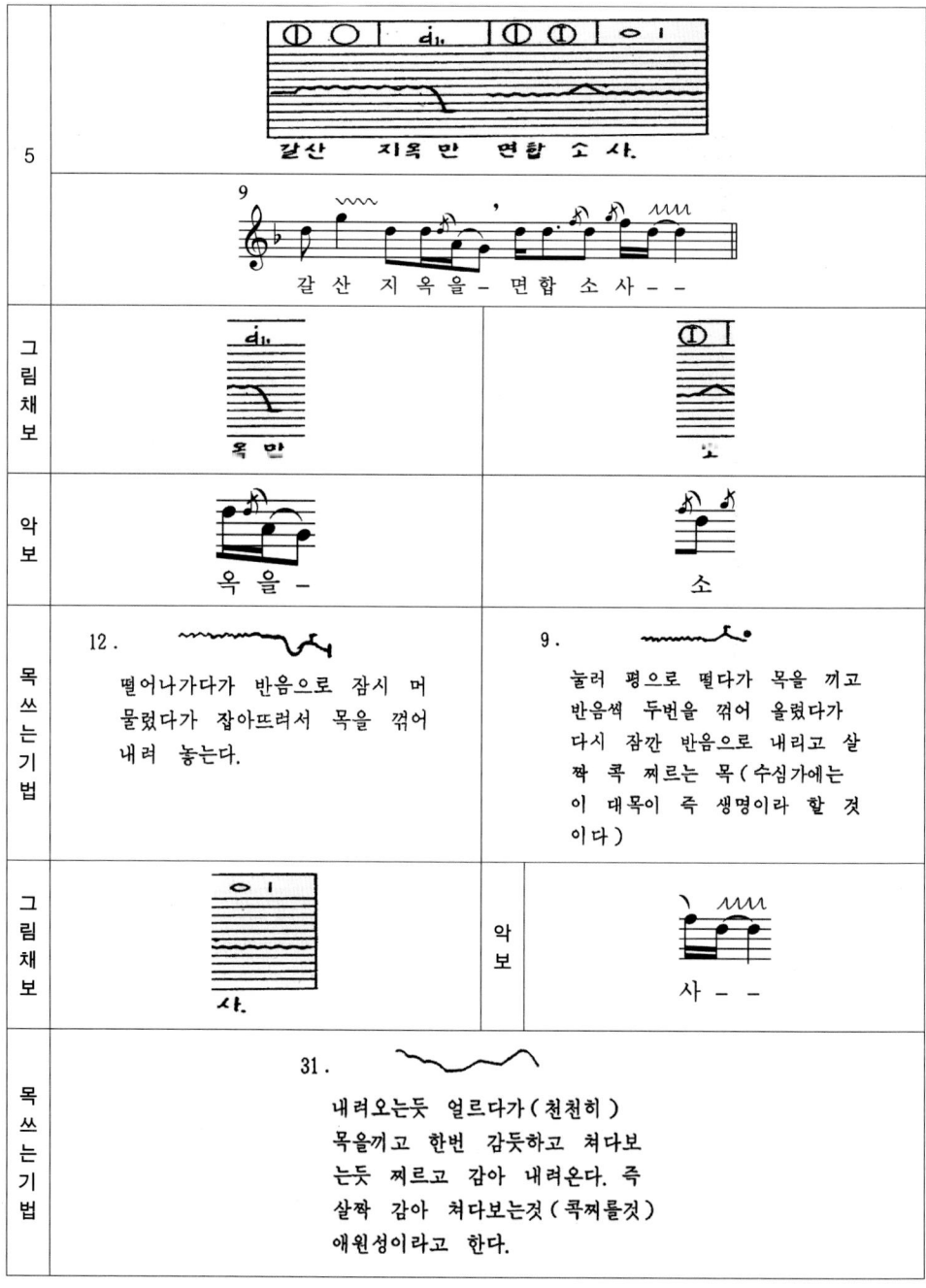

7. 안주애원성

<표 7-1> 물레야 돌아라 가락아 돌아라

〈표 7-2〉 졸고 보며는 매맞갔구나

〈표 7-3〉 아이고 아이고 생성화 났세나

8. <영변가>의 '목 쓰는 기법'

<표 8-1> 노자에

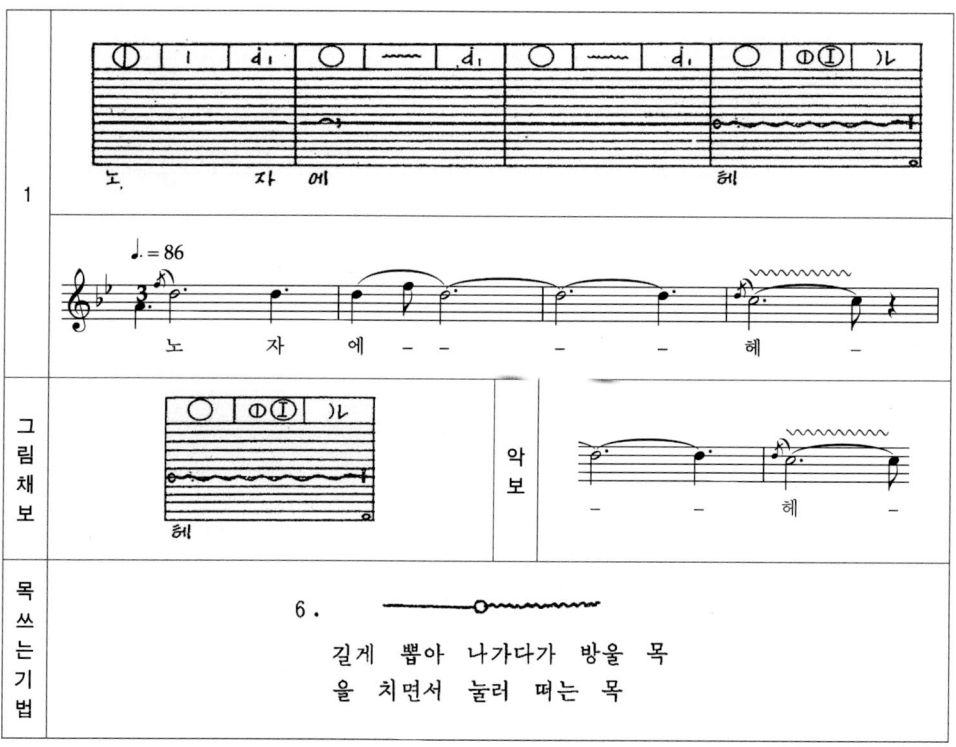

<표 8-2> 노자 노자

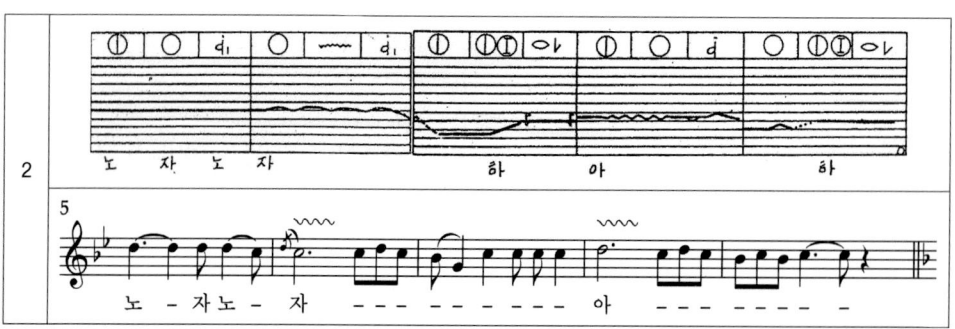

<표 8-3> 젊어서

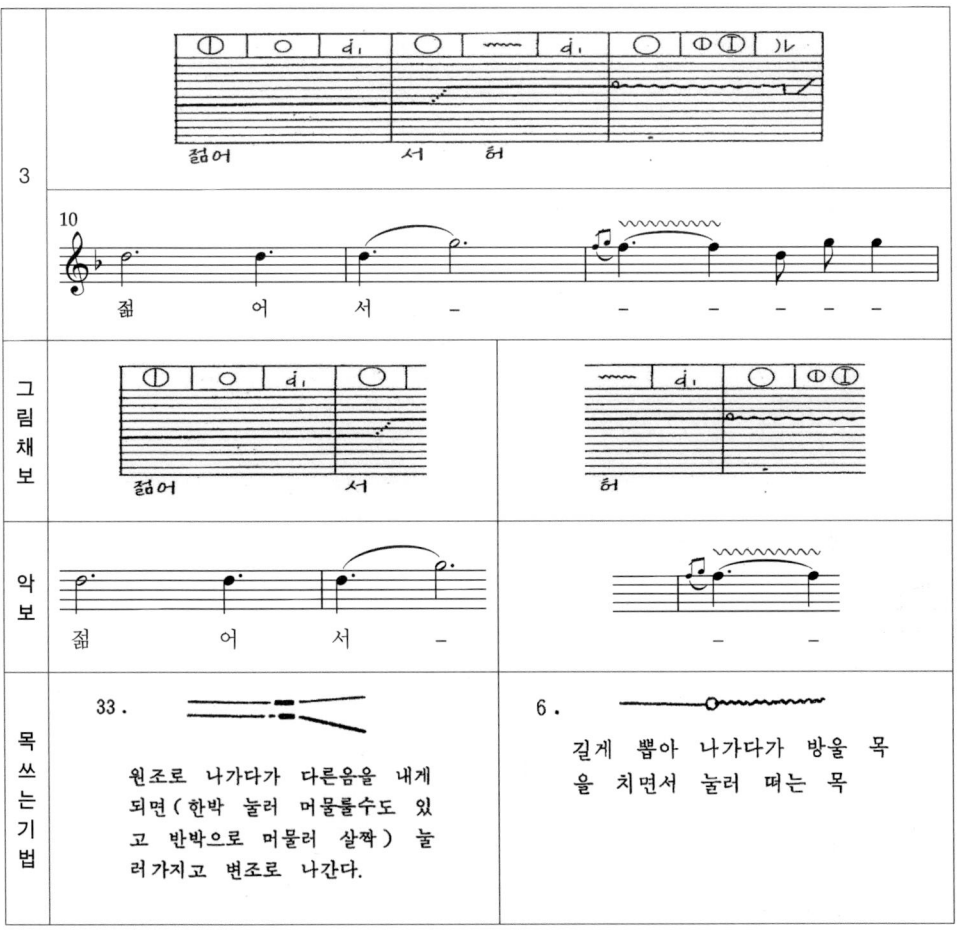

부록 245

〈표 8-4〉 노잔다

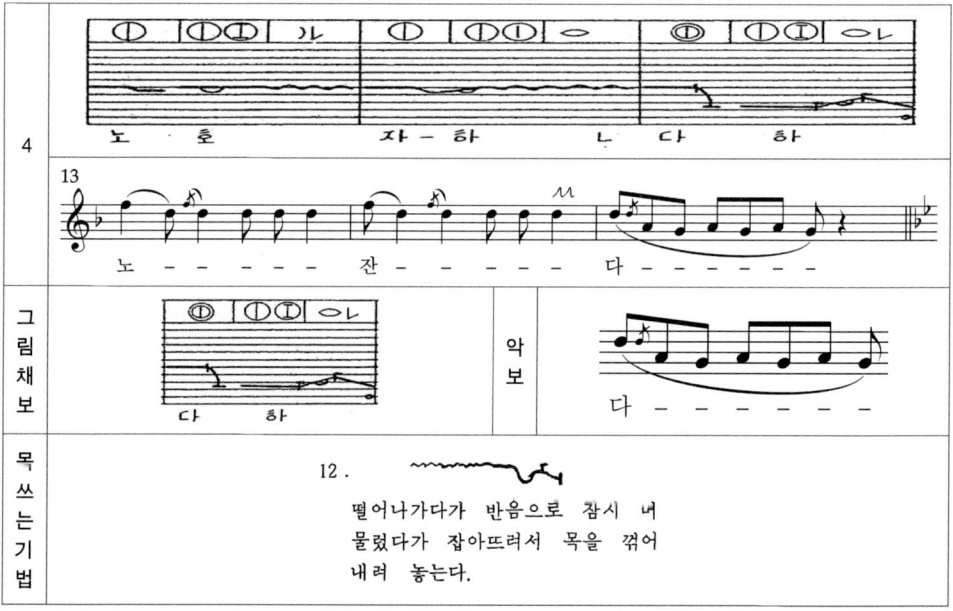

〈표 8-5〉 나이 많아

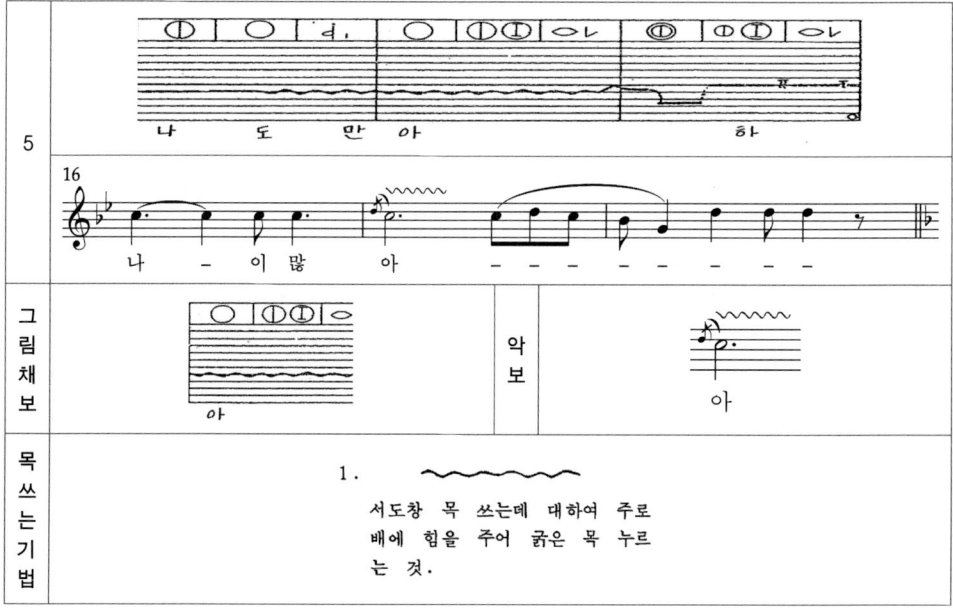

〈표 8-6〉 병이나 들면은

<표 8-7> 못노리로다

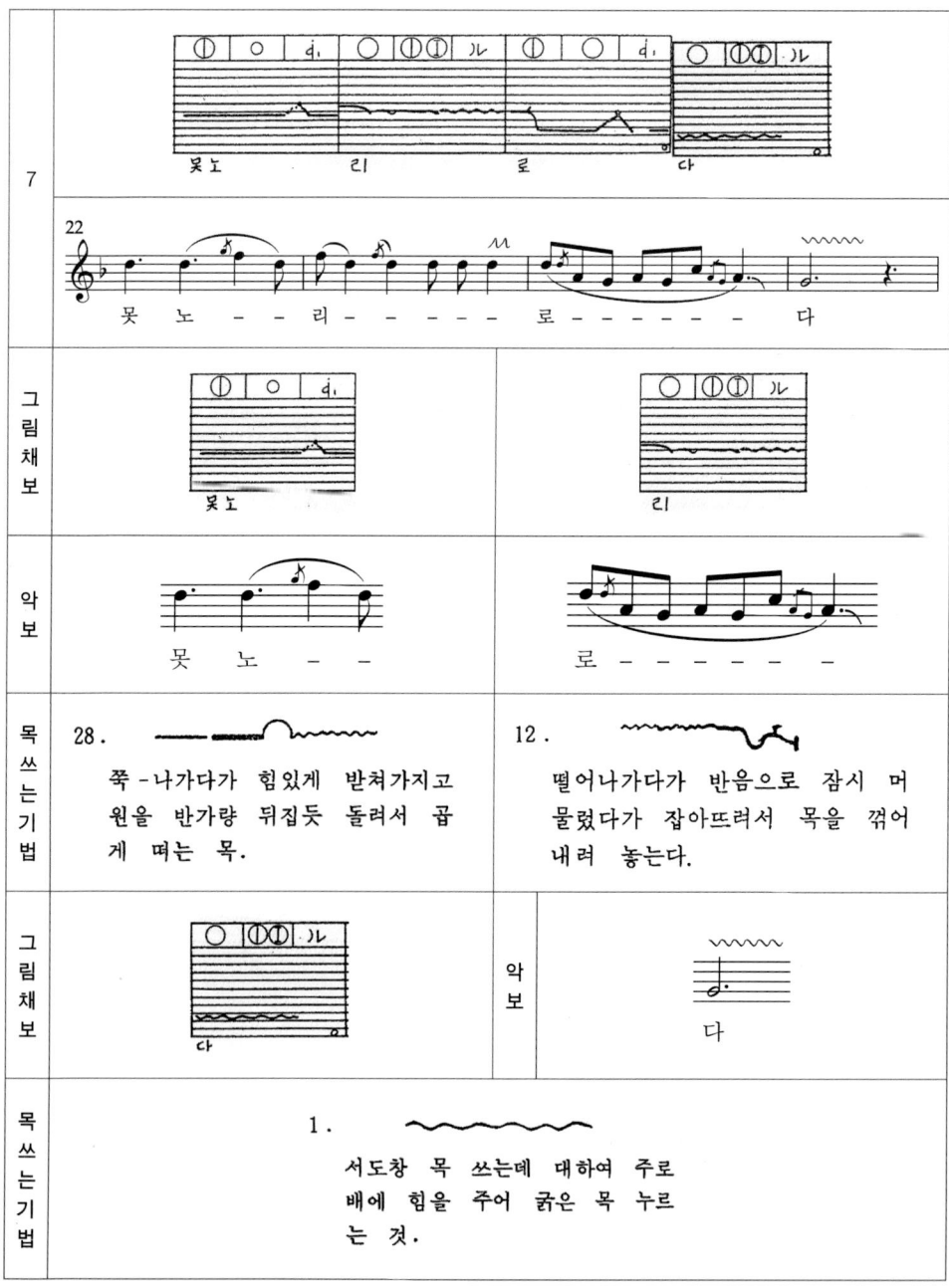

〈표 8-8〉 영변에

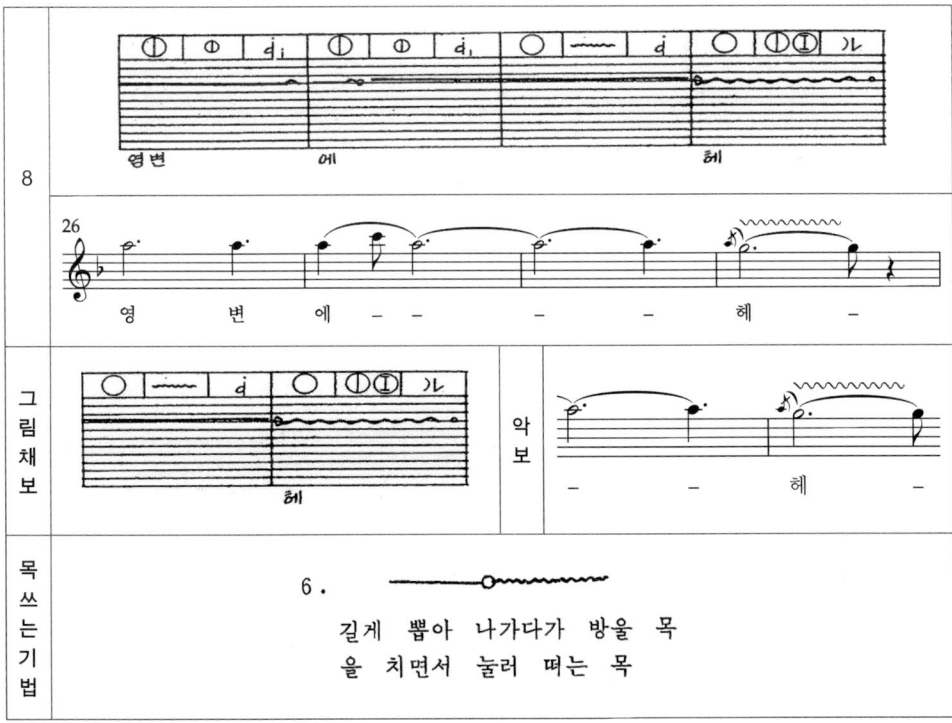

〈표 8-9〉 약산에 동대로다

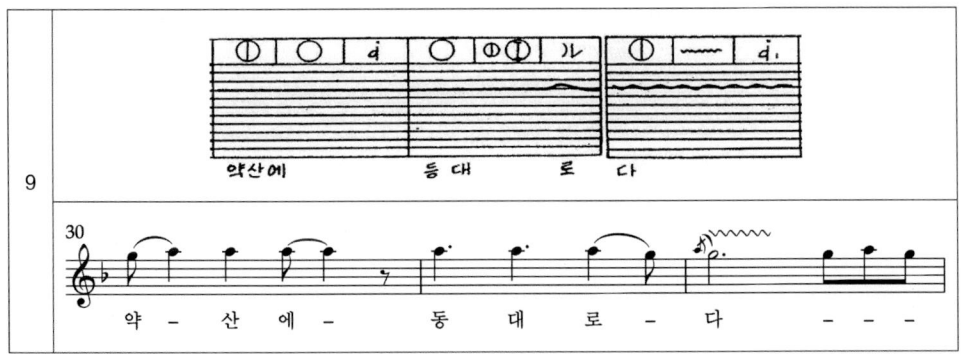

<표 8-10> 아

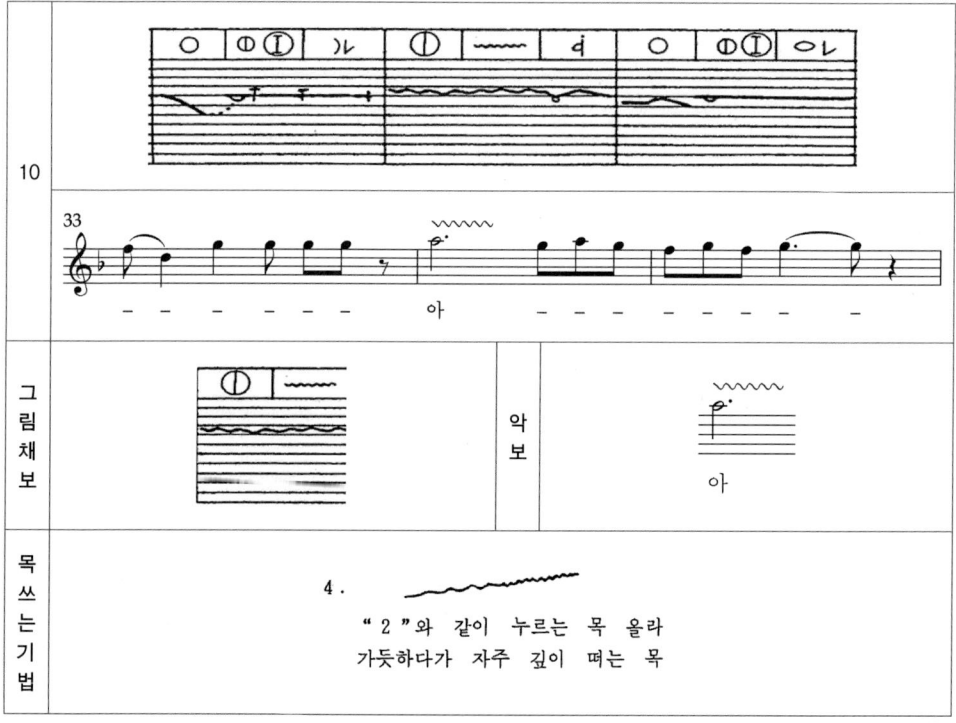

<표 8-11> 부디 편안히

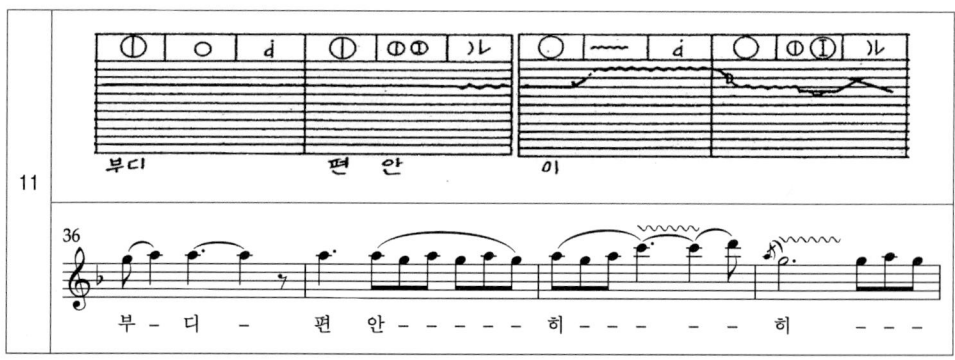

〈표 8-12〉 너 잘있거라

〈표 8-13〉 나도 명년

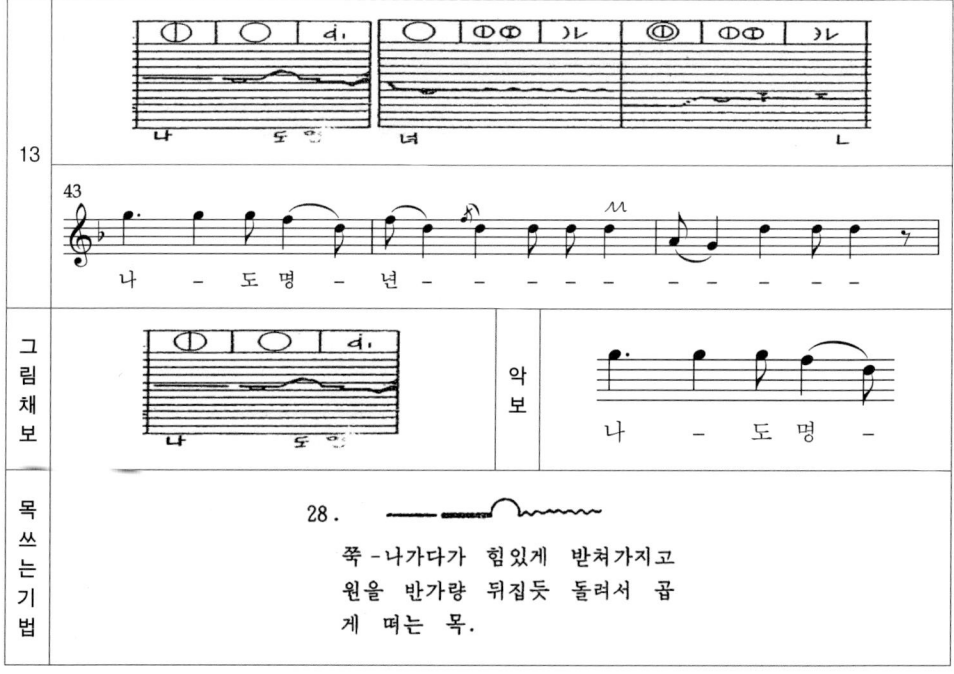

〈표 8-14〉 양춘은 가절이로다

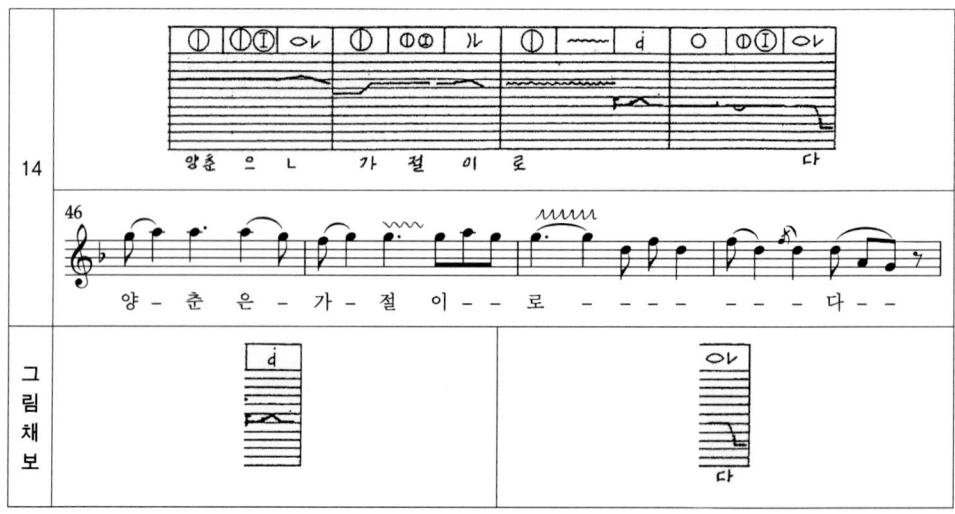

악보			
목쓰는기법	13. 잠간 낸 목에서 한음높이 가볍게 떨다가 한음내려 자리를 잡아 가지고 뒤집었다 꺾어 끊는다. 여기까지 목만쓰게 되면 수심가는 보통 잘 될 것이다.		12. 떨어나가다가 반음으로 잠시 머물렀다가 잡아뜨러서 목을 꺾어 내려 놓는다.

〈표 8-15〉 또 다시 보자

9. 공명가

<표 9-1> 공명이 갈건 야복으로 남병산 올라

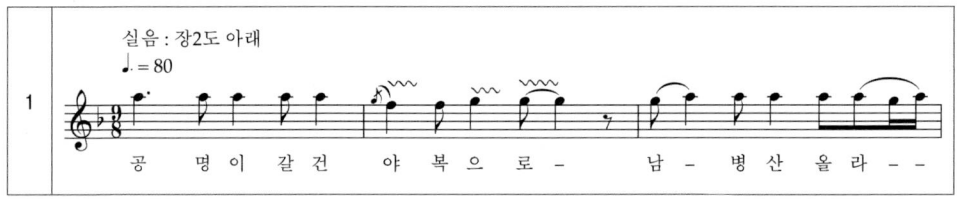

<표 9-2> 단 높이 몽고 동남풍 빌 제

<표 9-3> 동에는 청룡기요 북에는 현무기요

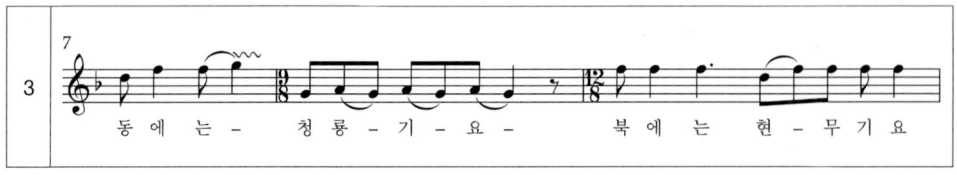

〈표 9-4〉 남에는 주작기요 서에는 백기로다

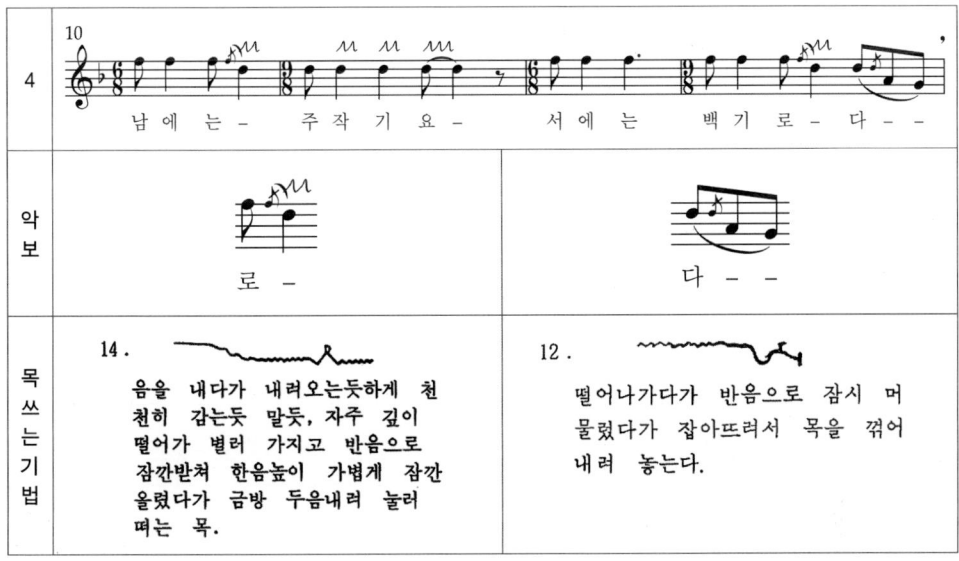

〈표 9-5〉 중앙에는 황기를 꽂고

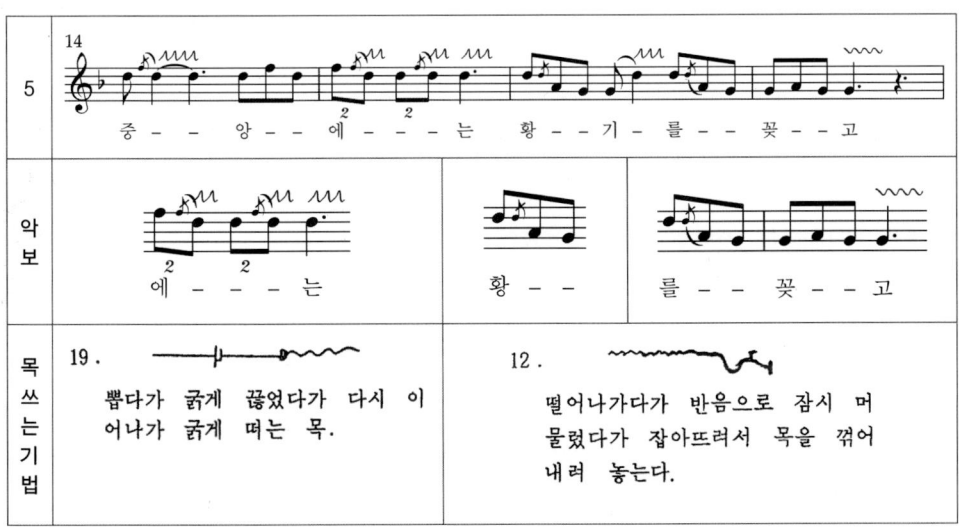

⟨표 9-6⟩ 오방기치를 동서사방으로 좌르르르르

⟨표 9-7⟩ 버리워 꽂고 발 벗고 머리풀고

⟨표 9-8⟩ 학창 혁대 띠고 단에 올라 동남풍 빌은 후에

〈표 9-9〉 단하를 굽어보니 강산에 둥

〈표 9-10〉 둥둥둥둥 떠오는 배 서성 정봉에

14. 음을 내다가 내려오는듯하게 천천히 감는듯 말듯, 자주 깊이 떨어가 별러 가지고 반음으로 잠깐받쳐 한음높이 가볍게 잠깐 올렸다가 금방 두음내려 눌러 떠는 목.

<표 9-11> 밴줄로만 알았더니 자룡의 배가

<표 9-12> 분명하다 즉시 단하로 나려가니

〈표 9-13〉 자룡 선척은 대하였다가 선생을 뵈입고

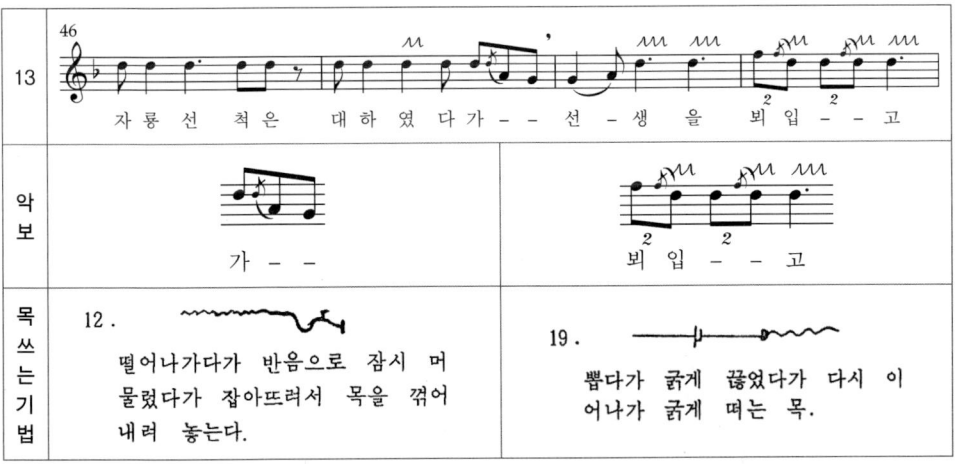

〈표 9-14〉 읍하는 말이 선생은 체후일향 하옵시며

〈표 9-15〉 동남풍 무사히 빌어계시나이까

〈표 9-16〉 동남풍은 무사히 빌었으나 뒤에 추병이 올 듯 하오니

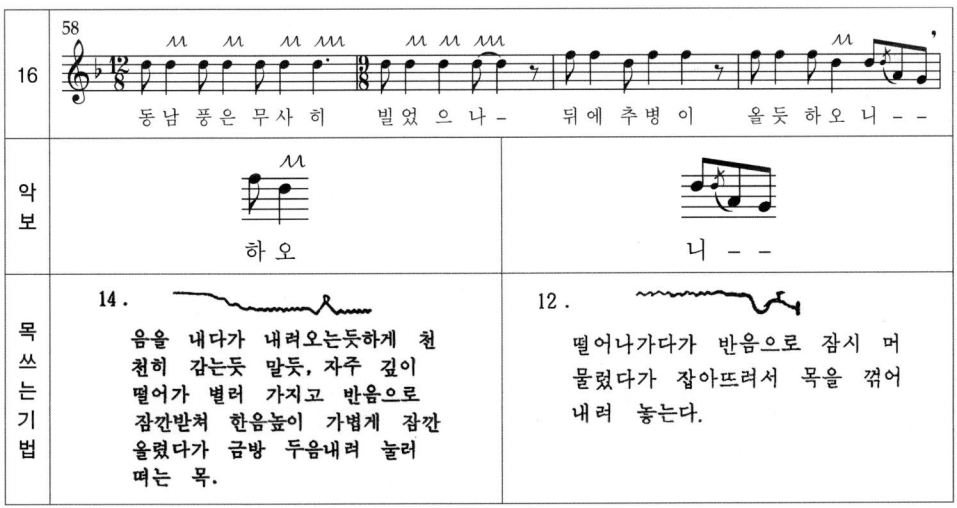

〈표 9-17〉 어서 배돌리어 행선을 하소서

〈표 9-18〉 자룡이 여짜오되 소장하나 있사오니

〈표 9-19〉 무삼 염려가 있사오리까

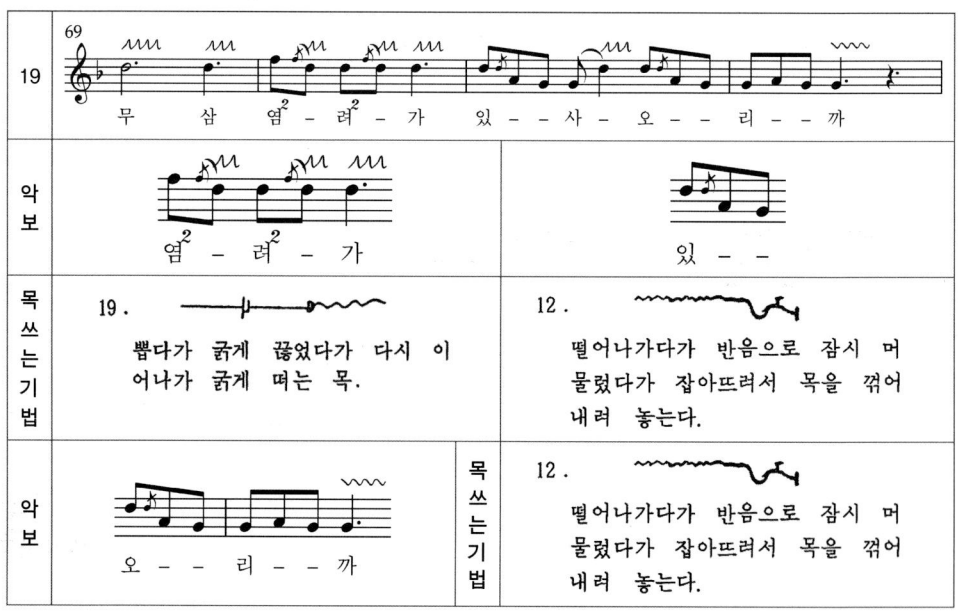

〈표 9-20〉 즉시 배를 타고 하구로 돌아갈 제 주유 노숙다려 하는 말이

〈표 9-21〉 공명은 제아무리 상통천문 하달지리육도

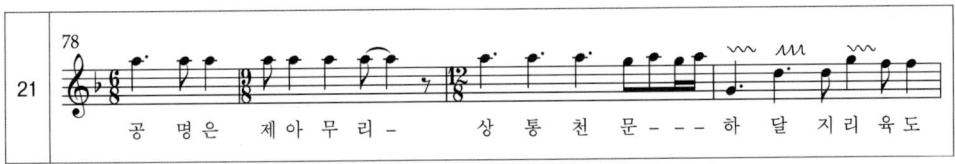

〈표 9-22〉 삼략을 무불능통 할지라도

악보		목쓰는기법	14. 음을 내다가 내려오는듯하게 천천히 감는듯 말듯, 자주 깊이 떨어가 벌려 가지고 반음으로 잠깐받쳐 한음높이 가볍게 잠깐 올렸다가 금방 두음내려 눌러 떠는 목.

〈표 9-23〉 갑자년 갑자월 갑자일 갑자시에

〈표 9-24〉 동남풍 빌기는 만무로구나

〈표 9-25〉 말이 맞지 못하야 풍운이 대작하며 동남풍 일어날 제

〈표 9-26〉 검정 구름은 뭉게뭉게 뇌성벽력은 우루루루루루 바람은 지동치듯

〈표 9-27〉 번개는 번쩍 빗방울은 뚝

〈표 9-28〉 뚝뚝뚝뚝 떨어질 제 주유 깜짝 놀라 북창을 열고

〈표 9-29〉 남병산 바라를 보니

〈표 9-30〉 단상에 깃발은 펄- 펄펄펄펄

〈표 9-31〉 나부끼어 서북을 가리워질 제

〈표 9-32〉 이때에 서성 정봉 양장불러 분부하되

〈표 9-33〉 공명은 천신같은 모사니 저런 모사를 두었다가는

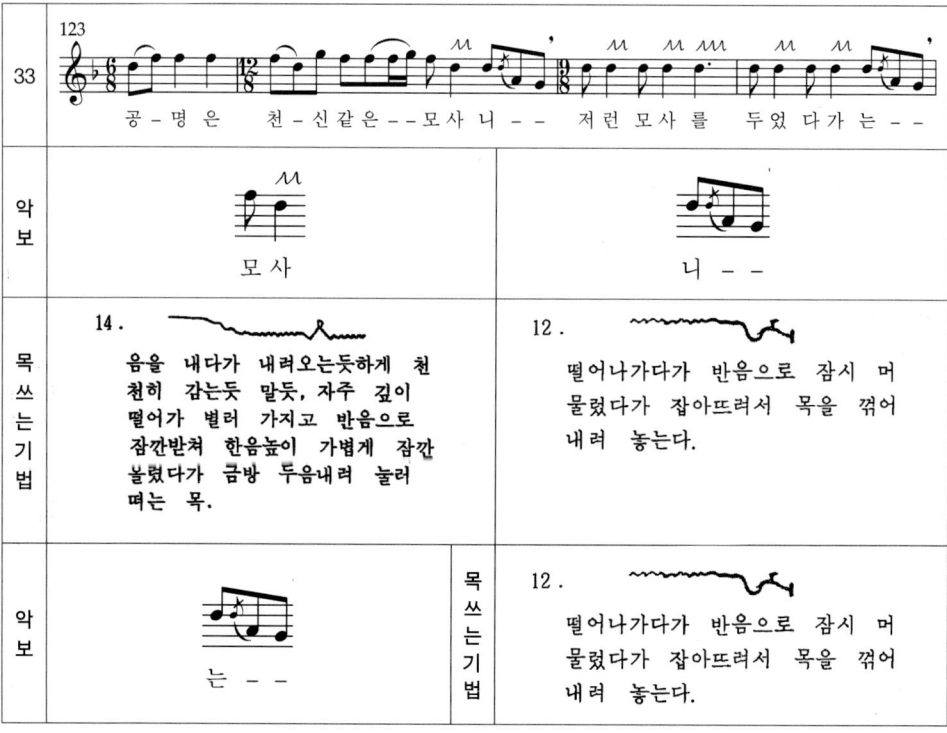

〈표 9-34〉 일후후환이 미칠 듯 하니

〈표 9-35〉 너의 두장수는 불문곡직하고 남병산 올라가여

〈표 9-36〉 공명의 머리를 베어를 오라

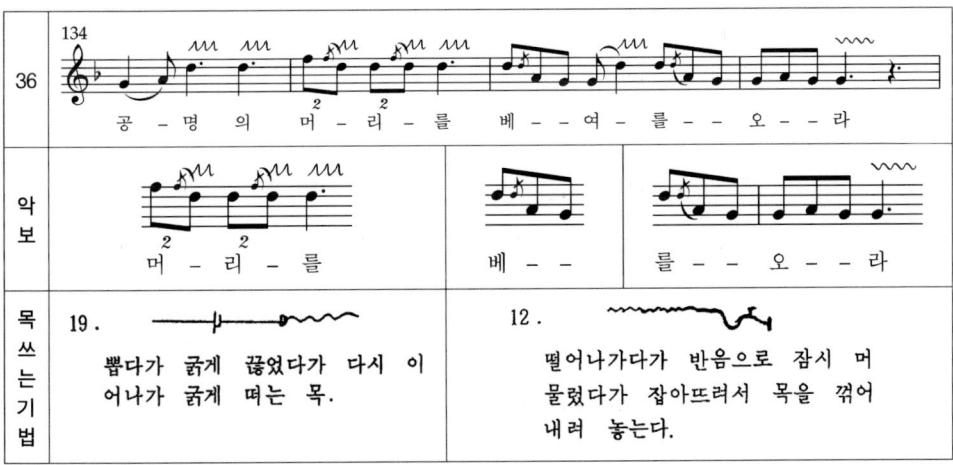

〈표 9-37〉 만약 베여오지 못하며는 군법시행을

⟨표 9-38⟩ 행하리로다 서성정봉 분부듣고

⟨표 9-39⟩ 필마단기로 장창을 높이 들고

⟨표 9-40⟩ 서성일랑 수로로가고 정봉일랑 육로로가여

〈표 9-41〉 남병산 올라가니 공명선생은 간 곳 없고

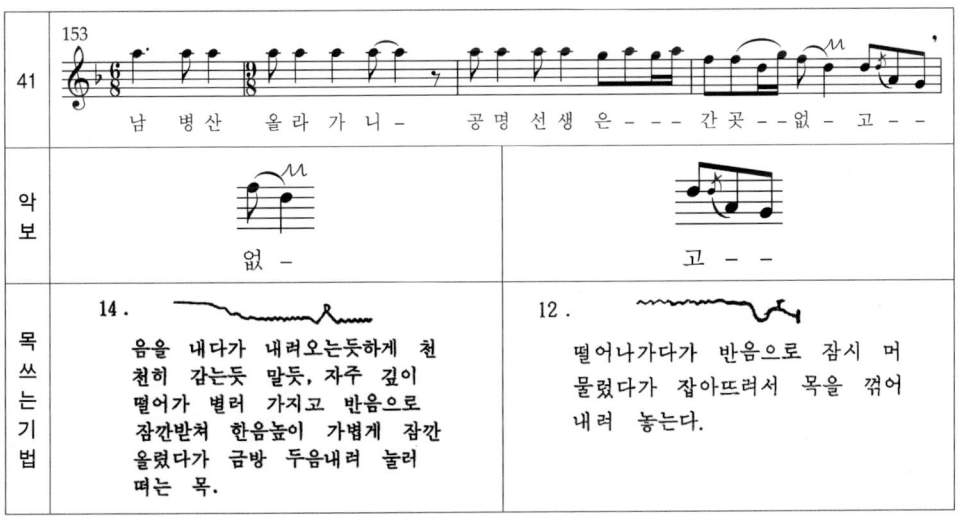

〈표 9-42〉 다만 남은건 좌우단지킨 군사뿐이라

〈표 9-43〉 군사다려 묻는 말이 선생이 어데로 가시더냐

〈표 9-44〉 군사 여짜오되 발 벗고 머리 풀고 단에 올라

〈표 9-45〉 다만 남은건 좌우단지킨 군사뿐이라

〈표 9-46〉 어데로 가신 종적을 아지못하나이다

| 목쓰는기법 | 14. 음을 내다가 내려오는듯하게 천천히 감는듯 말듯, 자주 깊이 떨어가 벼러 가지고 반음으로 잠깐받쳐 한음높이 가볍게 잠깐 올렸다가 금방 두음내려 눌러 떠는 목. | 12. 떨어나가다가 반음으로 잠시 머물렀다가 잡아뜨려서 목을 꺾어 내려 놓는다. |

〈표 9-47〉 서성이 그 말 듣고 대경하야 산하로 충충 나려가

〈표 9-48〉 강구를 점점 당도하니 강구에 인적은

<표 9-49> 고요한데 다만 남은 건 좌우 강 지킨

<표 9-50> 사공뿐이라 사공다려 묻는 말이

<표 9-51> 선생이 어데로 가시더냐 사공 여짜오되

〈표 9-52〉 이제 웬 한 사람 발 벗고 머리 풀고

〈표 9-53〉 구절 죽장 짚고 예와 섰더니 강상으로 웬 한 편주

〈표 9-54〉 둥 둥둥둥둥 떠오더니

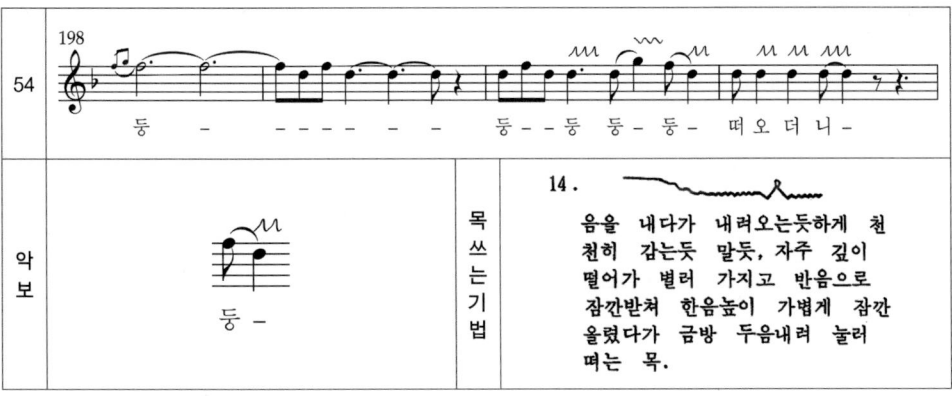

악보		목쓰는기법	14. 음을 내다가 내려오는듯하게 천천히 감는듯 말듯, 자주 깊이 떨어가 벌러 가지고 반음으로 잠깐받쳐 한음높이 가볍게 잠깐 올렸다가 금방 두음내려 눌러 떠는 목.

〈표 9-55〉 웬 한 장수 선두에 성큼나서 양손을 읍하고서

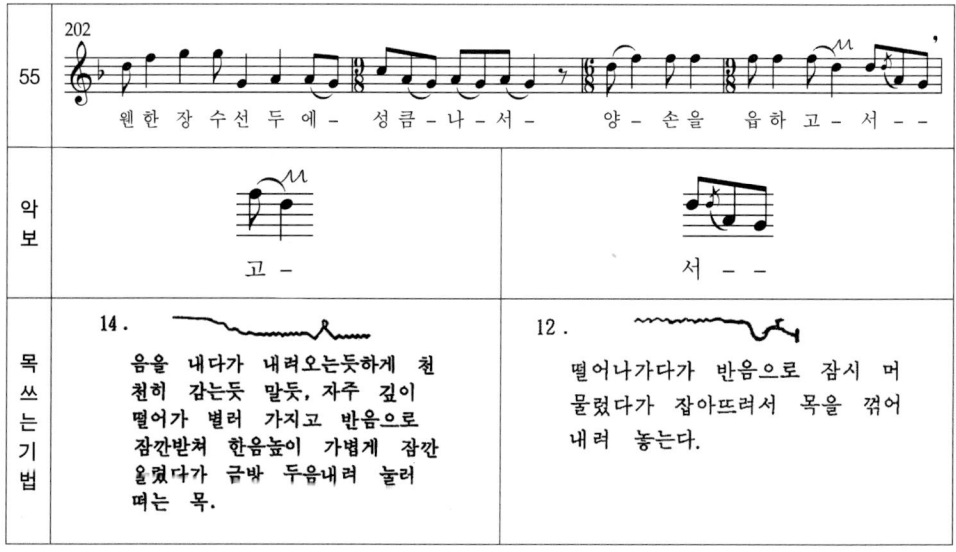

〈표 9-56〉 선생을 맞아 모시고 강상으로

〈표 9-57〉 행하더이다 서성이 그 말 듣고 선척을 재촉하야

〈표 9-58〉 순풍에 돛을 달고 따를 적에

〈표 9-59〉 앞에 가는 배 돛 없음을 보고 점

〈표 9-60〉 점점점점 따르다가 선두에 성큼 나서

〈표 9-61〉 하는 말이 앞에 가는 배는 공명 선생이 타셨거든

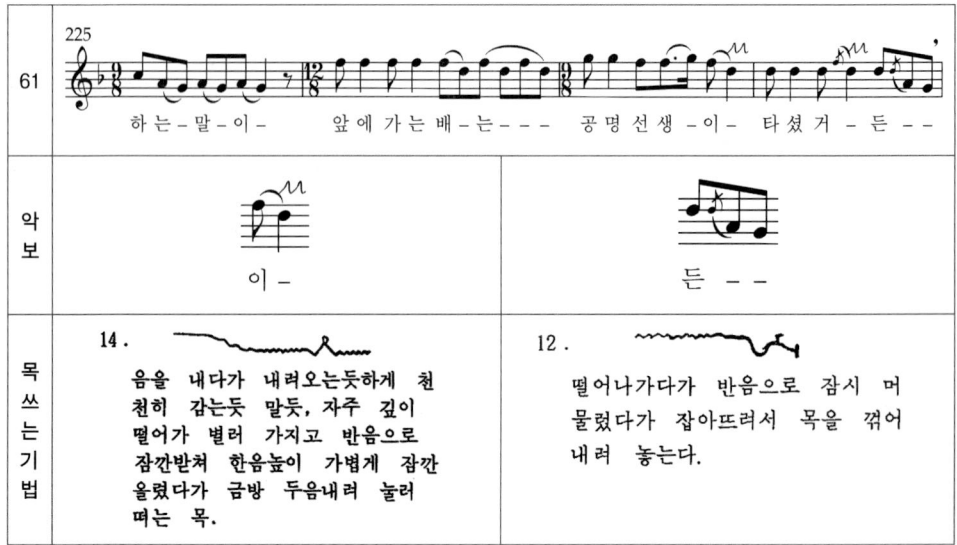

〈표 9-62〉 잠깐 노 놓고, 닻 주어 배 머무르소서.

〈표 9-63〉 우리 도독 전에 신신부탁하오니 말 한마디 들읍시고

부록 279

〈표 9-64〉 행선을 하소서. 공명이 뱃머리 성큼 나서 하는 말이

〈표 9-65〉 서성아 말 들어라. 내 너의 나라에 은혜도 많이 베풀고

〈표 9-66〉 동남풍까지 빌어주었건 무삼 혐의로

〈표 9-67〉 나를 해코져 하느냐, 너의 두 장수는

〈표 9-68〉 부질없는 길을 따르지 말고, 빨리 돌아가

〈표 9-69〉 내 말 갖다 도독 전에 전하고, 너의 국사나

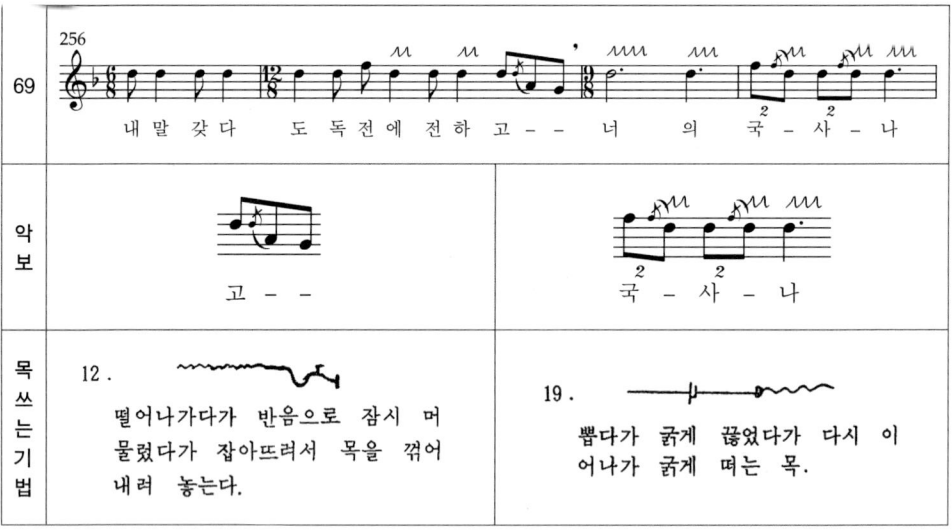

〈표 9-70〉 도우려무나. 서성이 들은 체 아니 하고 따를 적에

악보	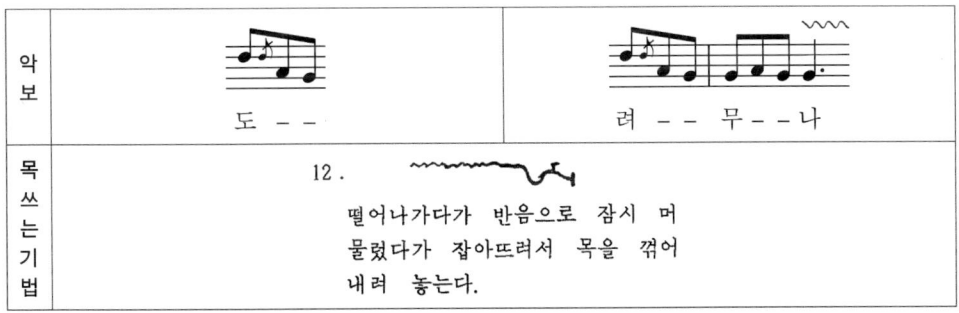	
	도 - -	려 - - 무 - - 나
목쓰는기법	12. 떨어나가다가 반음으로 잠시 머물렀다가 잡아뜨려서 목을 꺾어 내려 놓는다.	

〈표 9-71〉 자룡이 뱃머리 성큼 나서 외여 하는 말이

〈표 9-72〉 서성아 말 들어라. 내 너를 죽일 것이로되

〈표 9-73〉 양국에 화기가 상할 듯 하야 죽이지는 않고

악보		
		목쓰는기법	14. 음을 내다가 내려오는듯하게 천천히 감는듯 말듯, 자주 깊이 떨어가 별러 가지고 반음으로 잠깐받쳐 한음높이 가볍게 잠깐 올렸다가 금방 두음내려 눌러 떠는 목.

〈표 9-74〉 살려 돌려 보내거니와 잠깐 이내 수단이나 비양하노라

〈표 9-75〉 철궁에 왜전 먹여

〈표 9-76〉 깍지 손 끼여 들고 좌궁우거질까

〈표 9-77〉 우궁으로 잦어 질까 줌 앞 날까, 줌 뒤 날까

〈표 9-78〉 깍지손 지긋 떼니 강상에 번개같이 빠른 살이

〈표 9-79〉 서성 돛대 맞아 물에 텀벙 떨어지니

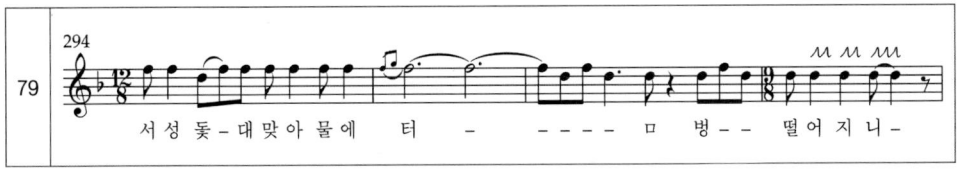

〈표 9-80〉 돛은 좌르르 용총 끊어져 뱃머리 피빙빙

〈표 9-81〉 돌아를 갈 제, 제삼연하여 철궁에

〈표 9-82〉 왜전 먹여 깍지손 지긋떼니 강상에 수루루 건너가

〈표 9-83〉 서성 쏜 투구 맞어 물에 텀벙 떨어지니

〈표 9-84〉 서성이 혼비백산하야 겨우 인사차려 사공더러

〈표 9-85〉 묻는 말이 저기 저 장수는 어떠한 장수뇨

〈표 9-86〉 사공 여짜오되 전일 장판교 싸움에 아두를

〈표 9-87〉 품에 품고 순식간에 억만대병을 제쳐버리고

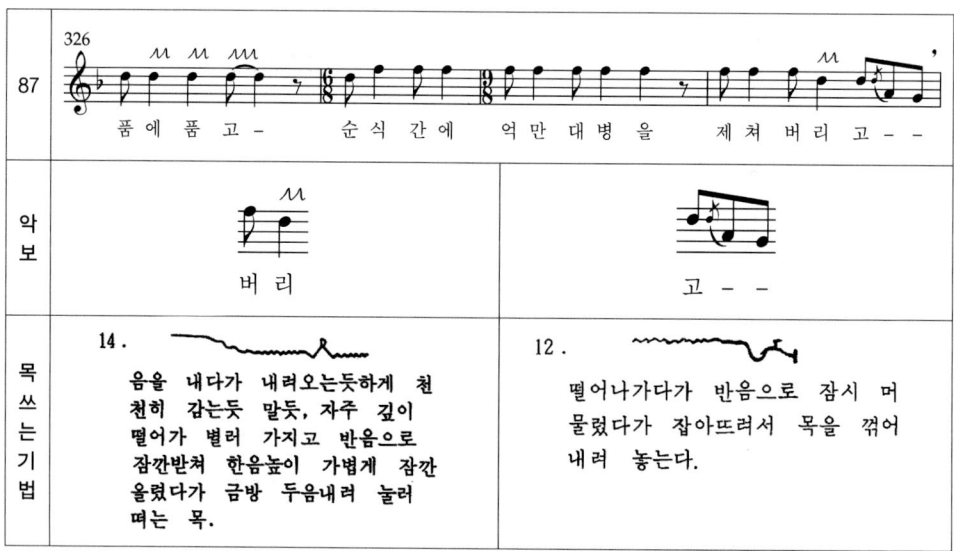

〈표 9-88〉 장판교로 돌아와도 아두 잠들고

〈표 9-89〉 깨우지 않았다 하시던 상산땅에

〈표 9-90〉 조자룡이로소이다 서성이 할 일 없어

〈표 9-91〉 빈 뱃머리를 본 국으로 돌리며

〈표 9-92〉 자탄하고 가는말이

〈표 9-93〉 한종실

〈표 9-94〉 유황숙은

94	악보	 346 유 황 – 숙 – – – 은 – – – –
		  악보: – 숙 – – – / 은 –
목쓰는기법	9. 눌러 평으로 떨다가 목을 끼고 반음석 두번을 꺾어 올렸다가 다시 잠깐 반음으로 내리고 살짝 콕 찌르는 목 (수심가에는 이 대목이 즉 생명이라 할 것이다)	14.  음을 내다가 내려오는듯하게 천천히 감는듯 말듯, 자주 깊이 떨어가 별러 가지고 반음으로 잠깐받쳐 한음높이 가볍게 잠깐 올렸다가 금방 두음내려 눌러 떠는 목.
	21.  목을끼고 떨다가 반음으로 역시 끼고 잠깐올리고 다시 콕 찌르고 반음으로 다시 내려서 끼고 떨어뜨려 나간다.	

〈표 9-95〉 덕이 두터워

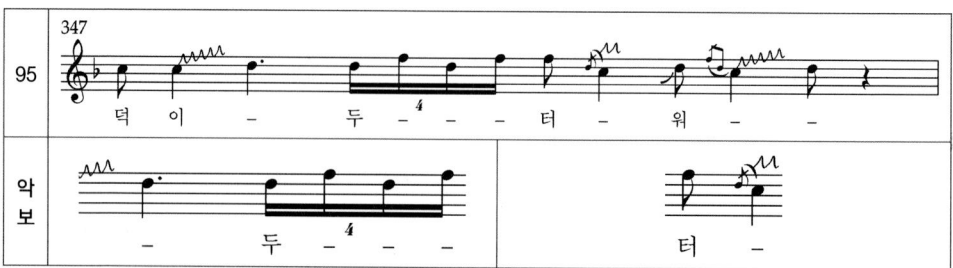

목 쓰 는 기 법	9. 눌러 평으로 떨다가 목을 끼고 반음씩 두번을 꺾어 올렸다가 다시 잠깐 반음으로 내리고 살짝 콕 찌르는 목 (수심가에는 이 대목이 즉 생명이라 할 것이다)	14. 음을 내다가 내려오는듯하게 천천히 감는듯 말듯, 자주 깊이 떨어가 벌러 가지고 반음으로 잠깐받쳐 한음높이 가볍게 잠깐 올렸다가 금방 두음내려 눌러 떠는 목.
	21. 목을끼고 떨다가 반음으로 역시 끼고 잠깐올리고 다시 콕 찌르고 반음으로 다시 내려서 끼고 떨어뜨려 나간다.	

〈표 9-96〉 저런 명장을 두었건만

〈표 9-97〉 오왕 손권은

<표 9-98> 다만 인자 뿐이라

98	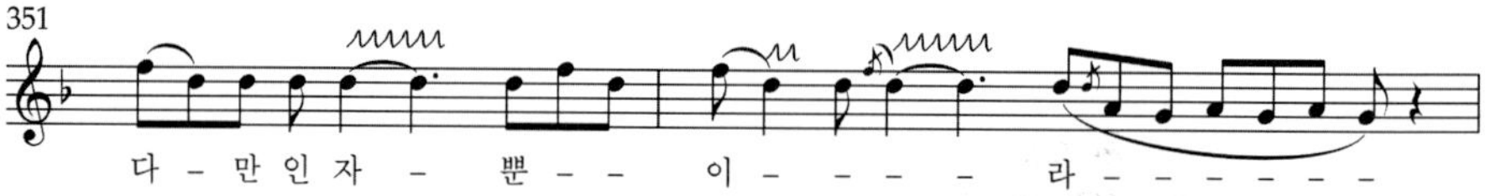 351 다 - 만 인 자 - 뿐 - - 이 - - - - 라 - - - - - -		
악보	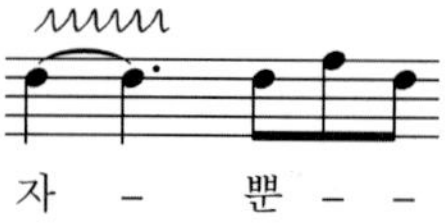 자 - 뿐 - -		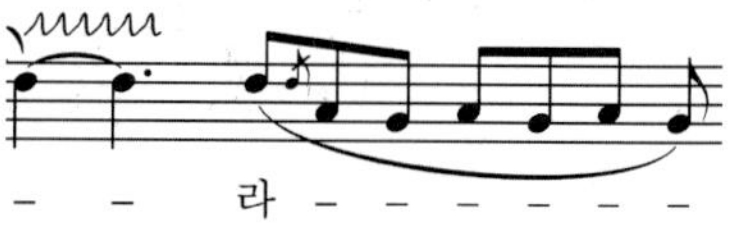 - - 라 - - - - - -
목쓰는기법	9. 눌러 평으로 떨다가 목을 끼고 반음석 두번을 꺾어 올렸다가 다시 잠깐 반음으로 내리고 살짝 콕 찌르는 목 (수심가에는 이 대목이 즉 생명이라 할 것이다)		12. 떨어나가다가 반음으로 잠시 머물렀다가 잡아뜨려서 목을 꺾어 내려 놓는다.
	21. 목을끼고 떨다가 반음으로 역시 끼고 잠깐올리고 다시 콕 찌르고 반음으로 다시 내려서 끼고 떨어뜨려 나간다.		

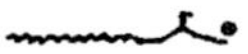

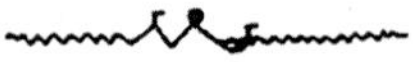

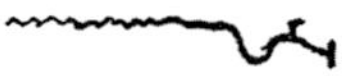

<표 9-99> 천의를 거역디를 못하여

〈표 9-100〉 나는 돌아만 가노라

목쓰는기법	12. 떨어나가다가 반음으로 잠시 머물렀다가 잡아뜨려서 목을 꺾어 내려 놓는다.

부록4

오복녀 전창 서도소리 악보

수심가

노래: 오복녀
채보: 박세라

296　오복녀 전창 서도소리의 시김새 분석 연구

관산융마

긴아리

자진아리

산염불

안주애원성

노래: 오복녀
채보: 박세라

영변가

노래: 오복녀 외
채보: 박세라

공명가

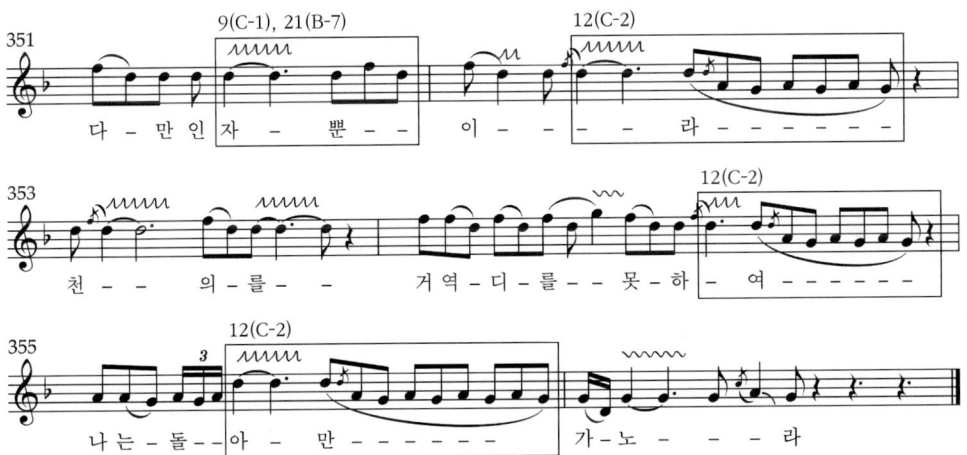

초한가

노래: 유지숙
채보: 박세라

배따라기

1. 단행본

과학백과사전종합출판사 편, 『조선의 민속전통』, 평양: 과학백과사전종합출판사, 1995.
김해숙·백대웅·최대현 공저, 『전통음악개론』, 도서출판 어울림, 2012.
서한범, 『한국전통음악논집』, 민속원, 2010.
오복녀, 『서도소리』, 광진문화사, 1978.

2. 학위논문

김광숙, 「장학선과 오복녀의 서도소리 창법 연구」, 이화여자대학교 대학원 박사학위논문, 2016.
김무빈, 「서도소리 〈전장가〉의 전승양상과 음악적 특징: 김정연 소리 사설과 선율 중심으로」, 한양대학교 대학원 석사학위논문, 2021.
리홍관, 「서도잡가 〈공명가〉 연구: 오복녀의 소리를 중심으로」, 단국대학교 대학원 박사학위논문, 2015.
박복희, 「서도소리 〈영변가〉 연구」, 단국대학교 대학원 석사학위논문, 2003.
박준길, 「서도잡가 초한가 연구」, 용인대학교 대학원 석사학위논문, 2004.
권도희, 「20세기 전반기 민속악계 형성에 관한 음악 사회사적 연구」, 서울대학교 대학원 박사학위논문, 2005.
윤이나, 「서도소리 〈장한몽〉의 김정연·이은관 소리 비교연구」, 이화여자대학교 대학원 석사학위논문, 2022.
이성초, 「서도잡가연구」, 서울대학교 대학원 박사학위논문, 2015.
이춘목, 「서도소리 연구: 창법을 중심으로」, 동국대학교 문화예술대학원 석사학위논문, 2005.
장효선, 「오복녀 창 서도잡가 시김새연구: 초로인생을 중심으로」, 중앙대학교 대학원 석사학위논문, 2015.
정미야, 「서도잡가 〈제전〉 연구: 오복녀의 소리를 중심으로」, 중앙대학교 대학원 석사학위논문, 2015.
정은영, 「서도소리의 가창 지도 연구」, 한국교원대학교 석사학위논문, 1999.
주민지, 「서도민요 '긴난봉가, 자진난봉가', '산염불, 자진염불' 비교연구: 묵계월, 오복녀의 소리 선율 비교를 중심으로」, 이화여자대학교 대학원 석사학위논문, 2019.
최연화, 「서도소리의 배따라기 연구: 사설과 선율을 중심으로」, 원광대학교 대학원 박사학위논문, 2017.

최현주, 「수심가 비교 연구: 김정연·오복녀·이은관 창을 중심으로」, 단국대학교 대학원 석사학위논문, 2001.
한채연, 「수심가와 난봉가의 시김새 연구」, 목원대학교 대학원 석사학위논문, 2006.

3. 학술지

김인숙·김혜리, 『서도소리』, 대전: 국립문화재연구소, 2009.
박애경, 「서도소리의 서울 유입과 도시문화로의 전환」, 『고전문학연구』, 한국고전문학회, 2009.
배연형, 「서도소리 유성기 음반 연구」, 『한국음반학』제14호, 한국고음반연구회, 2004.
서한범, 「서도소리의 특징적 시김새에 관한 연구」, 『韓國音樂硏究』제46집, 韓國國樂學會, 2009.
손인애, 「토속민요 배꽃타령계통 소리연구」, 『韓國民謠學』제17집, 부산: 한국민요학회, 2005.
임미선, 「서도소리 '떠는목'의 유형과 특징: 민요·좌창·송서를 중심으로」, 『한국음악연구』, 韓國國樂學會, 2021.
한국정신문화연구원, 『한국민족문화대백과』제11권, 성남: 한국정신문화연구원, 1991.

4. 기타자료

김해숙, 〈유지숙 관산융마〉, 수심가 음반 추천사, 해설, 2004.
서한범, 〈유지숙의 서도소리 발표회〉, 격려사 중에서, 2006.
오복녀, 『서도소리』, 최종민 추천사, 서울음반, 1994.

5. 미디어 자료

LP음반 민요삼천리4 - 황해·평안도 -, 성음사, 1968.
오복녀, 서도소리 시김새 육성 녹음(유지숙 소장, 1992) 〈목 쓰는 기법〉 카셋트 테잎, 1992.
오복녀, 서도소리 대전집, 음반, 태양음향주식회사, 1986.
오복녀, 불교방송 대담 중, 본인 말씀, 1992.
오복녀, 인간문화재 오복녀 서도소리 5, 서울음반, 1994.
전통적인 서도소리 제1집, 아세아레코드사, 1980.

오복녀 전창 서도소리의 시김새 분석연구

초판1쇄 발행 2025년 5월 1일

지은이 유지숙

주간 조승연
편집 · 디자인 오경희 · 조정화 · 오성현 · 신나래 · 박선주 · 정성희
관리 박정대

펴낸이 홍종화
펴낸곳 민속원
창업 홍기원
출판등록 제1990-000045호
주소 서울 마포구 토정로 25길 41(대흥동 337-25)
전화 02) 804-3320, 805-3320, 806-3320(代)
팩스 02) 802-3346
이메일 minsokwon@naver.com
홈페이지 www.minsokwon.com

ISBN 978-89-285-2151-7
SET 978-89-285-0359-9 94670

ⓒ 유지숙, 2025
ⓒ 민속원, 2025, Printed in Seoul, Korea

이 책은 저작권법에 따라 보호를 받는 저작물이므로 무단전재와 복제를 금지하며,
이 책의 전부 또는 일부를 이용하려면 반드시 저작권자와 출판사의 서면동의를 받아야 합니다.